Basiswissen Sozialwirtschaft und Sozialmanagement

Reihe herausgegeben von

Klaus Grunwald, Duale Hochschule BW Stuttgart, Stuttgart, Deutschland

Ludger Kolhoff, Fakultät Soziale Arbeit, Ostfalia Hochschule, Wolfenbüttel, Deutschland

Die Lehrbuchreihe „Basiswissen Sozialwirtschaft und Sozialmanagement" vermittelt zentrale Inhalte zum Themenfeld Sozialwirtschaft und Sozialmanagement in verständlicher, didaktisch sorgfältig aufbereiteter und kompakter Form. In sich abgeschlossene, thematisch fokussierte Lehrbücher stellen die verschiedenen Themen theoretisch fundiert und kritisch reflektiert dar. Vermittelt werden sowohl Grundlagen aus relevanten wissenschaftlichen (Teil-)Disziplinen als auch methodische Zugänge zu Herausforderungen der Sozialwirtschaft im Allgemeinen und sozialwirtschaftlicher Unternehmen im Besonderen. Die Bände richten sich an Studierende und Fachkräfte der Sozialen Arbeit, der Sozialwirtschaft und des Sozialmanagements. Sie sollen nicht nur in der Lehre (insbesondere der Vor- und Nachbereitung von Seminarveranstaltungen), sondern auch in der individuellen bzw. selbstständigen Beschäftigung mit relevanten sozialwirtschaftlichen Fragestellungen eine gute Unterstützung im Lernprozess von Studierenden sowie in der Weiterbildung von Fach- und Führungskräften bieten.

Beiratsmitglieder

Holger Backhaus-Maul, Philosophische Fakultät III, Universität Halle-Wittenberg, Halle (Saale), Sachsen-Anhalt, Deutschland
Marlies Fröse, Evangelische Hochschule Dresden, Dresden, Sachsen, Deutschland
Waltraud Grillitsch, Fachhochschule Kärnten, Feldkirchen, Österreich
Andreas Laib, Fachbereich Soziale Arbeit, Fachhochschule St. Gallen, St. Gallen, Schweiz
Andreas Langer, Department Soziale Arbeit, HAW Hamburg, Hamburg, Deutschland
Wolf-Rainer Wendt, Stuttgart, Baden-Württemberg, Deutschland
Peter Zängl, Hochschule für Soziale Arbeit, Fachhochschule Nordwestschweiz, Olten, Schweiz

Konstantin Kehl

Politische und ökonomische Rahmenbedingungen des Sozial- und Gesundheitswesens in der Schweiz

Eine Einführung

Konstantin Kehl
Institut für Sozialmanagement
ZHAW Zürcher Hochschule für
Angewandte Wissenschaften
Zürich, Schweiz

ISSN 2569-6009   ISSN 2569-6017 (electronic)
Basiswissen Sozialwirtschaft und Sozialmanagement
ISBN 978-3-658-35769-6   ISBN 978-3-658-35770-2 (eBook)
https://doi.org/10.1007/978-3-658-35770-2

Die Deutsche Nationalbibliothek verzeichnet diese Publikation in der Deutschen Nationalbibliografie; detaillierte bibliografische Daten sind im Internet über http://dnb.d-nb.de abrufbar.

© Der/die Herausgeber bzw. der/die Autor(en) 2023, korrigierte Publikation 2023. Dieses Buch ist eine Open-Access-Publikation.
Open Access Dieses Buch wird unter der Creative Commons Namensnennung 4.0 International Lizenz (http://creativecommons.org/licenses/by/4.0/deed.de) veröffentlicht, welche die Nutzung, Vervielfältigung, Bearbeitung, Verbreitung und Wiedergabe in jeglichem Medium und Format erlaubt, sofern Sie den/die ursprünglichen Autor(en) und die Quelle ordnungsgemäß nennen, einen Link zur Creative Commons Lizenz beifügen und angeben, ob Änderungen vorgenommen wurden.
Die in diesem Buch enthaltenen Bilder und sonstiges Drittmaterial unterliegen ebenfalls der genannten Creative Commons Lizenz, sofern sich aus der Abbildungslegende nichts anderes ergibt. Sofern das betreffende Material nicht unter der genannten Creative Commons Lizenz steht und die betreffende Handlung nicht nach gesetzlichen Vorschriften erlaubt ist, ist für die oben aufgeführten Weiterverwendungen des Materials die Einwilligung des jeweiligen Rechteinhabers einzuholen.
Die Wiedergabe von allgemein beschreibenden Bezeichnungen, Marken, Unternehmensnamen etc. in diesem Werk bedeutet nicht, dass diese frei durch jedermann benutzt werden dürfen. Die Berechtigung zur Benutzung unterliegt, auch ohne gesonderten Hinweis hierzu, den Regeln des Markenrechts. Die Rechte des jeweiligen Zeicheninhabers sind zu beachten.
Der Verlag, die Autoren und die Herausgeber gehen davon aus, dass die Angaben und Informationen in diesem Werk zum Zeitpunkt der Veröffentlichung vollständig und korrekt sind. Weder der Verlag, noch die Autoren oder die Herausgeber übernehmen, ausdrücklich oder implizit, Gewähr für den Inhalt des Werkes, etwaige Fehler oder Äußerungen. Der Verlag bleibt im Hinblick auf geografische Zuordnungen und Gebietsbezeichnungen in veröffentlichten Karten und Institutionsadressen neutral.

Planung/Lektorat: Katrin Emmerich
Springer VS ist ein Imprint der eingetragenen Gesellschaft Springer Fachmedien Wiesbaden GmbH und ist ein Teil von Springer Nature.
Die Anschrift der Gesellschaft ist: Abraham-Lincoln-Str. 46, 65189 Wiesbaden, Germany

Inhaltsverzeichnis

1 Einleitung.. 1
   Literatur.. 5

2 Grundlagen der Politik und Demokratie 7
   Literatur.. 19

3 Das Konzept der Konsensdemokratie......................... 21
   Literatur.. 31

4 Das politische System und Gesetzgebungsprozesse
   in der (halb-)direkten, föderalen Demokratie 33
   Literatur.. 50

5 Das Sozial- und Gesundheitswesen aus ökonomischer
   Perspektive.. 53
   Literatur.. 73

6 Sozialversicherungen und Sozialhilfe als institutionelle
   Grundpfeiler im Gesundheits- und Sozialwesen 77
   Literatur.. 92

7 Gesundheits- und Sozialwesen im Spannungsfeld der Sektoren 97
   Literatur.. 114

8 Zwischen Wandel und sozialer Gerechtigkeit:
   Herausforderungen des Gesundheits- und Sozialwesens 121
   Literatur.. 141

**Erratum zu: Das politische System und Gesetzgebungsprozesse
in der (halb-)direkten, föderalen Demokratie** E1

Literatur. 145

Abkürzungsverzeichnis

AB	Alimentenbevorschussung
AH	Arbeitslosenhilfe
AHV	Alters- und Hinterlassenenversicherung
AI	Alters- und Invaliditätsbeihilfen
ALV	Arbeitslosenversicherung
BAG	Bundesamt für Gesundheit
BFS	Bundesamt für Statistik
BIP	Bruttoinlandsprodukt
BV	Berufliche Vorsorge
CVP	Christliche Volkspartei
EFV	Eidgenössische Finanzverwaltung
EGMR	Europäischer Gerichtshof für Menschenrechte
EL	Ergänzungsleistungen
EMRK	Europäische Menschenrechtskonvention
EO	Erwerbsersatzordnung
ESSOSS	Europäisches System der Integrierten Sozialschutzstatistik
ESTV	Eidgenössische Steuerverwaltung
EU	Europäische Union
EZB	Europäische Zentralbank
FB	Familienbeihilfen
FDP	Freisinnig-Demokratische Partei
FT	Financial Times
FZ	Familienzulagen
GLP	Grünliberale Partei
ICN	International Council of Nurses
IV	Invalidenversicherung

KV	Krankenversicherung
NGO	Non-Governmental Organisation
NPO	Non-Profit Organisation
NZZ	Neue Zürcher Zeitung
OECD	Organization for Economic Co-operation and Development
SBB	Schweizerische Bundesbahnen
SKOS	Schweizerische Konferenz für Sozialhilfe
SNB	Schweizerische Nationalbank
SP	Sozialdemokratische Partei
SRF	Schweizer Radio und Fernsehen
SROI	Social Return on Investment
SVP	Schweizerische Volkspartei
UV	Unfallversicherung
WB	Wohnbeihilfen

Abbildungsverzeichnis

Abb. 4.1	Abstimmungsergebnisse der Pflegeinitiative 2021 in den Kantonen	44
Abb. 5.1	Ausgaben des Bundes 2019, 2020 und 2021 (in Mrd. Franken)	55
Abb. 5.2	Ausgaben von Gemeinden, Kantonen und Bund für Gesundheit 2020 (in Mrd. Franken)	56
Abb. 5.3	Ausgaben von Sozialversicherungen, Gemeinden, Kantonen und Bund für Soziale Sicherheit 2020 (in Mrd. Franken)	57
Abb. 5.4	Die Sozialleistungsquote in der Schweiz und ihren Nachbarstaaten 1999 bis 2019	59
Abb. 5.5	Öffentliche und private Sozialausgaben in der Schweiz, ihren Nachbarstaaten, den USA und dem Vereinigten Königreich 2017 (in % des BIP)	61
Abb. 5.6	Anzahl Beschäftigte (Frauen/Männer) und Arbeitsstätten im Gesundheitswesen	63
Abb. 5.7	Anzahl Beschäftigte (Frauen/Männer) und Arbeitsstätten im Sozialwesen	64
Abb. 6.1	Das Leistungsdreieck im Sozial- und Gesundheitswesen	79
Abb. 6.2	Modell des Systems der Sozialen Sicherheit in der Schweiz	86
Abb. 7.1	Das Spannungsfeld der gesellschaftlichen Sektoren	99
Abb. 8.1	Absolute Armutsquote der Seniorinnen und Senioren in den Kantonen	131

Tabellenverzeichnis

Tab. 2.1	Die drei Erscheinungsformen von Politik	10
Tab. 3.1	Die zehn Kriterien der Konsensdemokratie im Kontext Schweiz	29
Tab. 5.1	Ambulante Pflege (Spitex) in Zahlen	68
Tab. 5.2	Ärzte/Ärztinnen, Pflegefachpersonen und Anteil mit ausländischem Diplom	71
Tab. 6.1	Gesundheits- und Sozialwesen im Vergleich	83
Tab. 6.2	«Sozialhilfe im weiteren Sinne» in den Kantonen	88
Tab. 8.1	Liberalismus und Republikanismus im sozial- und gesundheitspolitischen Kontext	125

Einleitung 1

> *There is so little to quarrel about in a world of peasants which,*
> *excepting hotels and banks, contains no great capitalist industry,*
> *and the problems of public policy are so simple and so stable.*
> *that an overwhelming majority can be expected to understand them and to agree about*
> *them [...] because there are no great decisions to be made*
>
> *Joseph Schumpeter (1942: 267)*

Wie schnell sich die Welt doch innerhalb von 80 Jahren ändert.

Joseph Schumpeter war ein weltweit einflussreicher Ökonom, dessen Analysen und Prognosen noch lange nach seinem Tod von Studierenden und Forschenden rund um den Erdball gelesen werden. Doch was der renommierte Vordenker Mitte des 20. Jahrhunderts über die Schweiz schrieb, liest sich heute wie eine verblüffend kurzsichtige Momentaufnahme aus dem Kuriositätenkabinett: Eine bäuerliche Welt, abgesehen von ein paar Hotels und Banken, in der alles so einfach und stabil und verständlich zu sein scheint, weil es schlicht keine grossen Entscheide zu treffen gibt. Beste Voraussetzungen für eine direkte Demokratie also, in der die Politik ohne grosse Mühe Problemlösungen findet, denen alle Bürgerinnen und Bürger vorbehaltlos zustimmen können.

Wir sollten Schumpeter gewogen sein. Er konnte nicht vorhersehen, dass sich der seinerzeit auf dem internationalen Parkett eher unbedeutende Alpenstaat

© Der/die Autor(en) 2023
K. Kehl, *Politische und ökonomische Rahmenbedingungen des Sozial- und Gesundheitswesens in der Schweiz,* Basiswissen Sozialwirtschaft und Sozialmanagement, https://doi.org/10.1007/978-3-658-35770-2_1

nach dem Zweiten Weltkrieg zu einem ernstzunehmenden «Player» der globalen Politik und Ökonomie mausern würde. Offenkundig hält die damalige Zustandsbeschreibung der Schweiz einer aktualisierten Überprüfung im hochentwickelten Kapitalismus, der neben Wohlstand typischerweise materielle Konflikte, soziale Ungleichheiten und politische Entfremdungstendenzen marginalisierter Milieus fördert, nicht Stand. Auch dass der Wohlfahrtsstaat bis zum Ende des 20. Jahrhunderts einen wahren «Siegeszug» in der westlichen Welt antreten und das schweizerische Sozial- und Gesundheitswesen erstaunliches Format annehmen würde, war zu seinen Lebzeiten nicht zwangsläufig zu prophezeien. Und mit dem Umstand, dass die politischen und ökonomischen Gegebenheiten, welche über das Wohl und Wehe der Gesundheits- und Sozialeinrichtungen bestimmen, angesichts ihrer Komplexität eines Tages ganze Lehrbücher füllen, rechnete er wohl ebenfalls nicht (und wenn doch, so hätte ihn dies als gebürtigen Österreicher und Professor an renommierten Universitäten im Vereinigten Königreich und in den USA möglicherweise nicht mit sonderlich grossem Interesse erfüllt).

Eher milde lächeln dürfen wir also angesichts seiner damaligen Einschätzung. Von wegen nur Hotels und Banken: Das Gesundheits- und Sozialwesen trägt mittlerweile (2020) 8 % zur Wirtschaftsleistung bei, beschäftigt rund 766'000 Personen und stellt dadurch zahlreiche mit dem Schweizerkreuz assoziierte Branchen in den Schatten. Doch auch fernab ökonomischer Grössen leisten Angehörige der Sozial- und Gesundheitsberufe mit ihrer täglichen Arbeit einen elementaren Beitrag zur Erhaltung, Steigerung oder (Wieder-)Herstellung von Lebensqualität in den vier Sprachregionen und 26 Kantonen. Spitäler, Heime und Spitex-Dienste sind nur Beispiele für Organisationen, deren am Menschen orientiertes Handeln wie Schmieröl im Räderwerk von Wirtschaft und Politik wirkt, die jedoch von Letzteren auch stark abhängig sind. Um das Zusammenspiel dieser komplexen gesellschaftlichen Teilbereiche zu verstehen, bedarf es Wissen über ihre grundlegenden Strukturmerkmale, Funktionsweisen und Herausforderungen.

Mit dem vorliegenden Buch begeben wir uns auf eine gemeinsame Lernreise zu den politischen und ökonomischen, teilweise gesamtgesellschaftlichen Rahmenbedingungen des Sozial- und Gesundheitswesens in der Schweiz. Es schlägt den Bogen von ausgewählten Grundbegriffen und Theorien der Demokratie und des politischen Systems über die für soziale Dienstleistungen und das Gesundheitssystem relevanten Institutionen und Kennzahlen bis hin zu Fragen sozialer Gerechtigkeit, politischer Mitwirkung von Professionellen in den Gesundheits- und Sozialberufen sowie aktuellen Trends, welche die zukünftige Gestalt der Versorgungsinfrastruktur prägen werden. Die Ausführungen helfen Ihnen, Komplexität zu reduzieren und das «Wesentliche» zu sehen.

1 Einleitung

In Kap. 2 beschäftigen wir uns mit den Grundlagen der Politik und Demokratie mitsamt den unterschiedlichen Erscheinungsformen, Kriterien und Vorzügen demokratischer Ordnungen. Anschliessend gehen wir in Kap. 3 auf das Konzept der Konsensdemokratie ein, welches sich für den Vergleich demokratischer Systeme und die internationale Einordnung der Schweiz als besonders hilfreich erwiesen hat. Schliesslich vertiefen wir den helvetischen «Sonderfall» in Kap. 4 hinsichtlich der Eigenheiten des politischen Entscheidungsprozesses, wobei hier die (halb-)direkte Demokratie und der föderale Staatsaufbau von zentraler Bedeutung sind. Eine ökonomische Perspektive auf das Sozial- und Gesundheitswesen nehmen wir in Kap. 5 ein, indem wir entlang volkswirtschaftlicher Kennzahlen sowie Branchen- und Arbeitsmarktdaten auf die Finanzierung, Ausgaben, Anbietenden und das Personal in ausgewählten Segmenten schauen. Sozialversicherungen und Sozialhilfe als institutionelle Grundpfeiler der Gesundheits- und Sozialversorgung werden in Kap. 6 gegenübergestellt. Kap. 7 behandelt Sozial- und Gesundheitseinrichtungen im Spannungsfeld gesellschaftlicher Sektoren, namentlich Staat, Markt und Familie, und thematisiert, wie Fach- und Führungspersonen neben der Dienstleistungserstellung einem politischen Auftrag gerecht werden (können). Bevor sich die Buchdeckel schliessen, widmen wir uns in Kap. 8 den Herausforderungen des Gesundheits- und Sozialwesens zwischen Wandel und Gerechtigkeit.

In diesem Buch wird abwechselnd und zufällig vom Sozial- und Gesundheitswesen oder vom Gesundheits- und Sozialwesen die Rede sein. Die jeweilige Terminologie bringt keine Wertigkeit zum Ausdruck. Es handelt sich um die bewusste Zusammenfassung von zwei Politikfeldern resp. Wirtschaftsbranchen, die in der offiziellen Statistik differenziert ausgewiesen werden, aber im Hinblick auf ihre Kontextfaktoren über vielerlei Gemeinsamkeiten verfügen und in Zeiten interprofessioneller Zusammenarbeit und Schnittstellen im Versorgungssystem nicht isoliert voneinander betrachtet werden sollten. Sozialarbeitende sind in Spitälern tätig, Gesundheitsberufe Teil der Heim-Infrastruktur, die Unterstützung von Personen mit psychischen oder physischen Beeinträchtigungen gelingt in vielen Fällen nicht ohne eine systematische Abstimmung zwischen Therapie, Pflege, Medizin, Rehabilitation und sozialen Diensten.

Der Anspruch, das schweizerische Sozial- und Gesundheitswesen in einem einzigen Lehrbuch vollumfänglich abzubilden, wäre vermessen. Die dargebotenen Inhalte, Theorien und empirischen Befunde sind ebenso selektiv wie die Praxisbeispiele innerhalb bzw. Lernaufgaben am Ende der Kapitel. Das Gleiche betrifft die Herausforderungen, welche im Buch als lohnende Themenanker präsentiert werden, wenn Sie die gesundheitliche und soziale Versorgungslandschaft der Schweiz politisch und ökonomisch einordnen und ggf. mitgestalten wollen. Die jeweiligen Auflistungen erheben keinen Anspruch auf Vollständigkeit und wurden nach bestem Wissen und Gewissen auf Basis der Fachliteratur zusammengestellt. Ihre Auswahl geht zurück auf eigene Forschung, Gespräche mit Studierenden, Fach- und Führungspersonen, lebhafte Diskussionen mit Kolleginnen und Kollegen der Wissenschaft und dem öffentlichen Sektor sowie wertvolle Einblicke in die Praxis. Sie sind als Diskussionsangebote gedacht und regen dazu an, sich mit den Themen vertieft auseinanderzusetzen – und gerne auch: Widerspruch zu formulieren.

Das Lehrbuch soll Ihnen relevante Zusammenhänge verständlich und zugleich fachlich fundiert aufzeigen, praxisnahe Beispiele liefern, Sie zum Nachdenken anregen, Ihnen Fragen stellen und Ihre Neugierde wecken. Gewiss werden Sie nicht alles gleichermassen spannend und selbsterklärend finden, evtl. werden Sie knifflige Abschnitte zweimal lesen. Wenn Sie nach der Lektüre Themen für sich identifiziert haben, denen Sie im weiteren Verlauf Ihrer Auseinandersetzung mit dem Gesundheits- bzw. Sozialwesen Aufmerksamkeit schenken möchten, ist viel erreicht. Sie finden am Ende jedes Kapitels zwei Literaturvorschläge für die Vertiefung. Zwecks detaillierter Recherche können Sie sich an den Referenzen im Text und an den Literaturverzeichnissen orientieren.

Auf den folgenden Seiten treten wir eine gemeinsame Expedition zum Gesundheits- und Sozialwesen an, deren sprachlicher Kompass weitgehend auf die erste Person Plural («wir») geeicht ist. Ich schreibe über Bürgerinnen und Bürger, Politikerinnen und Politiker, gebrauche die männliche und weibliche Form gelegentlich abwechselnd, oder wähle – wo praktikabel – genderneutrale Begriffe. Personen aller Geschlechtsidentitäten mögen sich angesprochen fühlen.

Das Buch ist für all jene gedacht, die sich Basiswissen zum Gesundheits- und Sozialwesen in der Schweiz aneignen möchten. Vermutlich wird es sich hierbei insbesondere um in der Schweiz lebende, arbeitende oder in anderer Weise mit der Schweiz verbundene Personen handeln, denen die schweizerische Kommunikationskultur vertraut ist. Deshalb kombiniere ich das Schriftdeutsch in zurückhaltender Dosierung mit typisch-schweizerischen Ausdrucksformen. Leserinnen und Leser aus Deutschland, Österreich oder anderswo mögen diese mit Interesse zur Kenntnis nehmen oder freundlicherweise über sie hinwegsehen.

Ich danke Klaus Grunwald und Ludger Kolhoff, den beiden Herausgebern der Lehrbuchreihe, für den langen Atem und ihr Vertrauen in das Publikationsprojekt. Amina Rosenthal, Anita Weber und Noah Balthasar gilt Dank für wertvolle Kommentare und Unterstützung bei der Bearbeitung des Manuskripts.

Beim Lesen wünsche ich Ihnen viel Freude und spannende Erkenntnisse.

Konstantin Kehl

Zürich, im Februar 2023

Literatur

Schumpeter, Joseph A. 1942. *Capitalism, Socialism and Democracy*. London: Harper.

Open Access Dieses Kapitel wird unter der Creative Commons Namensnennung 4.0 International Lizenz (http://creativecommons.org/licenses/by/4.0/deed.de) veröffentlicht, welche die Nutzung, Vervielfältigung, Bearbeitung, Verbreitung und Wiedergabe in jeglichem Medium und Format erlaubt, sofern Sie den/die ursprünglichen Autor(en) und die Quelle ordnungsgemäß nennen, einen Link zur Creative Commons Lizenz beifügen und angeben, ob Änderungen vorgenommen wurden.

Die in diesem Kapitel enthaltenen Bilder und sonstiges Drittmaterial unterliegen ebenfalls der genannten Creative Commons Lizenz, sofern sich aus der Abbildungslegende nichts anderes ergibt. Sofern das betreffende Material nicht unter der genannten Creative Commons Lizenz steht und die betreffende Handlung nicht nach gesetzlichen Vorschriften erlaubt ist, ist für die oben aufgeführten Weiterverwendungen des Materials die Einwilligung des jeweiligen Rechteinhabers einzuholen.

Grundlagen der Politik und Demokratie 2

> **Zusammenfassung**
>
> Das Kapitel legt die Basis für eine fundierte Auseinandersetzung mit dem politischen System der Schweiz, indem es in gängige Politik- und Demokratiebegriffe einführt. Es behandelt die unterschiedlichen Erscheinungsformen von Politik und die für politische Willensbildungs- und Entscheidungsprozesse relevanten Akteurinnen und Akteure. Die von Robert Dahl formulierten Kriterien und Vorzüge der Demokratie werden ebenso diskutiert wie demokratietheoretisch relevante Themen während der Corona-Pandemie.

▶ **Lernziele des Kapitels**
- Sie kennen die grundlegenden Politik- und Demokratiebegriffe.
- Sie können die drei Erscheinungsformen des Politischen (Politics, Policy, Polity) unterscheiden und erklären.
- Sie sind in Kenntnis von Dahls Demokratiekriterien und können die Vorzüge demokratischer Ordnungen benennen.

Jede und jeder von uns besitzt ein grobes Bild von Politik und ihrer Funktion in der Gesellschaft. Wenn wir etwa an das Frühjahr 2020 zurückdenken, als sich die COVID-19-Pandemie ausbreitete und viele von uns tagtäglich gebannt in den Fernseher oder die Nachrichten-App starrten, um auf dem neuesten Stand zu sein, wie wir als Gesellschaft mit der neuartigen Bedrohung umgehen und welche Schutzmassnahmen vom schweizerischen Bundesrat in Absprache mit den

Kantonen und dem Bundesamt für Gesundheit (BAG) getroffen wurden. Oder, die Älteren mögen sich erinnern, im Jahre 2001, als das World Trade Center in New York Ziel eines Anschlages wurde und die Welt an den Lippen der Politikerinnen und Politiker hing, die sich – mal mehr, mal weniger enthusiastisch – mit den Vereinigten Staaten von Amerika (USA) und ihrem damaligen Präsidenten George W. Bush solidarisierten, der einen «Krieg gegen den Terrorismus» ausrief. All dies sind Episoden in unserem kollektiven Gedächtnis, in denen klar wurde, wie sehr unser Leben durch Politik bestimmt ist.

Wir alle verfügen über Assoziationen und Erinnerungen an politische Grossereignisse, die den redensartlichen «Lauf der Dinge» verändert haben (wie z. B. an den 11. September 2001, über den vermutlich ein Grossteil der Erwachsenen noch heute sagen kann, wo sie oder er den Einsturz der «Zwillingstürme» am TV miterlebt hat). Abgesehen von globalen «Mega-Events» ist Politik jedoch auch in unserem alltäglichen Handeln omnipräsent und für unser privates und professionelles Tun relevant; sei es, weil der Gemeinderat unseres Wohnortes ein Infrastrukturprojekt beschlossen hat, das die Strasse vor unserem Balkon in eine überdimensionierte Baustelle verwandelt, sei es, weil die neubesetzte Kantonsregierung andere Prioritäten setzt als ihre Vorgängerin und unserem Arbeitgeber eine unerwartete Finanzspritze verabreicht, durch die sich Personalengpässe kurzfristig vermeiden und Arbeitsbelastungen verringern lassen. Und wir alle haben biografische, durch unsere Herkunft und Sozialisation geprägte Wahrnehmungen und Bewertungen politischer Prozesse und Inhalte. Gleichwohl können wir einige Grundzutaten identifizieren, die Politik über unsere individuelle Perspektive (und kollektivierte Erinnerung) hinaus ausmachen.

Politik- und Demokratiebegriffe
Das antike Griechenland ist hierfür ein guter Ausgangspunkt. Der Begriff Politik stammt aus dem (Alt-)Griechischen und meint erstens den Bürger oder die Bürgerin, zweitens «das Öffentliche, das Gemeinschaftliche, das alle Bürger Betreffende und Verpflichtende» sowie drittens die «Kunst der Führung und Verwaltung öffentlicher Angelegenheiten» (Schmidt 1995: 729). Ursprünglich handelte es sich um die «Bezeichnung für die stimmberechtigten Bürger eines Gemeinwesens […], die auf Ordnung und Führung dieses Gemeinwesens im Innern und in seiner Beziehung zu anderen Staaten gerichteten Bestrebungen und die Institutionen der Willensbildung und Entscheidungsfindung über öffentliche Angelegenheiten» (ebd.). Die Referenz auf die Bürgerinnen und Bürger ist vor allem in der Demokratie von besonderer Relevanz; einer politischen Ordnung, in der die Herrschaft vom Volke – direkt per Abstimmung oder von gewählten

2 Grundlagen der Politik und Demokratie

Repräsentantinnen und Repräsentanten – ausgeht und zu seinem Wohlergehen (resp. dem der Volksmehrheit) eingesetzt wird.

Im Unterschied zu nicht-demokratischen Ordnungen ist die Existenz eines fairen politischen Wettbewerbs substanziell. In ihm fördert das Ringen um die Gunst der Wahl- und Stimmberechtigten die «Auslese und Schulung kompetenter politischer Führer [sic]», wie es Schmidt (2019: 185) in Anlehnung an den Soziologen Max Weber und seine Vorstellung von der elitären «Führerdemokratie» von Beginn des 20. Jahrhunderts formuliert – und in der schweizerischen Direktdemokratie die «direkte Mitsprache des Volkes [...] in den wichtigsten Fragen» (Linder 2009: 576). Geeignete institutionelle Verfahren stellen sicher, dass über personelle und inhaltliche Entscheide nicht in den «Hinterzimmern der Macht» (vorgängig) befunden wird, sondern Wahlen und Abstimmungen frei, geheim und ergebnisoffen erfolgen.

Aus dieser ersten Begriffsbestimmung lassen sich wichtige Elemente demokratischer Politik ableiten. Zum einen sind da die Bürgerinnen und Bürger, die bei Wahlen und – in der Schweiz: regelmässigen – Abstimmungen ihre Stimme einbringen können müssen. Zum anderen entdecken wir in der vorgängigen Beschreibung die politischen Institutionen: Spezifische, in der jeweiligen Landesverfassung festgeschriebene Einrichtungen wie Parlamente und Regierungen sowie formale und informelle Prozesse und Regelhaftigkeiten, wie sie z. B. von Wahl- und Abstimmungsgesetzen vorgegeben werden. Gesamthaft bilden sie den Rahmen für die Produktion kollektiv bindender Entscheidungen. Weiterhin können wir aus dem Skizzierten herauslesen, dass es im politischen System wie auch in der Bürokratie Personal braucht, welches die Kunst des Steuerns öffentlicher Angelegenheiten beherrscht und Entscheide umsetzt. Nicht zuletzt ist das alle Bürgerinnen und Bürger Betreffende offenkundig an Inhalte gebunden, die darüber entscheiden, welche Themen und Herausforderungen innerhalb des Gemeinwesens im Hinblick auf seine Ordnung und Führung aufgegriffen und politisch verhandelt (resp. vom Politikapparat «verarbeitet») werden.

Dies deckt sich im Grossen und Ganzen mit einer anerkannten Dreiteilung, die sich im englischen Sprachgebrauch für das Verständnis von Politik und ihren Erscheinungsformen durchgesetzt hat (siehe Tab. 2.1). Demnach bezeichnen Politics den dynamischen Prozess der Willensbildung und Konfliktaustragung, des Verhandelns und Schmiedens von Kompromissen bzw. der Verständigung auf einen Konsens durch politisches Personal mit dem Ziel der Entscheidungsfindung und finalen Implementierung (siehe hierzu die Ausführungen zum schweizerischen Gesetzgebungsprozess in Kap. 4). Policies sind die Inhalte von politischen Entscheiden und Programmen, also z. B. Sozialversicherungsreformen, städtische Bauprojekte oder Initiativen – kurz: Problemlösungen, definierte Aufgaben

Tab. 2.1 Die drei Erscheinungsformen von Politik. (Eigene Darstellung)

Politics	Policy (Policies)	Polity
Prozess	Inhalt	Form
Willensbildung Entscheidungsfindung Implementierung	Problemlösungen Aufgaben Ziele	Institutionenordnung Verfahrensregeln Rechtsnormen

und Ziele, die erreicht werden sollen. Die Polity dagegen bezieht sich auf die Institutionenordnung eines politischen Gemeinwesens, d. h. auf die Verfahrensregeln, Rechtsnormen und allgemein die Form, innerhalb derer Politics zu Policies führen (Schmidt 1995). Damit sind in der Schweiz neben der Bundesverfassung sämtliche Gesetze und Erlasse gemeint, die den Ablauf demokratischer Verfahren festlegen und dirigieren (bspw. die kantonalen Wahl- und Abstimmungsgesetze). In einem weiteren Sinne kann dies zusätzlich kulturell geprägte Regelungsmuster und «ungeschriebene Gesetze» einschliessen, wie bspw. die Anwendung der sog. Zauberformel bei der Besetzung des Bundesrates (siehe Kap. 3).

Regierungen vs. Bürgerinnen und Bürger?
Die Bürgerinnen und Bürger sind jeweils an exponierter Stelle mitgedacht, und zwar in folgender Hinsicht: Demokratische Politik muss vom Volk – genauer: den Stimmberechtigten – durch Wahl oder Abstimmung beauftragt sein, sie muss von ihm ausgeübt werden resp. sich auf das Interesse der Mehrheit und breit legitimierte Ziele berufen können und letztlich zu seinen Gunsten handeln (Schmidt 2019). Das meinte der US-amerikanische Präsident Abraham Lincoln mit seiner idealisierenden Demokratiedefinition «government of the people, by the people, for the people» (Bühlmann und Kriesi 2013). Wobei Lincoln mit seinem Zitat aus dem 19. Jahrhundert der Regierung bzw. dem Regieren (Government) eine besonders exklusive Rolle in der Politik zugedacht hat, was heute nicht mehr alle Beobachtenden mühelos unterschreiben. Vielmehr ist es seit dem ausgehenden 20. Jahrhundert en vogue, von Governance zu sprechen. Damit ist komplexes, nicht ausschliesslich hierarchisches – sondern horizontales – Regelungshandeln zwischen voneinander abhängigen gesellschaftlichen Akteurinnen und Akteuren gemeint, bei dem die Vertreterinnen und Vertreter des politisch-administrativen Systems im engeren Sinne verstärkt der Mitwirkung von (und Kooperation mit) anderen Akteurinnen und Akteuren wie z. B. Gewerkschaften, Unternehmensverbänden, Medienschaffenden etc.

bedürfen (Mayntz 2004). Es bezieht sich auf einen Modus demokratischer Aktivität, in dem politische Entscheide «nicht mehr ausschließlich von den staatlichen Hauptinstitutionen wie Parlament und Regierung geformt und umgesetzt werden können, sondern auf Grund von Interessenverflechtung und Ressourcenverteilung eine Vielzahl heterogener staatlicher und nicht-staatlicher Organisationen und Interessengruppen am Politikprozess beteiligt werden müssen» (Janning et al. 2009: 66).

Trotzdem ist die Regierung an dieser Stelle ein gutes Stichwort. Denn auch in der Schweiz ist die Regierung – der Bundesrat, den wir uns später genauer ansehen werden – eine zentrale politische Institution, die viele politische Entscheide trifft oder ihre Richtung in erheblicher Weise prägt. Aufgrund der starken Volksmitwirkung im eidgenössischen Politiksystem, welche ebenfalls an späterer Stelle ausgeführt wird, ist sie aber (genauso wie das Parlament) tendenziell weniger einflussreich als in Repräsentativdemokratien. Unabhängig davon, wie oft und wie direkt oder indirekt das Wahl- und Stimmvolk über öffentliche Sachverhalte entscheiden kann, ist jedoch vor einem Verständnis von Demokratie zu warnen, welches ihren Aktionsradius zu sehr auf die «grossen politischen Bühnen» in Bern, Paris oder Brüssel (und ihr im medialen Dauereinsatz befindliches Spitzenpersonal) reduziert. Politik ist viel mehr als der Bundesrat oder ein Kantonsparlament; sie fängt direkt vor unserer Haustür in Zürich, Fribourg oder im Emmental an.

Gerade in Krisenzeiten, wie z. B. während der COVID-19-Pandemie, schlägt zwar oftmals die grosse Stunde der Exekutive (während der Verbreitung des neuartigen Virus hielt der Bundesrat das Zepter des Krisenmanagements in kaum dagewesener Weise in seiner Hand und vereinigte, vor allem während der ersten Welle im Frühjahr 2020, in durchaus beeindruckender Weise das Volk hinter seinen Entscheiden und Massnahmen[1]). Wenn jedoch ein Schulhaus saniert, ein

---

[1] Auch in anderen Ländern waren es damals die Regierungen und insbesondere die Regierungschefinnen resp. Staatsoberhäupter, die nahezu im Alleingang über das Wohl und Wehe im Staat entschieden. Im Nachhinein wurden ihnen dafür allerdings nicht immer die besten Zeugnisse ausgestellt. Man denke nur an US-Präsident Donald Trump und den britischen Premierminister Boris Johnson, die das Ausmass der Pandemie lange unterschätzten und mit ihrem Zögern wertvolle Zeit im Kampf gegen das Virus verstreichen liessen (oder an den ungarischen Ministerpräsidenten Viktor Orbán, der im landesweiten «Ausnahmezustand» kurzerhand die parlamentarische Demokratie aus den Angeln hob). Ganz zu schweigen von einer politischen Krise jüngeren Datums, den kriegerischen

Fussballstadion neu gebaut oder eine Tramlinie verlängert werden soll – alles Beispiele aus der jüngsten Zürcher Kommunalpolitik, die sich ähnlich auf andere Gemeinden übertragen lassen – sind wir tief in der lokalpolitischen Realität ohne Korrespondentinnen, Redenschreiber und Glamour angekommen. Oder denken Sie an Angelegenheiten, die für Berufsfelder im Gesundheits- und Sozialwesen von unmittelbarer Bedeutung sind: Wenn sich die Frage stellt, wie eine Stadt der wachsenden Drogen- und Suchtproblematik begegnet und ob niederschwellige Anlaufstellen für Abhängige mitsamt «Drug-Checking-Angeboten» geschaffen werden sollen, oder wenn es um die Erweiterung eines Spitals oder die Entwicklung von bedarfs- bzw. bedürfnisgerechtem, bezahlbarem Wohnraum für unterstützungsbedürftige (oder generell) Menschen geht – dann sind all dies potenziell kontroverse Themen, um die herum in aller Regel eine politische Auseinandersetzung entsteht.

An ihr nehmen sodann Akteurinnen und Akteuren mit divergierenden Haltungen, Interessen und demokratietheoretischen Funktionen teil:

- Bürgerinnen und Bürger, indem sie von ihren politischen (Wahl-, Abstimmungs- und Demonstrations-)Rechten Gebrauch machen;
- Parteien, indem sie Personal rekrutieren, Programme erarbeiten und durch ihre Teilnahme an Wahlen und Abstimmungen Einfluss auf Entscheidungsfindungsprozesse nehmen;
- Verbände wie Gewerkschaften, Arbeitgebervereinigungen oder Berufs- und Fachverbände, indem sie politische Positionen und Interessen gesellschaftlicher (Gross-)Gruppen aufnehmen, bündeln und artikulieren;
- zivilgesellschaftliche Organisationen und Bürgerbewegungen, indem sie neue Bedürfnisse und Einstellungen innerhalb der (oftmals lokalen) Bevölkerung aufspüren und sie aufs Tableau der öffentlichen Meinung bringen;
- staatliche Institutionen und Verwaltungen, individuelle Politikerinnen und Politiker, Unternehmerinnen und Unternehmer, Stiftungen, sog. Think Tanks, Lobbyorganisationen, Forschende, Journalistinnen und Journalisten, bis hin zu Social-Media-Persönlichkeiten.

Auseinandersetzungen in der Ukraine, die den russischen Präsidenten Wladimir Putin und seinen ukrainischen Kontrahenten Wolodymyr Selenskyj ab 2022 weltweit zu Protagonisten des Mediendiskurses machten (wenngleich der Status Russlands als Demokratie bereits vor den Ereignissen in der Ukraine umstritten war, was seit geraumer Zeit auch auf Ungarn zutrifft).

2 Grundlagen der Politik und Demokratie

Vielfach schliessen sie sich – nicht notwendigerweise intentional, aber empirisch beobachtbar – zu sog. Diskurs- bzw. Advokatenkoalitionen zusammen, die themenspezifisch und gemeinhin auf der Grundlage geteilter Überzeugungen in der (medialen) Öffentlichkeit entstehen und ihre Präferenzen durch koordiniertes (sowie teilweise strategisches) Handeln in die politischen Entscheidungsarenen einspeisen (Sabatier 1998; Jenkins-Smith et al. 2017; Hutter et al. 2019). Ob Konzernverantwortungs-, Verhüllungsverbots- oder Pflegeinitiative: Beispiele gibt es in der Schweiz zuhauf, denn die Initiativkomitees, welche Anliegen erfolgreich vors Volk bringen, durchlaufen typischerweise die evolutionäre Entwicklung von der Discourse zur Advocacy Coalition.

Alle zuvor Genannten profitieren von der Demokratie. Doch was macht die Demokratie besonders, und weshalb könnte man behaupten, dass sie anderen politischen Ordnungen bzw. Staatsformen wie z. B. der Aristokratie als Herrschaft von wenigen «Geeigneten» (traditionell ist damit der Adel gemeint) oder der Monarchie als Herrschaft eines Königs oder einer Kaiserin vorzuziehen ist? Hierzu hat sich der Politikwissenschaftler Robert Dahl prominent geäussert, indem er sowohl Kriterien des demokratischen Prozesses als auch Vorteile der Demokratie identifizierte.

Robert Dahls Kriterien und Vorzüge der Demokratie
Zu Dahls (1998) zentralen Demokratiekriterien zählt zum einen die effektive Partizipation aller (stimmberechtigten) Bürgerinnen und Bürger. Damit hängt die Notwendigkeit eines offenen politischen Diskurses und einer fundierten Willens- und politischen Bildung zusammen, welche über den Zugang zu essenziellen Informationen hinsichtlich relevanter Angelegenheiten, etwa im Rahmen des öffentlich finanzierten Rundfunks, sicherzustellen ist: «Medien, die frei von Zensur und staatlicher Steuerung über politische Strukturen, Prozesse und Zusammenhänge berichten, die staatliches Handeln öffentlich kontrollieren, die Missstände, Skandale und Affären aufdecken und zudem den Bürgern ein Forum der Artikulation bieten, [sind] eine notwendige Bedingung für die Demokratie» (Frevel und Voelzke 2017: 78). Mit dem Diskurs und der Willensbildung verschränkt ist das Kriterium der kontinuierlichen Kontrolle des Volkes über die politische Agenda. Damit charakterisiert Dahl Politik als einen im steten Fluss befindlichen Prozess, der einer fortlaufenden Rekonfiguration und Weiterentwicklung unterliegt. Zudem findet sich in der Kriterienliste die Gleichheit der Wahl; sowohl auf die Instrumente als auch auf die Stimmengewichtung bezogen. Der Wahl- und Abstimmungsmodus, so Dahl, muss gewährleisten, dass die Stimmen aller Wahl- bzw. Abstimmungsberechtigten in gleicher Weise das Ergebnis beeinflussen und nicht Personen, z. B. aufgrund ihres sozialen Status

oder ihres Wohnortes, systematisch benachteiligt werden. Und schliesslich ist für Dahl die Inklusion aller (erwachsenen) Bürgerinnen und Bürger wichtig, sodass niemand vom demokratischen Geschehen ausgeschlossen wird.

Spätestens hier wird ersichtlich, dass es sich bei Dahls Kriterienkatalog um ein Idealbild handelt, das in der Realität selten oder vermutlich nie vollständig ausgemalt ist. So können wir mit Blick auf die Schweiz feststellen, dass mit den regelmässigen, direktdemokratischen Abstimmungen zwar tatsächlich viel Aufwand getrieben wird, um die Bürgerinnen und Bürger möglichst umfassend und in gleichbleibender Frequenz an Entscheiden über öffentliche Angelegenheiten zu beteiligen. Aber auch hierzulande gestalten angesichts von rund einem Viertel Ausländerinnen und Ausländern an der Wohnbevölkerung – die momentan an Wahlen und Abstimmungen bis auf wenige Kantone und Gemeinden nicht teilnehmen dürfen – bei weitem nicht alle erwachsenen, in der Schweiz wohnhaften Personen Politik mit. Gemäss Vatter (2020) waren seit Einführung des Frauenwahlrechts 1971 nie mehr als zwei Drittel der Personen mit schweizerischer Meldeadresse berechtigt, ihre Stimme bei Nationalratswahlen abzugeben. Wenngleich dieser Befund neben den Eingewanderten auf die Minderjährigen zurückzuführen ist, deren Exklusion bis zu einem gewissen Lebensalter gerechtfertigt sein mag, stellt die Schweiz im besten Fall eine «Zwei-zu-eins-Demokratie» dar, in der mindestens eine von drei Personen nicht politisch partizipieren kann. Und selbst die, die wählen und abstimmen könnten, tun es oft nicht: Die Beteiligung an Wahlen und Abstimmungen schwankte in den vergangenen 50 Jahren grob zwischen 30 und 60 %; mit einer Tendenz in den jüngsten Dekaden, die auf einen Korridor zwischen 40 und 50 % hindeutet (ebd.). In diesem Zusammenhang ist die Schweiz eines der Länder weltweit, in denen politische Mitbestimmungsrechte am wenigsten gebraucht werden. In Deutschland lag die Beteiligung an nationalen Wahlen z. B. nie unter 70 % (die allerdings im vierjährigen Rhythmus stattfinden, während Schweizerinnen und Schweizer im Abstand von mehreren Monaten um ihr Votum gebeten werden).[2]

---

[2] Während in fast allen anderen westeuropäischen Staaten die Beteiligung an Parlamentswahlen deutlich höher ausfällt als bei Volksabstimmungen, liegen die Werte in der Schweiz nur geringfügig auseinander. Allerdings üben die Wahlen zum Nationalrat in der Schweiz generell eine niedrige Attraktivität auf das Stimmvolk aus – was damit erklärt werden kann, dass die Zusammensetzung des Bundesrats aufgrund der Zauberformel schon im Vorfeld weitgehend definiert ist, wohingegen Wählerinnen und Wähler in anderen Ländern mit ihrer Stimme zumindest indirekt auch die Kontur der Regierung mitbeeinflussen (Merkel und Ritzi 2017). Darüber hinaus scheinen Wählerinnen und Wähler primär repräsentativer Demokratien angesichts des Ausnahmefalles direkter Referenden Parlamentswahlen höher zu bewerten.

Wenn Sie diese Diagnose verwundert oder gar ernüchtert hat – was, mit Verlaub, verständlich ist in einem Staats- und Bildungssystem, das gelegentlich mit seinen direkten Mitbestimmungsrechten kokettiert –, widmen wir uns nun mit Freude den Stärken, für die der Aufwand der Demokratie getrieben wird. Denn auch, wenn nicht alle Betroffenen zu jedem Zeitpunkt mit grösster Hingabe partizipieren, scheint die demokratische Ordnung positive Effekte auf alle Bürgerinnen und Bürger auszuüben. Das kann ärgerlich für diejenigen sein, die ihre kostbare Zeit investieren, um wohlabgewogene Entscheide zu treffen, während die Gesamtheit profitiert. Aber auch dieses sog. Trittbrettfahrerproblem (mit dem wir uns noch in einem anderen Kontext auseinandersetzen) gehört zur Demokratie. Davon abgesehen können wir in umgekehrter Richtung mit der ökonomischen Theorie über die Paradoxie des Wählens argumentieren, dass die eigene Stimme bei geringerer Wahl- und Abstimmungsbeteiligung an relativem Wert gewinnt und sich das Kosten-Nutzen-Verhältnis des individuellen Urnengangs weniger «irrational» gestaltet (Downs 1957). Denn schliesslich gilt in den allermeisten Kantonen ein ausgewiesenes Recht und keine Pflicht, politisch zu partizipieren – und jede «verfallene» Stimme erhöht die Chance auf Durchsetzung der eigenen Position.[3]

> **Die schweizerische Demokratie während der Corona-Pandemie**
> Wie die meisten Länder der Erde, wurde die Schweiz von der Corona-Pandemie zu Beginn des Jahres 2020 kalt erwischt. Als in Europa und vor allem Norditalien die Infizierten-Zahlen und Todesfälle innert weniger Tage steil anstiegen – und damit wegen der vielen Grenzgänger auch im Tessin und weiteren grenznahen Kantonen – definierten der Bundesrat und das Bundesamt für Gesundheit (BAG) ab Februar schrittweise Empfehlungen und später dringende Hinweise zum «Social Distancing» (soziale – oder eigentlich eher: physische – Distanzierung). Schliesslich wurde durch entsprechende Weisungen im März das gesamte öffentliche Leben in der

---

[3] Tatsächlich existiert in einigen Kantonen der Schweiz formal eine Stimmpflicht. Es wird aber nirgendwo ernsthaft sanktioniert, wer diese verletzt (Vatter 2020). Schaffhausen ist der einzige Kanton, welcher nicht nur eine Stimmpflicht, sondern einen (dezent interpretierten) «Stimmzwang» kennt. Wer sich unentschuldigt der Teilnahme an eidgenössischen, kantonalen und gemeindlichen Wahlen und Abstimmungen entzieht, wird mit einer Strafe in Höhe von sechs Franken gebüsst. Faktisch sind die möglichen Entschuldigungsgründe jedoch kreativ unbegrenzt, weshalb eher von symbolischer Politik auszugehen ist.

Schweiz auf ein absolutes Minimum «systemrelevanter» Aktivitäten und Wirtschaftszweige begrenzt. Ziel war es, aufgrund des Fehlens eines Impfstoffes und von Medikamenten die Verbreitung des Virus zu verlangsamen und Überlastungen der Spitäler und Intensivstationen zu vermeiden. Gingen bereits diese Vorkehrungen einigen Kritikerinnen und Kritikern zu weit, steuerte die Situation auf eine Eskalation zu, als im Verlaufe des Jahres 2021 klar wurde, dass die Pandemie länger andauert als von Virologinnen und Epidemiologen befürchtet – und von der Politik und den Medien kommuniziert.

Spätestens mit der Verfügbarkeit eines Impfstoffes und der öffentlichen Diskussion über eine Impfpflicht, wie sie intensiv vor allem ab Herbst 2021 geführt wurde, erhärteten sich die Fronten zwischen Skeptikern und Befürworterinnen der Corona-Politik. «Das Private ist politisch», dieser emanzipatorische Slogan der Frauenbewegung bewahrheitete sich auf unheilvolle Weise: COVID-19 war plötzlich etwas, das Familien und Freundeskreise auseinandertrieb und das Vertrauen in die demokratischen Institutionen auf die Probe stellte. Die Ende 2021 rund 30 % ungeimpften Schweizerinnen und Schweizer fragten sich, ob das noch «ihr» Staat ist, der darüber diskutiert, ihnen das Vakzin obligatorisch zu verspritzen. Die anderen ca. 70 %, für welche der «Pieks» vielfach nur das kleinere Übel war und die sich womöglich aus Solidarität gegenüber Risikogruppen und der Aussicht auf Privilegien impfen liessen, fühlten sich teilweise «verschaukelt», als der Bundesrat vor Weihnachten doch wieder ein allgemeines Beschränkungspaket schnürte. Die Demokratie schien auf allen Ebenen versagt zu haben. Doch hat sie das wirklich? Gewiss, die Minderheit der Ungeimpften und «Corona-Kritiker» wurde vom Megafon der Mehrheit übertönt. Das ist das Wesen der Demokratie. Einige von ihnen sahen gar die «Tyrannei der Vielen» wie einen Tornado über sich hinwegziehen. Über die Rolle und Unabhängigkeit der Medien, und natürlich auch Social Media, können wir diskutieren; sie haben während der Pandemie nicht immer das beste Bild abgegeben. Auch über eine Impfpflicht und ihre Vereinbarkeit mit Bürgerrechten kann man unterschiedlicher Meinung sein. Im Grossen und Ganzen wurde aber die Partizipation nicht gravierend eingeschränkt, das Volk kontrollierte auch weiterhin die politische Klasse, und die Kontroversen zeigten nur zu gut, wie sehr der demokratische Diskurs floriert.

Zu den Vorzügen der Demokratie bemerkt Dahl (1998) zunächst, dass die Demokratie Tyrannei und autokratischer Willkür vorbeugt. Sie stellt eine Ordnung des Gemeinwesens her, in der sich einzelne Personen oder Gruppen nicht über den Willen der Mehrheit hinwegsetzen können, sondern das Volk ausgedehnte Partizipationsmöglichkeiten geniesst. Dadurch werden grundlegende Bürgerrechte (besser) garantiert. Neben den politischen Partizipationsrechten sind dies insbesondere soziale Rechte wie z. B. die Gewährung eines materiellen Existenzminimums – in der Schweiz in Form der Sozialhilfe, dem «untersten Netz der Sozialen Sicherheit», siehe Kap. 6 – oder grundlegende Leistungen im Bereich der Gesundheitsversorgung und sozialen Teilhabe. Die Demokratie schneidet in dieser Hinsicht nach Einschätzung von Dahl besser ab als konkurrierende Ordnungsmodelle. Gleichfalls lässt die Demokratie den Bürgerinnen und Bürgern grösstmögliche Freiheit zuteilwerden. Sie hat es nicht nötig, Andersdenkende zu unterdrücken oder, wie im Mittelalter, der Guillotine zu übergeben. Im Gegenteil: Der ständige Wettbewerb um die öffentliche Meinung und um das bessere Argument, die fortwährende Kontroverse und das Gebot der Auseinandersetzung mit den Standpunkten der Gegenseite sind geradezu ihr Sinn und Zweck.

Durch die Demokratie ist ein Volk selbstbestimmt und autonom in seiner Rechtssetzung, postuliert Dahl. Es kann demzufolge über sämtliche Rechte und Pflichten sowie über die (gesetzlichen) Grundlagen des gesellschaftlichen Zusammenlebens völlig frei entscheiden und muss sich diese nicht von anderen Staaten, Staatengemeinschaften oder Herrschenden diktieren lassen. Dies ist einer der Gründe, weshalb sich das Stimmvolk in der Schweiz oft gegen einen EU-Beitritt gewehrt hat. Man möchte sich nicht von Brüssel vorschreiben lassen, wie im Wallis der Wein gekeltert oder im Bündnerland die Capuns gewickelt werden. Zudem geht es Dahl um die moralische Verantwortung der Bürgerinnen und Bürger. Nach seiner Einschätzung entwickeln wir in der Demokratie eine Haltung, mit der wir für uns und andere Verantwortung übernehmen (können). Wir schreiben einerseits den Schutz unserer persönlichen Interessen gross, haben andererseits aber die Gemeinschaft im Blick. Politische Gleichheit und Frieden sind das Resultat. Am Ende führt dies, so seine Analyse, zu grösstmöglicher wirtschaftlicher Prosperität. Oder anders ausgedrückt: In Demokratien geht es dem Grossteil der Menschen im Vergleich zum Wohlstandsniveau in alternativen Ordnungen ziemlich gut.

Die Demokratie nüchtern betrachtet
Trotz alledem wäre es unpassend, die Demokratie als das «gelobte Land» zu verherrlichen, in dem Milch und Honig fliessen. Zu einer der Schattenseiten

gehört, dass nicht alle Bürgerinnen und Bürger mitentscheiden (können). Dahl hat deshalb für die real existierenden, unvollkommenen Demokratien, welche nicht alle seine Kriterien (vollumfänglich) erfüllen, den Begriff der Polyarchie geprägt, die «Herrschaft der Vielen». Mit Blick auf Erkenntnisse zum Wahl- und Abstimmungsverhalten in der Schweiz könnten wir spöttisch qualifizieren: Die «Herrschaft der alten, studierten (weisen?) Männer». Denn die Stimmabgabe korreliert tatsächlich mit Alter, Bildungsniveau und Geschlecht, ausserdem u. a. mit Haushaltseinkommen und Zivilstand (Tresch et al. 2020). Weiterhin orientieren sich Parteien in ihrer Programmatik nicht notwendigerweise am Wohlergehen des Volkes, sondern an der Frage, wie sie das «Kundenpotenzial» bestmöglich «abfischen» können. Das wusste schon Downs (1957), der schlussfolgerte, dass rational handelnde Parteien auf dem Links-rechts-Spektrum zur Mitte – zum sog. Median-Wähler – neigen (siehe auch Kap. 7). Und was machen die Regierungen? Sie verhalten sich auch nicht zwingend so, wie es ihre Anhängerinnen und Anhänger erwartet hätten. So werden Mitte-rechts-Regierungen nicht selten von den Ideen der oppositionellen Linksparteien «infiziert», während sich linke Regierungen gelegentlich von der Mitte-rechts-Programmatik «anstecken» lassen (Hicks und Swank 1992). Was uns in der Schweiz nicht bekümmern sollte, da die Zusammensetzung des Bundesrats ohnehin durch die Zauberformel (siehe Kap. 3) vorgezeichnet ist.

Dazu kommt, dass die Bürgerinnen und Bürger auch in Demokratien nicht allesamt in gleichem Masse vom Wohlstand profitieren, wenngleich Dahl die ökonomische Leistungsfähigkeit explizit als Vorzug erwähnt. Und das gilt für die Schweiz ebenfalls. Wir könnten vielleicht annehmen, dass die Einkommen und Vermögen in einem Land, in dem das Volk regelmässig über direktdemokratische Verfahren zur Teilhabe an Politik eingeladen ist, einigermassen «gerecht» über die Bevölkerung hinweg verteilt sind (zum Begriff Gerechtigkeit siehe Kap. 8). Jedoch gehen im internationalen Vergleich zwar die Einkommen zwischen Top- und Geringverdienenden nicht übermässig auseinander, sehr wohl aber die Vermögen, die sich hierzulande stark auf wenige Privilegierte konzentrieren. So verdienen die reichsten 10 % der Bevölkerung zwar «nur» rund 30 % der Löhne, wenn wir die Umverteilungswirkung von Steuern berücksichtigen, aber sie besitzen mehr als 60 % der Vermögen – ein europäischer Spitzenwert. Weiterhin sind die geschlechtsspezifischen Einkommensunterschiede in der Schweiz, verglichen mit anderen europäischen Staaten, besonders ausgeprägt. Über die gesamte Erwerbsbiografie hinweg betrachtet, verdienen Frauen in der Schweiz gemäss Daten von 2018 etwa 43 % weniger als Männer, übertroffen nur von Österreich und den Niederlanden mit jeweils 44 % (Bundesrat 2022; WID 2022).

▶ **Literatur zur Vertiefung**

- Dahl (1998) und Schmidt (2019).

▶ **Lernaufgabe**
Diskutieren Sie, welche der Kriterien von Dahl auf die Schweiz eindeutig zutreffen und bei welchen allenfalls Abstriche zu verzeichnen sind. Begründen Sie, weshalb Ihrer Meinung nach einige seiner Demokratiemerkmale in der Schweiz stärker ausgeprägt sind als andere.

Literatur

Bühlmann, Marc, und Hanspeter Kriesi. 2013. Models for Democracy. In *Democracy in the Age of Globalization and Mediatization,* Hrsg. Hanspeter Kriesi, Sandra Lavenex, Frank Esser, Jörg Matthes, Marc Bühlmann, und Daniel Bochsler, 44–68. London: Palgrave Macmillan.
Bundesrat. 2022. Erfassung des Gender Overall Earnings Gap und anderer Indikatoren zu geschlechterspezifischen Einkommensunterschieden: Bericht des Bundesrates in Erfüllung des Postulates 19.4132 Marti Samira vom 25. September 2019. Bern: Der Bundesrat.
Dahl, Robert A. 1998. *On Democracy.* New Haven: Yale University Press.
Downs, Anthony. 1957. *An Economic Theory of Democracy.* New York: Harper.
Frevel, Bernhard, und Nils Voelzke. 2017. *Demokratie: Entwicklung – Gestaltung – Herausforderungen,* 3. Aufl. Wiesbaden: Springer VS.
Hicks, Alexander M., und Duane H. Swank. 1992. Politics, Institutions, and Welfare Spending in Industrialized Democracies, 1960–1982. *The American Political Science Review* 86(3):658–674.
Hutter, Swen, Hanspeter Kriesi, und Jasmine Lorenzini. 2019. Social Movements in Interaction with Political Parties. In *The Wiley Blackwell Companion to Social Movements,* 2. Aufl., Hrsg. David A. Snow, Sarah A. Soule, Hanspeter Kriesi, und Holly J. McCammon, 322–337. Hoboken: Wiley Blackwell.
Janning, Frank, Philip Leifeld, Thomas Malang, und Volker Schneider. 2009. Diskursnetzwerkanalyse: Überlegungen zur Theoriebildung und Methodik. In *Politiknetzwerke: Modelle, Anwendungen und Visualisierungen,* Hrsg. Frank Janning, Philip Leifeld, Thomas Malang, und Volker Schneider, 59–92. Wiesbaden: VS Verlag.
Jenkins-Smith, Hank C., Daniel Nohrstedt, Christopher M. Weible, und Karin Ingold. 2017. The Advocacy Coalition Framework: An Overview of the Research Program. In *Theories of the Policy Process,* 4. Aufl., Hrsg. Christopher M. Weible und Paul A. Sabatier, 135–171. New York: Avalon Publishing.
Linder, Wolf. 2009. Das politische System der Schweiz. In *Die politischen Systeme Westeuropas,* 4. Aufl., Hrsg. Wolfgang Ismayr, 567–605. Wiesbaden: VS Verlag.

Mayntz, Renate. 2004. Governance im modernen Staat. In *Governance: Regieren in komplexen Regelsystemen. Eine Einführung,* Hrsg. Arthur Benz, 65–76. Wiesbaden: VS Verlag.

Merkel, Wolfgang und Claudia Ritzi. 2017. *Die Legitimität direkter Demokratie: Wie demokratisch sind Volksabstimmungen?* Wiesbaden: Springer VS.

Sabatier, Paul A. 1998. The Advocacy Coalition Framework: Revisions and Relevance for Europe. *Journal of European Public Policy* 5(1):98–130.

Schmidt, Manfred G. 1995. *Wörterbuch zur Politik.* Stuttgart: A. Kröner.

Schmidt, Manfred G. 2019. *Demokratietheorien: Eine Einführung,* 6. Aufl. Wiesbaden: Springer VS.

Tresch, Anke, Lukas Lauener, Laurent Bernhard, Georg Lutz, und Laura Scaperrotta. 2020. *Eidgenössische Wahlen 2019: Wahlteilnahme und Wahlentscheid (FORS).* Lausanne: FORS.

Vatter, Adrian. 2020. *Das politische System der Schweiz,* 4. Aufl. Baden-Baden: Nomos.

WID (World Inequality Database). 2022. Switzerland. https://wid.world/country/switzerland/.

Open Access Dieses Kapitel wird unter der Creative Commons Namensnennung 4.0 International Lizenz (http://creativecommons.org/licenses/by/4.0/deed.de) veröffentlicht, welche die Nutzung, Vervielfältigung, Bearbeitung, Verbreitung und Wiedergabe in jeglichem Medium und Format erlaubt, sofern Sie den/die ursprünglichen Autor(en) und die Quelle ordnungsgemäß nennen, einen Link zur Creative Commons Lizenz beifügen und angeben, ob Änderungen vorgenommen wurden.

Die in diesem Kapitel enthaltenen Bilder und sonstiges Drittmaterial unterliegen ebenfalls der genannten Creative Commons Lizenz, sofern sich aus der Abbildungslegende nichts anderes ergibt. Sofern das betreffende Material nicht unter der genannten Creative Commons Lizenz steht und die betreffende Handlung nicht nach gesetzlichen Vorschriften erlaubt ist, ist für die oben aufgeführten Weiterverwendungen des Materials die Einwilligung des jeweiligen Rechteinhabers einzuholen.

Das Konzept der Konsensdemokratie 3

> **Zusammenfassung**
>
> Mit dem Konzept der Konsensdemokratie hat Arend Lijphart einen einflussreichen Analyseansatz vorgelegt, der es erlaubt, international-vergleichend zwischen Konsensdemokratien und Mehrheits- bzw. Konkurrenzdemokratien zu unterscheiden. Das Kapitel stellt Lijpharts sowie Adrian Vatters (modifiziertes) Kriterienraster vor und ordnet das politisch-institutionelle System der Schweiz ein. Wir diskutieren die zehn Kriterien und zeigen auf, dass die Schweiz fast alle Merkmale eines konsensdemokratisch angelegten Gemeinwesens erfüllt.

▶ **Lernziele des Kapitels**
- Sie sind in der Lage, das Konzept der Konsensdemokratie in seinen Grundzügen zu erklären.
- Sie können das politische System der Schweiz in den konsensdemokratischen Kriterienkatalog einordnen.
- Sie können zwei Kriterien von Lijphart nennen, welche die Schweiz nicht (vollumfänglich) erfüllt.

Im vorangegangenen Kapitel haben wir uns das Wesen von Politik und Demokratie angesehen. Wir haben gelernt, was demokratische Systeme ausmacht, wie sie funktionieren, und konnten einen ersten Eindruck davon gewinnen, wie sich die Schweiz und wie sich Themen des Sozial- und Gesundheitswesens in die Demokratietheorie einfügen. Womöglich haben Sie sogar für sich identifiziert, was verlorenginge, wenn unser Alltag nicht von Politics, Policies und einer Polity geprägt wäre, die den demokratischen Kriterien von Dahl (1998) nahekommen.

Konsens als demokratischer Handlungsmodus
Jedoch hebt sich die Schweiz nicht ausschliesslich von undemokratischen Systemen ab, sondern von den allermeisten Demokratien in der Welt – einschliesslich ihrer Nachbarländer. Dies vor allem deshalb, weil sie ein ausnehmend konsensdemokratisch angelegtes Gemeinwesen und einen dementsprechend organisierten Gesetzgebungsprozess aufweist. Dies kann man gut entlang der einflussreichen Demokratiemerkmale zeigen, denen sich Arend Lijphart (2012) auf der Grundlage empirischer Forschung gewidmet hat. In seinen Studien geht es um die Abgrenzung zwischen Konsensdemokratien einerseits und Mehrheits- bzw. Konkurrenzdemokratien andererseits. Der gebürtige Niederländer bezeichnete damit zwei idealtypische Demokratieformen, die wir uns jeweils als Endpunkte eines gedanklichen Kontinuums vorstellen können, auf dem reale Demokratien rund um den Globus zu verorten sind. Die Schweiz erfüllt fast alle Merkmale der Konsensdemokratie, weshalb Lijphart sie als «Paradebeispiel» für diesen Typus diskutiert.

Als Konsensdemokratie – oder Verhandlungsdemokratie – können wir eine Demokratieform bezeichnen, in der politische Entscheide nicht ausschliesslich auf Mehrheitsvoten an der Wahl- oder Abstimmungsurne gestützt sind, sondern diese «eine unter vielen verschiedenen Handlungsressourcen im politischen Prozess darstellen. Tatsächlich umfasst das Konzept [...] auch Entscheidungen, die nicht direkt am runden Tisch verhandelt, sondern von einzelnen Akteuren im Wissen um die Existenz mächtiger ‹Gegenspieler› im politischen System getroffen werden» (Czada 2003: 173). Es geht um politische Ordnungen, in denen Verhandlungen aufgrund von konstitutionell geschaffenen Vetopositionen in vielen Fällen politischem Wandel vorausgehen (Czada 2006). Der Begriff Vetospieler verweist auf individuelle oder kollektive Akteure, deren Einverständnis nötig ist, um eine Änderung des gegenwärtigen Zustandes herbeizuführen. Es kann sich um verfassungsrechtliche Institutionen wie z. B. eine zweite Parlamentskammer, mächtige Parteien und Koalitionspartner innerhalb einer Regierung, aber auch um Interessenverbände handeln. Auf eine einfache Formel gebracht, sinkt die Reformfähigkeit eines politischen Systems mit der Anzahl Vetospieler, ihrer inhaltlichen Differenz und ihrer inneren Homogenität (Tsebelis 1995, 2002).

Der Zwang resp. das kulturelle Muster, gegensätzliche Positionen in wohlmeinender Absicht auszuloten und eine für alle Beteiligten akzeptable Lösung zu finden, ist für die helvetische Politik prägend. Dadurch scheint die Schweiz schon hinsichtlich der im Alltag beobachtbaren Prozesse und Resultate politischer

3 Das Konzept der Konsensdemokratie

Auseinandersetzungen auf allen föderalen Ebenen den «Paradefall» der Konsensdemokratie zu verkörpern. In ihr ist die individuelle und kollektive Handlungsfähigkeit gezügelt und langfristiger Politikwechsel eher unwahrscheinlich. Aufgrund der Zeit, welche die Konsens- bzw. Kompromissfindung horizontal (d. h. auf nur einer föderalen Ebene, wie z. B. dem Bund oder den Kantonen) und vertikal (zwischen Gemeinden, Kantonen und Bund) beansprucht, geht im Normalfall eine längere Prozessdauer des Politischen als in Mehrheitsdemokratien einher. Letztere konzentrieren die Macht und verschaffen «der Parlamentsmehrheit und ihrer Regierung in institutioneller Hinsicht einen großen Spielraum bei der Politikgestaltung» (Schmidt 2019: 331). Dagegen sagt man Konsensdemokratien nach, dass sie Macht teilen, die legislative und exekutive Herrschaft einschränken und die Teilhabe von Minderheiten akzentuieren (Lijphart 2012).

Machtbalance und Minderheitenschutz
Nach Lijphart (ebd.) zeichnet sich die Konsensdemokratie durch zehn Kriterien aus, die sie im Idealzustand erfüllt. Konsensdemokratien sorgen zunächst für exekutive Machtteilung, d. h., die Regierung wird üblicherweise nicht von einer einzigen Partei gestellt, sondern von zwei oder mehreren Parlamentsparteien. Solche Koalitionsregierungen sind den politischen Kräfteverhältnissen im Land geschuldet – also den Stimmenanteilen der unterschiedlichen Parteien bei Wahlen – aber auch dem Wahlsystem und dem Modus, wie über die Regierung entschieden wird bzw. wer dies tut. In der Schweiz bspw. wählt die Bundesversammlung, bestehend aus National- und Ständerat, zwar offiziell den Bundesrat. Jedoch existiert mit der sog. Zauberformel ein weithin anerkanntes Rezept dafür, welche Parteien in welcher Gewichtung die sieben Bundesräte stellen. In anderen Ländern, in denen sich die Regierung mehr oder weniger direkt aus der jeweils aktuellen Parteienstärke im Parlament ergibt, fände man diese Form der Exekutivbildung wohl höchst befremdlich.

Die Zauberformel
Als Zauberformel wird der Modus bezeichnet, nach dem seit 1959 der siebenköpfige Bundesrat – die schweizerische Regierung – gewählt wird. Sie besagt, dass die drei stärksten Parteien (momentan, vor der Wahl 2023: SVP, SP und FDP) je zwei und die viertstärkste Partei eine Vertretung in die Exekutive entsenden. Tatsächlich stellt mit der Partei Die Mitte (ehemals CVP) in der Legislaturperiode zwischen 2019 und 2023 die fünftstärkste Partei die siebte Bundesrätin. Die letzte Modifikation der Zauberformel

> erfolgte 2003, als die SVP angesichts ihrer kontinuierlichen Wahlerfolge ab Mitte der 1990er Jahre einen Bundesratssitz der CVP übernahm. Das 2-2-2-1-Verhältnis wird verhandelt, wenn sich über mehrere Wahlen hinweg ein Trend zu gewandelten Mehrheitsverhältnissen erhärtet. Ihren Namen erhielt die Formel «aufgrund ihrer proportional nahezu perfekten Wiedergabe des Wählerwillens sowie ihrer beinahe schon magischen Beständigkeit» (Vatter 2020: 204). Sie führt deshalb immer wieder zu kontroversen Diskussionen: So konnte die Grüne Partei bei den Nationalratswahlen im Herbst 2019 zwar die CVP (Die Mitte) stimmenmässig überholen und reklamierte einen Platz im Bundesrat für sich. Aus unterschiedlichen Gründen war die Bewerbung der dem «linken Rand» zugerechneten Parteipräsidentin Regula Rytz jedoch nicht erfolgreich; u. a., weil die hinsichtlich ihrer politischen Präferenzen sonst durchaus wechselhaften Mitte-Parteien CVP und GLP (die sich erst in den 2000er-Jahren von den Grünen abgesondert hat) die Forderung des bürgerlichen Lagers nach politischer Stabilität unterstützten. Zudem hätte das von den Grünen ins Visier genommene Bundesratsmandat von Ignazio Cassis (FDP) den Verlust des einzigen Tessiner Bundesrats bedeutet, und in der schweizerischen Tradition ist es obendrein nicht sonderlich üblich, Bundesräte gegen ihren Willen aus dem Amt zu wählen – zumal, wenn dem keine stabile Entwicklung über mehrere Wahlen hinweg zugrunde liegt. Als SP-Bundesrätin Simonetta Sommaruga 2022 ihren Rückzug aus persönlichen Gründen erklärte, verzichteten die Grünen für den Rest der laufenden Legislatur schliesslich bereits frühzeitig, um keine Unruhe im linken Lager aufkommen zu lassen.

In Konsensdemokratien herrscht Machtbalance zwischen Exekutive und Legislative, d. h., die Regierung (der Bundesrat) und das Parlament (die Bundesversammlung bestehend aus der grossen Kammer Nationalrat und der kleinen Kammer Ständerat) kontrollieren sich gegenseitig. Das gilt auch für die Schweiz, in der zwar die Regierung rechtlich dem Parlament unterlegen ist und über beschränkte Kontrollmechanismen verfügt, was sie jedoch im Verbund mit der Bundesverwaltung über ein Ressourcenplus kompensiert (Lüthi 2009; Schwarz und Vatter 2011). Ferner zeichnet sie sich durch ein Mehrparteiensystem aus, was für die Schweiz mit aktuell sechs Parteien, die bei der letzten nationalen Wahl (2019) jeweils mehr als 5 % der Stimmenanteile erreichen konnten, ebenfalls gilt – im Vergleich etwa mit den Vereinigten Staaten, in denen sich üblicherweise zwei Parteien duellieren und unabhängige Kandidatinnen und Kandidaten kaum über Chancen verfügen.

Proporz resp. das Verhältniswahlrecht ist ein weiteres Kriterium, welches besagt, dass bei Wahlen – in der Schweiz vor allem auf der nationalen Ebene bei Nationalratswahlen, aber auch bei vielen Wahlen zu kantonalen oder städtischen Parlamenten – absolute Stimmen proportional in Sitzanteile umgerechnet werden. Das Gegenteil erleben wir bei den Wahlen zum Ständerat (mit Ausnahme der Kantone Jura und Neuenburg) sowie im international wahrscheinlich prominentesten Fall, bei den Wahlen des US-Präsidenten. Dort gilt das Gegenteil: Es gewinnt, wer die meisten Stimmen der 538 Wahlmänner und -frauen aus den verschiedenen Bundesstaaten erhält, nämlich 270 an der Zahl. Selbst wenn der oder die Zweitplatzierte 268 Stimmen erhält, lautet die Maxime beim Mehrheitswahlrecht «knapp vorbei ist auch daneben» (oder unter Politologinnen und Politologen: «the winner takes it all»). Dagegen ist beim Verhältniswahlrecht die massgebliche Idee, dass sich Stimmen, welche die Parteien von den Wählerinnen und Wählern bekommen, proportional in Parlamentssitzen niederschlagen. Auch dieser Modus führt wieder dazu, dass kleinere Parteien Zugang zu der zentralen demokratischen Entscheidungsarena erhalten und die Anliegen sozialer Minderheiten in der Konsensdemokratie adäquat abgebildet sind (oder zumindest nicht systematisch, also bereits durch das Wahlsystem, ausgeschlossen werden).

Kriterium Nummer fünf bezieht sich auf den sog. Korporatismus, also die effektive Einbindung von Verbänden. Demnach sind in der Konsensdemokratie Rahmenbedingungen und Regelungen am Werk, die dafür sorgen, dass Organisationen, die spezifische gesellschaftliche Interessen vertreten, namentlich Berufs-, Wirtschafts-, Branchen-, Arbeitnehmerinnen- und Arbeitgeberverbände, ihre Positionen wirksam in den politischen Prozess einbringen und entsprechende Stellungnahmen – etwa zu Gesetzesentwürfen – abgeben können. Vielfach werden sie aktiv in das Gesetzgebungsverfahren eingebunden, was bereits vor Entscheiden einen geordneten Interessenausgleich ermöglicht. Korporatismus wird wahlweise als Struktur oder Prozess dauerhafter Verhandlungsbeziehungen zwischen dem Staat und einer begrenzten Anzahl (exklusiv behandelter) Verbände mit dem Ziel einer gemeinsamen Abstimmung von Politik bezeichnet (Schmitter 1974; Molina und Rhodes 2002). Eine ausgeprägte und gesteuerte Verbändeeinbindung ist vor allem in Staaten vorzufinden, die ethnisch, religiös, sprachlich oder in anderer sozio-kultureller Hinsicht gespalten sind (wie in der Schweiz in Form des vielbeschworenen «Röstigrabens», der das Land auf einer metaphorischen Ebene zwischen Deutsch- und Französischsprechenden teilt). Sie wirken gezielt darauf hin, dass sich diese Spaltungen im Zuge von Wahlen nicht verfestigen und knappe institutionelle Mehrheiten durch breiten gesellschaftlichen Konsens legitimiert sind (Siaroff 1999; Lijphart 2012). Besonders prominent in der öffentlichen Wahrnehmung tritt der Korporatismus an der Konfliktlinie zwischen Arbeit und Kapital zu Tage, d. h. auf dem Arbeitsmarkt zwischen den Gewerkschaften und Arbeitgeberverbänden. Seine je nach Politikfeld unterschiedliche Dynamik beruht auf Wechselbeziehungen mit dem Wahl- und Parteiensystem, Koalitionsbildungserfordernissen (Konkordanz) sowie Verhandlungszwängen, die sich aus der Verfassung und dem föderalen Staatsaufbau resp. der Veto-Macht unterschiedlicher Entscheidungsorgane ergeben (Czada 2006). Regierungen und Verwaltungen binden organisierte Interessen – auch in der Schweiz, wie wir später sehen werden – typischerweise in vorparlamentarische Vernehmlassungen ein, um «gesellschaftlichen Konsens [zu] mobilisieren oder sogar Brückenköpfe in der Gesellschaft [zu] schaffen, die den Prozess der Politikentwicklung [...] erleichtern sollen» (Czada 2003: 184). Dies kann auch abseits verfassungsgemässer Regeln und Routinen dem Zweck dienen, Meinungen und Expertise einzuholen, Legitimität zu schaffen und mögliche Problemlösungen auf ihre Kompatibilität mit der öffentlichen Meinung hin zu überprüfen. Nicht selten werden somit Konflikte vorweggenommen. Nach einer berühmten Arbeit von Katzenstein (1985) gelingt es dadurch vor allem kleinen, verhältnismässig verwundbaren Volkswirtschaften, sich mittels sog. Sozialpartnerschaften innenpolitisch an die Erfordernisse des Weltmarktes anzupassen.

Von Föderalismus, Bikameralismus und Verfassungsrigidität
Die Schweiz ist schliesslich geprägt von einem sehr stark ausgebauten Föderalismus, mit dem eine Dezentralisierung der Staatsorganisation sowie politischer Entscheide einhergeht und welchen wir uns an späterer Stelle genauer ansehen werden. Sie steht damit im Gegensatz zu einem unitarischen Staat, als der allenthalben Frankreich bezeichnet wird, wo viele relevante Entscheide in der Hauptstadt Paris getroffen werden. Allerdings haben auch unsere westlichen Nachbarinnen und Nachbarn in den vergangenen Jahrzehnten die Vorzüge des Föderalismus für sich entdeckt.[1]

---

[1] Vor allem das französische Gesundheits- und Sozialwesen ist seit jeher von engen Bezügen zwischen Staat und Non-Profit-Organisationen geprägt, die elementare Funktionen bei der Produktion öffentlicher Wohlfahrt erfüllen. Nicht zuletzt haben Reformen seit den 1980er Jahren dafür gesorgt, dass die nationale Politik an Einfluss verloren hat und die Kompetenzen der französischen Regionen, Departemente und Kommunen (vor allem auch im Hinblick auf soziale Dienstleistungen) gestärkt wurden (Lijphart 2012; Archambault 2015, 2017).

3 Das Konzept der Konsensdemokratie

Was in der «Grande Nation» eher eine jüngere und von der Pariser Zentralregierung befeuerte Entwicklung ist, geht in der Schweiz auf den für die föderale Kompetenzteilung konstitutiven Subsidiaritätsgrundsatz zurück, nach dem Aufgaben nach Möglichkeit von den Städten und Gemeinden erfüllt werden und erst auf die Kantone und den Bund übergehen, wenn sie alleine die Erledigung nicht garantieren können (oder aus guten Gründen eine übergeordnete Lösung sinnvoll erscheint).

Bikameralismus sieht Lijphart ebenfalls als Kennzeichen der Konsensdemokratie, also das Zweikammersystem, welches wir bereits im Kontext der Machtbalance zwischen Exekutive und Legislative angesprochen hatten. Demzufolge teilt der uns interessierende Demokratietypus die Legislative in die direkte Volksvertretung (in der Schweiz der Nationalrat) und in eine Vertretung der grösseren föderalen Einheiten (der Ständerat, der die Kantone vertritt). Weiterhin nennt er die sog. Verfassungsrigidität als Kriterium. Der Begriff verweist auf die Hürden, die genommen werden müssen, um die Verfassung zu ändern. Gemäss Lijphart (2012) zeichnen sich die meisten von ihm untersuchten Demokratien dadurch aus, dass sie mit einer erforderlichen Mehrheit von mindestens zwei Dritteln der Mitglieder eines Parlaments vergleichsweise hohe Schwellen für eine Verfassungsänderung definieren. In einigen Staaten braucht es weniger als zwei Drittel der Stimmen oder gar nur eine einfache Mehrheit im Parlament, um konstitutionellen Wandel anzustossen. Die Schweiz gehört wegen des kombinierten Volks- und Ständemehrs als Grundlage der Annahme des obligatorischen Verfassungsreferendums zu den Ländern mit der ausgeprägtesten Verfassungsrigidität (siehe Kap. 4).

Bei Lijpharts Kriterium der Verfassungsgerichtsbarkeit fällt die Schweiz aus dem Bild. In vielen anderen Ländern können Verfassungsgerichte gesetzliche Regelungen auf nationaler Ebene als nicht mit der Verfassung konform einschätzen und die Gesetzgebenden auffordern, den juristischen Rahmen binnen eines bestimmten Zeitraums zu überarbeiten. Dagegen entscheidet das oberste Gericht in der Schweiz – das Bundesgericht in Lausanne, mit Abteilungen in Luzern – stets auf der Grundlage von Bundesgesetz. Allerdings kann das Gericht feststellen, dass es in bestimmten Sachverhalten einer Klage an einer ausreichenden Rechtsgrundlage fehlt. So geschehen im Fall der sog. «Sozialdetektive» (siehe Kasten). Und auch deshalb erscheint es mindestens diskussionswürdig, wenn Lijphart der Schweiz das Fehlen einer Verfassungsgerichtsbarkeit attestiert: Da sich die Rechtsprechung des Bundesgerichts seit rund 30 Jahren den Grundrechten gemäss Europäischer Menschenrechtskonvention (EMRK) beugen muss, wenn durch den Europäischen Gerichtshof für Menschenrechte (EGMR) eine Menschenrechtsverletzung erkannt wurde, ist «die Verfassungsgerichtsbarkeit gegenüber Bundesgesetzen ein Stück weit bereits Realität […], weil sich die Garantien der EMRK mit den Grundrechten in der

Bundesverfassung stark überschneiden» (Vatter 2008: 28). Letztendlich bleibt aber festzuhalten, dass das Bundesgericht formal nicht letztinstanzlich über die korrekte Übersetzung der Bundesverfassung in Bundesgesetz wacht.

Abschliessend sei noch das letzte Kriterium angesprochen, die Unabhängigkeit der nationalen Notenbank von politischen Kräften. Es spricht einiges dafür, die Zentralbank als Kriterium für die Unterscheidung zwischen Mehrheits- und Konsensdemokratie als eher vernachlässigbar zu bezeichnen. Zwar verfügt die Schweiz mit der Schweizerischen Nationalbank (SNB) gemäss Lijphart (2012) über eine ausserordentlich autonome Notenbank. Es ist allerdings nicht völlig von der Hand zu weisen, dass der internationale Vergleich hinkt, da seit Einführung der Europäischen Zentralbank (EZB) geld- und währungspolitische Entscheide vielerorts nicht mehr auf der nationalstaatlichen Ebene getroffen werden. Das für den demokratischen Gesamtapparat ohnehin sehr enge Wirkungsfeld der Zentralbank ist in Zeiten der Internationalisierung von Märkten und Wirtschaftsräumen längst nicht mehr isoliert innerhalb territorialer Grenzen zu betrachten (im Unterschied zu den anderen Lijphart-Kategorien, die sich auf politisches Regelungshandeln innerhalb von Staatsgebieten konzentrieren, wenngleich dieses ebenfalls in zunehmender Weise von europäischen und globalen Einflüssen bestimmt sein mag). Man kann es deshalb mit Vatter (2020) halten, der das Kriterium im Hinblick auf die Schweiz mit dem Element der direkten Demokratie (Volksrechte) ersetzt (siehe Tab. 3.1).

> **Die «Sozialdetektive» und das Bundesgericht**
> Bezügerinnen und Bezüger von Leistungen der Unfall- und Invalidenversicherung sowie der Sozialhilfe wurden in der Schweiz über Jahre hinweg verdeckt überwacht. Die zuständigen Versicherungen und Sozialdienste begründeten ihr Vorgehen mit dem Verdacht, dass der Leistungsanspruch auf Basis falscher Angaben oder in betrügerischer Absicht geltend gemacht wurde. In den Jahren 2016 und 2017 stellten der Europäische Gerichtshof für Menschenrechte und das Bundesgericht jedoch fest, dass die Gesetze den Einsatz von Detektivinnen und Detektiven bei vermutetem Missbrauch oder Betrug nicht in ausreichendem Masse decken. Die zugrundeliegenden Fälle und die Gerichtsurteile lösten eine kontroverse Debatte über die Frage aus, ob, unter welchen Voraussetzungen und mit welchen technischen Hilfsmitteln staatliche Stellen Observationen rechtmässig anordnen

dürfen. Ausserdem verabschiedete das nationale Parlament eine Revision des Sozialversicherungsrechts, gegen die das Referendum ergriffen wurde, welches das Volk 2018 mit einer grossen Mehrheit ablehnte. Sozialinspektionen sind dadurch in den Sozialversicherungen (Bundeskompetenz) wieder zulässig – und viele Kantone haben mittlerweile eine Grundlage für die Sozialhilfe (Kantonskompetenz) geschaffen. Damit hat das Bundesgericht zwar nicht dazu beigetragen, ein zuvor von den demokratischen Institutionen beschlossenes Gesetz zu «kippen». Es hat aber die öffentliche Diskussion über das Thema in Gang gebracht und dafür gesorgt, eine juristische Grauzone neuerlich auszuleuchten und mehr Rechtsklarheit zu schaffen.

Lijpharts Konzept aus schweizerischer Perspektive
Dies lässt uns sodann auf die Kritik an Lijphart im schweizerischen Kontext und die Nichtberücksichtigung des Ausbaustandards der Volksrechte blicken,

Tab. 3.1 Die zehn Kriterien der Konsensdemokratie im Kontext Schweiz. (Quellen: Lijphart (2012); Vatter (2020); eigene Darstellung)

	Lijphart (allgemein)	Vatter (Schweiz)
1	Exekutive Machtteilung (Koalitionen)	Mehrparteienkoalition (Bundesrat)
2	Machtbalance Exekutive – Legislative	Formal starke Stellung des Parlaments
3	Mehrparteiensystem	Vielparteiensystem
4	Verhältniswahlrecht (Proporz)	Verhältniswahlrecht bei Nationalratswahlen
5	Korporatismus	Schwacher Korporatismus
6	(Starker) Föderalismus	Föderaler Bundesstaat
7	Zweikammersystem (Bikameralismus)	Gleichberechtigtes Zweikammersystem
8	Verfassungsrigidität	Doppeltes Mehr für Verfassungsänderungen
9	Verfassungsgerichtsbarkeit	Beschränkte Verfassungsgerichtsbarkeit
10	Unabhängige Notenbank	Stark ausgebaute Volksrechte

die einen erheblichen Konsens- bzw. Kompromissdruck auf Legislative und Exekutive ausüben. Das schiere Wissen um die Möglichkeit, dass Bürgerinnen und Bürger von ihrem Referendumsrecht Gebrauch machen könnten, führt oft schon dazu, dass politische Entscheide vorsorglich mit Bedacht ausgelotet und Interessen und Präferenzen zwischen Regierung, Parlament und Verbänden verhandelt werden. Man sollte also meinen, dass hier ein relevanter Mechanismus für die Konsensdemokratie vorliegt. Ebenfalls mit Blick auf die Schweiz können wir in diesem Zusammenhang die Position, dass Konsensdemokratien Minderheiten schützen und politisch einbinden, zumindest kritisch hinterfragen. Zwar haben konsensdemokratische Elemente in der Schweiz historisch die Herausbildung einer gemeinsamen Identität trotz Mehrsprachigkeit, Multikonfessionalität und Stadt-Land-Unterschieden befördert (Linder 2009). Weiterhin wirkt die direkte Demokratie offenbar der Beschneidung von Minderheitenrechten entgegen. Sie wirkt aber gleichwohl bremsend auf deren Erweiterung. Bei Volksentscheiden und im parlamentarischen Verfahren, wenn die Volksvertreterinnen und -vertreter nachgelagerte Referenden fürchten, schneiden religiöse Minderheiten wie z. B. Muslime – Stichwort: Minarettinitiative und Verhüllungsverbot – heutzutage eher schlecht ab (Vatter und Danaci 2010; Vatter 2011).

Zusammengefasst sieht auch Vatter (2020) die Konsensdemokratie in der Schweiz in sehr elaborierter Form gegeben, qualifiziert jedoch einige von Lijpharts (2012) Befunden. Wie der geistige Urheber des Ansatzes konstatiert er ein Vielparteiensystem und eine daraus resultierende Mehrparteienkoalition im Bundesrat. Hinzu kommt das Verhältniswahlrecht bei Nationalrats-, aber auch bei den meisten Parlamentswahlen auf kantonaler Ebene. Einen föderalen Bundesstaat und ein Zweikammersystem attestiert er der Schweiz ebenfalls. Jedoch schränkt Vatter ein, dass die Stellung des Parlaments im Sinne seiner verfassungsgemässen Rolle zwar stark, aber real schwächer sei; was vor allem an begrenzten Ressourcen und dem komplizierten Gesetzgebungsprozess liege, in dem Verbände im vorgelagerten Vernehmlassungsverfahren und das Stimmvolk im Nachhinein Entscheide in essenzieller Weise beeinflussen oder gar zurücknehmen können (wie wir später detailliert sehen werden). Der Korporatismus ist nach Vatter im internationalen Vergleich eher schwächer ausgeprägt (worüber man diskutieren kann, wenn die Rolle von Verbänden bei Initiativen und Referenden sowie deren Veto-Potenzial eingepreist wird). Eine Verfassungsgerichtsbarkeit existiert insofern beschränkt, als wir darunter die Bindung des Bundesgerichts an die EMRK verstehen können. Weiterhin deklariert er das Volks- und das Ständemehr für Verfassungsänderungen sowie die stark ausgebauten Volksrechte als Charakteristika der schweizerischen Konsensdemokratie.

▶ **Literatur zur Vertiefung**

- Lijphart (2012) und Vatter (2020).

▶ **Lernaufgabe**
Sie sollen einer Freundin das Konzept der Konsensdemokratie am Beispiel der Schweiz erklären: An welchen politischen Diskursen und Ereignissen der vergangenen Jahre (z. B. im Kontext von Wahlen oder Abstimmungen) lassen sich die zehn Kriterien in der modifizierten Version von Vatter verdeutlichen? Hinsichtlich welcher Kriterien sind evtl. Zweifel daran angebracht, dass die Schweiz den «Paradefall» der Konsensdemokratie darstellt? Und bei welchen Kriterien finden Sie es allenfalls schwierig, passende Beispiele zu finden?

Literatur

Archambault, Edith. 2015. France: A Late-Comer to Government–Nonprofit Partnership. *Voluntas: International Journal of Voluntary and Nonprofit Organizations* 26(6): 2283–2310.
Archambault, Edith. 2017. The Evolution of Public Service Provision by the Third Sector in France. *The Political Quarterly* 88(3):465–472.
Czada, Roland. 2003. Der Begriff der Verhandlungsdemokratie und die vergleichende Policy-Forschung. In *Die Reformierbarkeit der Demokratie: Innovationen und Blockaden. Festschrift für Fritz W. Scharpf,* (Hrsg). Renate Mayntz und Wolfgang Streeck, 173–204. Frankfurt: Campus.
Czada, Roland. 2006. Demokratietypen, institutionelle Dynamik und Interessenvermittlung: Das Konzept der Verhandlungsdemokratie. In *Vergleichende Regierungslehre: Eine Einführung,* Hrsg. Hans-Joachim Lauth, 247–269. Wiesbaden: VS Verlag.
Dahl, Robert A. 1998. *On Democracy.* New Haven: Yale University Press.
Katzenstein, Peter J. 1985. *Small States in World Markets: Industrial Policy in Europe.* Ithaca: Cornell University Press.
Lijphart, Arend. 2012. *Patterns of Democracy: Government Forms and Performance in Thirty-Six Countries*, 2. Aufl. New Haven: Yale University Press.
Linder, Wolf. 2009. Das politische System der Schweiz. In *Die politischen Systeme Westeuropas*, 4. Aufl., Hrsg. Wolfgang Ismayr, 567–605. Wiesbaden: VS Verlag.
Lüthi, Ruth. 2009. Die Schweizerische Bundesversammlung: Mit kleinen Reformschritten zu einer starken Institution? In *Müssen Parlamentsreformen scheitern?* Hrsg. Julia von Blumenthal und Stephan Bröchler, 171–199. Wiesbaden: VS Verlag.
Molina, Oscar, und Martin Rhodes. 2002. Corporatism: The Past, Present, and Future of a Concept. *Annual Review of Political Science* 5:305–331.
Schmidt, Manfred G. 2019. *Demokratietheorien: Eine Einführung* , 6. Aufl. Wiesbaden: Springer VS.

Schmitter, Philippe C. 1974. Still the Century of Corporatism? *The Review of Politics* 36(1):85–131.
Schwarz, Daniel und Adrian Vatter. 2011. *Die Auswirkung einer Reform der Wahlfunktion des Parlaments auf dessen Gesetzgebungs- und Kontrollfunktion: Studie im Auftrag der Parlamentsdienste der Schweizerischen Bundesversammlung.* Bern: Universität Bern.
Siaroff, Alan. 1999. Corporatism in 24 industrial democracies: Meaning and measurement. *European Journal of Political Research* 36(2):175–205.
Tsebelis, George. 1995. Decision making in political systems: Veto players in presidentialism, parliamentarism, multicameralism and multipartism. *British Journal of Political Science* 25(3):289–325.
Tsebelis, George. 2002. *Veto Players: How Political Institutions Work.* New York: Princeton University Press.
Vatter, Adrian. 2008. Vom Extremtyp zum Normalfall? Die schweizerische Konsensusdemokratie im Wandel: Eine Re-Analyse von Lijpharts Studie für die Schweiz von 1997 bis 2007. *Swiss Political Science Review* 14(1):1–47.
Vatter, Adrian. 2011. Synthese: Religiöse Minderheiten im direktdemokratischen System der Schweiz. In *Vom Schächt- zum Minarettverbot: Religiöse Minderheiten in der direkten Demokratie,* Hrsg. Adrian Vatter, 264–290. Zürich: NZZ Libro.
Vatter, Adrian. 2020. *Das politische System der Schweiz,* 4. Aufl. Baden-Baden: Nomos.
Vatter, Adrian, und Deniz Danaci. 2010. Mehrheitstyrannei durch Volksentscheide? Zum Spannungsverhältnis zwischen direkter Demokratie und Minderheitenschutz. *Politische Vierteljahresschrift* 51(2):205–222.

Open Access Dieses Kapitel wird unter der Creative Commons Namensnennung 4.0 International Lizenz (http://creativecommons.org/licenses/by/4.0/deed.de) veröffentlicht, welche die Nutzung, Vervielfältigung, Bearbeitung, Verbreitung und Wiedergabe in jeglichem Medium und Format erlaubt, sofern Sie den/die ursprünglichen Autor(en) und die Quelle ordnungsgemäß nennen, einen Link zur Creative Commons Lizenz beifügen und angeben, ob Änderungen vorgenommen wurden.

Die in diesem Kapitel enthaltenen Bilder und sonstiges Drittmaterial unterliegen ebenfalls der genannten Creative Commons Lizenz, sofern sich aus der Abbildungslegende nichts anderes ergibt. Sofern das betreffende Material nicht unter der genannten Creative Commons Lizenz steht und die betreffende Handlung nicht nach gesetzlichen Vorschriften erlaubt ist, ist für die oben aufgeführten Weiterverwendungen des Materials die Einwilligung des jeweiligen Rechteinhabers einzuholen.

4

Das politische System und Gesetzgebungsprozesse in der (halb-) direkten, föderalen Demokratie

> **Zusammenfassung**
>
> Das Kapitel thematisiert, wie ausgebaute Volksrechte in der (halb-)direkten Demokratie und konsequente Subsidiarität im Föderalismus ein konsensdemokratisches Institutionengefüge begründen, das weltweit seinesgleichen sucht. Der dreiteilige Staatsaufbau der Schweiz wird vor diesem Hintergrund ebenso beleuchtet wie die vier idealtypischen Phasen des Gesetzgebungsprozesses. Beispielhaft vertiefen wir die Pflegeinitiative, mit der 2021 erstmals eine Volksinitiative aus Kreisen der Gewerkschaften und Berufsverbände schweizweit eine Mehrheit bekam.

▶ **Lernziele des Kapitels**
- Sie können den dreiteiligen Staatsaufbau der Schweiz sowie das Zusammenspiel aus Legislative, Exekutive und Judikative beschreiben.
- Sie wissen, welche Phasen den Gesetzgebungsprozess in der Schweiz strukturieren.
- Sie können die (halb-)direkte Demokratie und den Föderalismus als zentrale Wesensmerkmale des schweizerischen Institutionensystems aufeinander beziehen.

Von Zeitgenossinnen und Zeitgenossen dies- und jenseits der Landesgrenzen wird die Schweiz bereitwillig als «Sonderfall» bezeichnet. Ob im Hinblick auf

---

Die Originalversion des Kapitels wurde revidiert. Ein Erratum ist verfügbar unter https://doi.org/10.1007/978-3-658-35770-2_9

© Der/die Autor(en) 2023, korrigierte Publikation 2023
K. Kehl, *Politische und ökonomische Rahmenbedingungen des Sozial- und Gesundheitswesens in der Schweiz*, Basiswissen Sozialwirtschaft und Sozialmanagement, https://doi.org/10.1007/978-3-658-35770-2_4

die politisch-geografische Inselstellung innerhalb des EU-Staatenverbunds, die wirtschaftliche Stärke und den vergleichsweisen hohen Wohlstand oder die omnipräsente «Swissness», welche uns als Kundinnen und Kunden in den Regalen der Migros, von Coop und Co. in Form von strahlenden Schweizerkreuzen auf Produkten heimischer Produktion tagtäglich ins Auge springt: Wacker hält sich der Mythos des Eigenwilligen und Aussergewöhnlichen. Er datiert im Grunde zurück bis auf die Gründung der heutigen Eidgenossenschaft im Jahre 1848 und wird wahlweise pathetisch-überhöht, mit einer Prise (Selbst-)Ironie, aber gelegentlich auch rechtfertigend (wie z. B. in Diskussionen über nationale Abgrenzungstendenzen und die Stärke rechtskonservativer Kräfte) vorgetragen. Wenngleich sie mitunter etwas überrissen und pauschalisierend wirkt, beschränkt sich die Rede vom «Sonderfall» jedoch nicht auf reine Stammtisch-Rhetorik. So haben sich in den vergangenen Dekaden immer wieder angesehene Sozialforscherinnen und -forscher mit dem Wundersamen und Charakteristischen der Schweiz auseinandergesetzt (Borner et al. 1990; Eberle 2007).

Der dreiteilige Staatsaufbau
Auch im Hinblick auf das politische System werden der Schweiz, wie etwa von Vatter (2020), einige Spezifika im Vergleich mit anderen Staaten attestiert: Die Schweiz macht demnach besonders, dass sie eine politische «Willensnation» auf multikultureller Grundlage ist. Im Gegensatz zu vielen anderen Ländern gibt es keine flächendeckende Sprache, sondern derer vier (deutsch, französisch, italienisch, romanisch; ergänzt um unzählige Dialekte, die bis zum heutigen Tage beharrlich Verwendung im Alltag finden). Es gibt keine dominante Konfession, Ethnie oder Kultur, und auch das Arsenal an nationalen Symbolen und Erinnerungen macht eher einen aufgeräumten, ja überschaubaren Eindruck. Trotzdem ist es gelungen, mit der Vielfalt und Unverbundenheit in friedlicher Koexistenz umzugehen – und sie sogar dezidiert zum nationalen Programm zu erheben. Die Schweiz gibt vor diesem Hintergrund ein gutes Beispiel dafür ab, wie es in einer sich zunehmend internationalisierenden und globalisierenden Welt gelingen kann, politische Integrationsbemühungen bei gleichzeitiger Wahrung von lokalen und regionalen Traditionen, Stärken und Autonomieansprüchen zu meistern. In diesem Sinne können wir den Alpenstaat mit Vatter als «Mikrokosmos Europas» oder «Forschungslabor» der europäischen Integration begreifen, welcher auf wenig Fläche Zeugnis darüber ablegt, wie innerhalb eines föderalen Gebildes politische, kulturelle und gesellschaftliche Heterogenität konstruktiv gewendet werden kann. Und nicht zuletzt erweist sich die Schweiz damit als Orientierungspunkt für Experimentierfreudige anderer Länder, in denen ergänzende, direktdemokratische Entscheidungswege diskutiert werden. Denn je mehr z. B. innerhalb der EU

politische Kompetenzen an übernationale Institutionen abgegeben werden und die Bürgerinnen und Bürger ihren Einfluss schwinden sehen, desto interessierter richtet sich der Blick auf den «Sonderfall» Schweiz.

Doch wie funktioniert dieser «Sonderfall» im Detail – und wie das politische System?

Zunächst ist der grundlegende Staatsaufbau der Schweiz durch eine dreiteilige Organisation auf allen föderalen Ebenen geprägt, bestehend aus der Legislative (gesetzgebende Gewalt), der Exekutive (ausführende Gewalt) und der Judikative (rechtsprechende Gewalt). Er verfügt damit über ein System der Gewaltenteilung und Gewaltenverschränkung, sog. checks and balances, wie es schon für die frühe nordamerikanische Demokratie von vor über 200 Jahren ersonnen wurde (Schmidt 2019). Auf der Bundesebene agieren legislativ einerseits der Nationalrat mit seinen 200 Volksvertreterinnen und -vertretern und andererseits der Ständerat mit 46 Repräsentantinnen und Repräsentanten der Kantone (wobei hier die – heute nicht mehr offiziell so bezeichneten, einst aus Teilungen hervorgegangenen – «Halbkantone» Appenzell Ausserrhoden, Appenzell Innerrhoden, Basel-Landschaft, Basel-Stadt, Nidwalden und Obwalden jeweils eine Abgesandte bzw. einen Abgesandten stellen und die übrigen Kantone zwei). Inspiriert vom US-Bikameralismus mit Repräsentantenhaus und Senat, verzahnt das schweizerische Politiksystem somit in modifizierter Weise das urdemokratische Prinzip «one person, one vote» mit dem föderalen Grundsatz «alle Kantone dieselbe Stimmenanzahl», unabhängig von der Bevölkerungszahl (mit Ausnahme der «Halbkantone») (Linder und Mueller 2021).

Gewählt werden die in Bern ansässige grosse (National-) und die kleine Parlamentskammer (Ständerat) alle vier Jahre vom Volk. Bei den Nationalratswahlen schicken die Kantone mit überschaubarer Population (wie z. B. Uri, Obwalden oder Nidwalden) nur jeweils eine Person in die Volksvertretung, wohingegen Zürich mit seinen mehr als 1.5 Mio. Einwohnerinnen und Einwohnern über 35 Nationalratssitze verfügt. Dennoch sind die Schweizerinnen und Schweizer je nach Wohnkanton mit unterschiedlichem Gewicht im Nationalrat vertreten: Im Kanton Zürich bspw. kamen bei den Wahlen im Herbst 2019 rund 27′000 und in Bern sogar 31′000 Wahlberechtigte auf einen Nationalratssitz, während es in Appenzell Innerrhoden nur etwa 12′000 waren (BFS 2019). In den bevölkerungsreichen Kantonen mit mehr als einem Nationalratssitz kommt dabei typischerweise das Proporz- bzw. Verhältniswahlsystem zur Anwendung, demgemäss die Mandate einer Partei entsprechend den prozentualen Wählerstimmen anteilsmässig berechnet werden (siehe Kap. 3). In Kantonen mit nur einem Sitz kommt dagegen diejenige Person zum Zuge, die am meisten Stimmen erhält (Majorz- bzw. Mehrheitswahlsystem).

Gemeinsam bestimmen National- und Ständerat als Bundesversammlung wiederum einzeln die sieben Bundesrätinnen und -räte, die gesamthaft den Bundesrat – die Exekutive bzw. Regierung der Schweiz auf nationaler Ebene – bilden. Er handelt konsequent nach dem Kollegialitätsprinzip und trifft alle Entscheide während vier Jahren Amtsdauer mit einfacher Mehrheit «kollegial» und verantwortet sie bei internen Unstimmigkeiten gemeinsam entlang der Mehrheitsmeinung gegen aussen. Zu der Kollegialität gehört auch, dass niemand aus dem Kreis der Sieben über Weisungsbefugnis gegenüber anderen Mitgliedern des Bundesrates verfügt (der Bundespräsident oder die Bundespräsidentin leitet die Sitzungen, verfügt aber über keine Sonderrechte). Vielmehr sind die sieben Gewählten gleichberechtigt und fungieren parallel als Vorstehende eines der sieben Departemente der Bundesverwaltung. Unterstützt und beraten wird der Bundesrat bei der Ausübung seiner Regierungsgeschäfte von der Bundeskanzlerin bzw. dem Bundeskanzler, der im Sinne eines Stabschefs an den wöchentlichen Bundesratssitzungen teilnimmt.

Schliesslich wird die rechtsprechende Gewalt vor allem vom Bundesgericht mit Hauptsitz in Lausanne und zwei sozialrechtlichen Abteilungen in Luzern als oberstem Gericht der Schweiz wahrgenommen. Es urteilt letztinstanzlich bei Rechtsstreitigkeiten sowie bei Fragen der Verfassungsmässigkeit von bestimmten gesetzlichen Ausführungsbestimmungen (etwa sog. Verordnungen) auf eidgenössischer und kantonaler Ebene, damit Bundesrecht schweizweit gleich umgesetzt wird. Es kann allerdings das Bundesgesetz selbst nicht ausser Kraft setzen. Zu der Judikative gehören ausserdem das Bundesstrafgericht, das Bundesverwaltungsgericht und das Bundespatentgericht, die administrativ dem Bundesgericht unterstehen und deren Entscheide an das Bundesgericht weitergegeben werden können. Die Richterinnen und Richter des Bundesgerichts, des Bundesstrafgerichts, des Bundesverwaltungsgerichts und des Bundespatentgerichts werden auf Vorschlag der Parteien für sechs Jahre von der Bundesversammlung – also den Mitgliedern des National- und Ständerats – gewählt und können bis zur Vollendung des 68. Lebensjahres unbegrenzt wiedergewählt werden. Oder anders formuliert: Sie werden nicht, wie z. B. in den Vereinigten Staaten, auf Lebenszeit ernannt, sondern müssen sich gewissermassen «bewähren» und im Turnus erneut zur Wahl antreten. Dieses Prinzip weckt gelegentlich Zweifel an ihrer Unabhängigkeit von den politischen Parteien, denen sie das bzgl. Renommee und Lohn lukrative Mandat zu verdanken haben, und löste in der jüngeren Vergangenheit hitzige Diskussionen und eine Volksinitiative aus. Unter demokratietheoretischen Vorzeichen sind die Sorgen um unabhängige Gerichte nachvollziehbar, soll doch etwa die Ernennung auf Lebenszeit dafür sorgen, dass Richterinnen und Richter «sich aufgrund eines eigenen Interesses an einer Wiederwahl nicht den sie direkt bzw. indirekt wählenden Institutionen bzw.

den Bürgern fügen» (Brodocz 2009: 43). Das Stimmvolk in der Schweiz hielt es allerdings mit den Argumenten der Befürworterinnen und Befürworter des geltenden Prozederes, wonach durch die Parteibindung Transparenz entstehe und durch die regelmässigen Erneuerungswahlen veränderten politischen Stimmungslagen Rechnung getragen werden könne, und erteilte der Initiative eine Absage.

Unabhängige Judikative oder «verlängerter Arm des Parlaments»?
Seit vielen Jahren schwelt in der Schweiz ein Streit über die Unabhängigkeit ihrer höchsten Richterinnen und Richter, namentlich der (momentan 38) Richterinnen und Richter des Bundesgerichts. Denn anders als in anderen Ländern ist die Parteizugehörigkeit neben der Sprache und Herkunftsregion ein zentrales Kriterium bei der Besetzung der rechtsprechenden Gewalt. Parteilose sind und waren bei den Wahlen chancenlos. Was die Juristerei im Ausland bisweilen ungläubig auf den «Sonderfall» Schweiz blicken lässt, wird von weiten Teilen der hiesigen Exekutive, Legislative und Judikative als Vorteil ins Feld geführt: In einer heterogenen Gesellschaft sei es unumgänglich, dass der Unabhängigkeit verpflichtete Richterinnen und Richter unterschiedliche soziale und kulturelle Prägungen, Weltanschauungen und Positionen mitbrächten. Durch die Bindung der Wahl an das Parteibuch sei dies immerhin transparent. Zudem würde bei den Wahlen neben Kriterien wie Alter, Geschlecht oder Herkunft in stillem Einvernehmen – wie auch bei den Wahlen des Bundesrats – auf den Parteienproporz geachtet, sodass die verschiedenen gesellschaftlichen Werte und Milieus im Bundesgericht jeweils gut abgebildet seien – und auf Verlagerungen der politischen Präferenzen über die Zeit (z. B. auf das Erstarken bestimmter Politikströmungen) reagiert werden könne.

Die Gegenseite gibt zu bedenken, dass Richterinnen und Richter infolge des Fehlens einer staatlichen Parteienfinanzierung einen Teil ihres Lohns als «Dank» an ihre Parteien abtreten müssten (die sog. «Mandatssteuer») und sie durch abweichendes Verhalten und mangelnde «Linientreue» bei Gerichtsurteilen ihre Wiederwahl gefährdeten. Die Fürsprecherinnen und Fürsprecher des Prinzips erwidern, dass es bis heute keinen Fall gegeben habe, in dem ein Mitglied des Bundesgerichts aufgrund eines spezifischen Urteils nicht wiedergewählt wurde (was überhaupt erst zweimal vorkam, als sich Richter trotz Erreichens der Altersgrenze zur Wiederwahl stellten). In der Tat zeigt der «Fall Donzallaz» aus dem Jahre 2020, als die SVP einen von ihr ins Rennen geschickten Bundesrichter nach der zweiten Amtszeit zur Abwahl empfahl, das Gegenteil: Die anderen Parteien solidarisierten sich mit dem Gescholtenen, der mit Ausnahme der rechtskonservativen Stimmen von den übrigen Fraktionen wiedergewählt wurde. Eine Initiative, welche die Wahl des Bundesgerichts an ein Losverfahren und die vorgängige Bestimmung von Kandidatinnen und Kandidaten durch eine unabhängige Expertenkommission knüpfen – sowie die Wiederwahl alle sechs Jahre abschaffen – wollte, scheitere 2021 am Nein von Volk und Ständen. Die Diskussion über die Unabhängigkeit von Partei und Mandat ist damit aber noch nicht vom Tisch. Die «Mandatssteuer» ist bspw. auch unabhängig von der Initiative Gegenstand von Debatten über die Parteienfinanzierung.

Die (halb-)direkte Demokratie
Wie der Verweis auf die Justiz-Initiative rund um die Wahlen der Bundesrichterinnen und Bundesrichter gezeigt hat, können im Gegensatz zu den meisten anderen Ländern der Welt die Wählerinnen und Wähler in der Schweiz nicht nur die Mitglieder des Parlaments sowie die Vertreterinnen und Vertreter der Kantone wählen, sondern direkt über Bundesgesetze und Verfassungsänderungen abstimmen. Jede Reform der Verfassung unterliegt dem obligatorischen Referendum und der Zustimmung der Mehrheit der Kantone, d. h. dem Volks- und Ständemehr. Zudem können die Bürgerinnen und Bürger eine Volksinitiative für eine (meist Teil-)Revision der Bundesverfassung lancieren, wenn das Begehren innerhalb von 18 Monaten von 100'000 Stimmberechtigten unterzeichnet wird. Auch hier ist für eine erfolgreiche Umsetzung in der Regel ein doppeltes Mehr von Volk und Ständen erforderlich. Zudem kann gegen jedes neue Bundesgesetz oder jeden neuen Beschluss mit 50'000 Unterschriften innerhalb von 100 Tagen nach dem Erlass das Referendum ergriffen werden. Dieses fakultative Referendum gibt den Bürgerinnen und Bürgern die Möglichkeit, die vom Parlament gefassten Beschlüsse endgültig zu genehmigen oder abzulehnen und die gewählten Repräsentantinnen und Repräsentanten auch zwischen Wahlen an ihren Auftrag zu erinnern, im Interesse des Volkes zu handeln.

Denn demokratisch gewählte Parlamentsabgeordnete verfolgen immer auch eigene Ziele, die von denen der Stimmbürgerschaft abweichen können. Der Zweck von Referenden kann vor diesem Hintergrund in ihrer Kontroll- und Sanktionsfunktion gesehen werden, um Gesetze zu verhindern, «die zu weit von dem entfernt sind, was dem Willen der Mehrheit entspricht» (Feld und Kirchgässner 2002: 90). Durch die blosse Drohkulisse eines Referendums werden im Parlament «politische Entscheidungen in aller Regel nur getroffen, wenn zu erwarten ist, dass sich, falls es zur Abstimmung kommt, auch eine Mehrheit der Stimmbürger für diese Vorlage ausspricht» (ebd.). Auch die Kantone können jedes Bundesgesetz dem Referendum unterstellen, wenn dies von mindestens acht Kantonen verlangt wird. Dadurch besitzen die kantonalen Regierungen über einen Hebel, um dem Parlament zu widersprechen. Das ist insofern interessant, als die Verfassung mit dem Ständerat ein kantonales Sprachrohr im Zweikammersystem installiert hat, die Ständeräte aber hinsichtlich ihres Entscheidungsverhaltens im Zweifel der Parteidisziplin und nicht dezidierten Kantonsinteressen den Vorzug geben (Vatter 2020). Noch interessanter ist aber vielleicht, dass das Kantonsreferendum erst einmal in der Geschichte (im Jahre 2004) ergriffen wurde.

Fachkundige des politischen Entscheidungsprozesses in der Schweiz verdeutlichen das Zusammenspiel der beiden zentralen, direktdemokratischen Instrumente typischerweise anhand der Symbolik eines Autos: Die Volksinitiative wirkt demzufolge wie ein Gaspedal, da es die eingeschliffenen Denk- und Handlungsmuster politischer Eliten aufzubrechen und politische Dynamik – mithin: Innovationen – in bislang vernachlässigte oder stockende Themen zu bringen vermag. Das Referendum wird mit einer Bremse verglichen, da es allzu eifrigem Reformeifer der Entscheidungstragenden eine Absage erteilen will (z. B. Bernauer et al. 2015). Es verwundert nicht, wenn die schweizerische Politik gemeinhin als etwas «träge» beschrieben wird und die Stimmberechtigten offenbar tatsächlich stärker auf die Bremse als auf das Gaspedal treten. Nicht nur, dass die Zahl der Referenden seit 1848 die Zahl der Initiativen übersteigt: auch die Erfolgsaussichten von Volksinitiativen sind historisch gesehen deutlich geringer: «Drei Viertel aller Beschlüsse, die dem obligatorischen Referendum unterstehen, und mehr als die Hälfte der Entscheide, gegen die das fakultative Referendum ergriffen wurde, wurden vom Volk angenommen. Hingegen war lange Zeit nur ungefähr jede zehnte Volksinitiative an der Urne erfolgreich. Allerdings fällt für die neueste Zeit auf, dass nicht nur die absolute Zahl der Volksinitiativen zugenommen hat, sondern gleichzeitig auch ihr Erfolgsgrad» (Vatter 2020: 357).

Es bleibt abzuwarten, ob sich dieser Trend erhärtet. Auf jeden Fall zeigen die Zahlen, dass mit der Bremse nicht nur die politische Klasse am kurzen Zügel geführt wird, sondern angesichts der begrenzten Bremswirkung vielfach auch die Veto-Ansprüche einer Minderheit von Bürgerinnen und Bürgern vereitelt und zuvor parlamentarisch geschaffene Fakten bestätigt werden. In der 2019 begonnenen Legislatur fiel bis Ende 2021 allerdings auf, dass das Volk bei Abstimmungen ungewöhnlich häufig gegen den Willen von Bundesrat und Parlament entschied. Zwar gab es solche Phasen des «bürgerschaftlichen Widerwillens» in der Geschichte immer wieder, und die Pandemie mag ihren Teil zum Unbehagen mit der politischen Klasse beigetragen haben. Jedoch kann dies auch ein Indiz dafür sein, dass es Legislative und Exekutive nicht ausreichend gelungen ist, komplexe politische Sachverhalte allgemeinverständlich zu vermitteln. Sind sich die Bürgerinnen und Bürger nämlich unsicher, scheinen sie geneigt zu sein, die gegenwärtigen Verhältnisse zu konservieren und Unwägbarkeiten abzuwenden (SRF vom 14.2.2022). Das ist gemeint, wenn vom sog. Status-quo-Bias die Rede ist: «Da der Ist-Zustand bekannt ist und die Abstimmungsentscheidung für eine neue Alternative Unsicherheiten und Risiken birgt, stimmen vor allem risikoaverse Bürger für die Bewahrung des Status quo, um in der Zukunft eventuell auftretende Verluste zu vermeiden» (Vatter 2020: 372).[1]

An dieser Stelle müssen wir bemerken, dass Volksinitiativen in der Regel etwas bewirken, selbst wenn sie nicht angenommen werden (ebd.). Denn über die Durchsetzung von Forderungen politischer Kräfte und Strömungen hinaus, denen es in den gewählten Institutionen der repräsentativen Demokratie an Einfluss mangelt – die Ventilfunktion der Durchsetzung von Minderheitsinteressen – erfüllen Volksinitiativen oft eine «Schwungradfunktion». Sie zwingen die Regierung und das Parlament zu einem Gegenvorschlag, mit dem diese in konsensualer Tradition nicht selten einen Schritt auf die Initianten zugehen und wenigstens einen Teil der Forderungen erfüllen. Gemäss der Katalysatorfunktion leisten Volksinitiativen nicht zuletzt einen Beitrag zur langfristigen Sensibilisierung (und Mobilisierung) der Bürgerinnen und Bürger für neue Themen und Trends. Ausserdem können sich Parteien, Verbände, politische Gruppierungen und Bewegungen mit Initiativen kurzfristig selbst inszenieren und öffentliche (mediale) Aufmerksamkeit generieren (Mobilisierungsfunktion). Dies

---

[1] Dieser Aspekt mag gerade in Krisenzeiten von Belang sein. Allerdings meiden nicht nur Bürgerinnen und Bürger das Risiko: Die Pfadabhängigkeitsthese aus der Wohlfahrtsstaatsforschung unterstellt auch Politikerinnen und Politikern einen Hang zum Status quo. Aufgrund schlecht kalkulierbarer Kosten neuer Lösungen setzen sie demzufolge oft lieber auf «bewährte» Praxen, anstatt Risiken einzugehen, die z. B. in der Nicht-Wiederwahl münden könnten (Fernandez und Rodrik 1991; Pierson 2000). Eine bekannte Illustration stammt von David (1985), der diese Logik mit der Existenz von Alternativen zu der (nach ergonomischen Erkenntnissen antiquierten) QWERTY-Tastatur vergleich. Sie wird weiterhin unwidersprochen produziert und bei Laptops, Tablets etc. eingesetzt, obwohl die Ursache für die Tastaturanordnung – die Minimierung von Buchstaben-Blockaden bei mechanischen Schreibmaschinen – von der technischen Entwicklung eingeholt wurde. Es wäre schlicht zu teuer und der absehbare Nutzen zu gering, als dass jemand auf die Idee käme, den weltweiten Standard ändern zu wollen. Oder auf die Politik bezogen: Je länger eine Regelung in Kraft ist, desto höher erscheint ihr relativer Nutzen und desto ineffizienter und unsicherer ein Systemwechsel.

kann insbesondere vor Wahlen vorteilhaft sein. Empirischen Befunden zufolge ist allerdings anzuzweifeln, ob die Volksinitiative vom Rechtsetzungs- zum strategisch eingesetzten Wahlkampf- und Werbeinstrument «verkümmert» ist, wie es die öffentliche Diskussion in den vergangenen Jahrzehnten zeitweise Glauben machte. Initiativen dienen den vier verschiedenen Funktionen offenbar weiterhin in gleichem Masse (Caroni und Vatter 2016).

An vielen Orten der Erde haben in den vergangenen Jahren direktdemokratische Elemente bei der politischen Entscheidungsfindung Einzug gehalten. Trotzdem wird auch heute noch rund ein Viertel aller Volksabstimmungen in der Schweiz durchgeführt. Insofern scheint die Einschätzung gerechtfertigt, dass in «keinem anderen Land [...] das Prinzip der unmittelbaren Volkssouveränität so konsequent umgesetzt [wird] wie in der Schweiz. Anders als in parlamentarischen Demokratien trifft das Volk ohne Ausnahmen die abschliessende Entscheidung über alle Verfassungsfragen des Landes und ebenso unterstehen die Entscheide des Parlaments dem Vorbehalt der Nachentscheidung durch die Stimmbürgerschaft. Daraus hat sich ein System der halbdirekten Demokratie entwickelt, bei dem Exekutive, Legislative und Souverän eng zusammenwirken» (Vatter 2020: 351). Und dass auch die Judikative dann und wann ein Wort mitzureden hat, konnten wir bereits feststellen.

Vier idealtypische Phasen des Gesetzgebungsprozesses
Damit sind wir bei der Frage angekommen, wie der schweizerische Gesetzgebungsprozess auf Bundesebene funktioniert. Idealtypisch und auf die wesentlichen Schritte reduziert, kann man ihn in vier Phasen einteilen (Vatter 2020):

- In der vorparlamentarischen Phase ergreift der Bundesrat eine Gesetzesinitiative. Alternativ wenden sich Parteien, Verbände oder andere politische Akteurinnen und Akteure über das Parlament bzw. über Volks- und Standesinitiativen an den Bundesrat. Je nach Inhalt konsultiert das jeweils zuständige Departement resp. eine von ihm eingesetzte Kommission aus Expertinnen und Experten die thematisch relevanten Verbände und bittet diese sowie Parteien und Kantone im Vernehmlassungsverfahren um Stellungnahmen zu einem Entwurf, bevor dieser als überarbeiteter Bundesratsentwurf dem Parlament unterbreitet wird.
- Die parlamentarische Phase ist zunächst durch die Beratungen und Überarbeitungen in den thematisch einschlägigen National- und Ständeratskommissionen geprägt, d. h. Ausschüssen bestehend aus einer begrenzten Anzahl Mitglieder mit fachlicher Expertise in bestimmten Fachbereichen, z. B. Soziale Sicherheit und Gesundheit, Aussenpolitik oder Wirtschaft. Der

sog. Erstrat beginnt und leitet seine Version an die andere Ratskommission weiter. Wurde die Reformvorlage von einem Mitglied oder Gremium des National- oder Ständerates eingereicht, ist der entsprechende Rat der Erstrat, andernfalls entscheiden die Ratspräsidentinnen und Ratspräsidenten (resp. bei unterschiedlichen Auffassungen das Los). Die Vorlage wird schliesslich von National- und Ständerat angenommen oder abgelehnt.

- In der direktdemokratischen Phase werden Verfassungsänderungen dem Referendum unterstellt, das die Zustimmung von Volk und Ständen erfordert (doppeltes Mehr erforderlich). Bei einfachen Bundesgesetzen kann das fakultative Referendum ergriffen werden, wenn 50'000 Stimmberechtigte dies innert 100 Tagen nach Inkrafttreten des Gesetzes verlangen (einfaches Mehr erforderlich). Zudem können Bundesrat und Parlament bei Volksinitiativen einen Gegenvorschlag einreichen, der mit der Initiative zur Abstimmung kommt, wenn das Initiativkomitee die Initiative nicht zurückzieht.
- Der Vollzug des Gesetzes erfolgt schliesslich in der Implementationsphase, in der die zuständigen Departemente detaillierte Verordnungen ausarbeiten. In dieser Phase sind die Kantone oft für die konkrete Ausführung zuständig und können dem Bundesparlament Änderungen vorschlagen.

Die Pflegeinitiative 2021
Im November 2021 wurde die Volksinitiative «Für eine starke Pflege (Pflegeinitiative)» angenommen. Rund 61 % der Stimmbürgerinnen und Stimmbürger votierten mit Ja, ausserdem alle Kantone mit Ausnahme von Appenzell Innerrhoden. Damit werden die Pflegeberufe als zentraler Bestandteil der Gesundheitsversorgung in der Bundesverfassung verankert. Bund und Kantone müssen Massnahmen ergreifen, um eine ausreichende, allen zugängliche Pflege von hoher Qualität sicherzustellen, die Arbeitsbedingungen in der Pflege zu verbessern sowie die Aus- und Weiterbildung dahingehend auszubauen, dass eine ausreichende Anzahl diplomierter Fachpersonen zur Verfügung steht. Darüber hinaus ermöglicht es die Initiative dem Pflegefachpersonal, bestimmte Leistungen ohne vorherige Zustimmung einer Ärztin oder eines Arztes mit den Sozialversicherungen abzurechnen. Die Annahme der Initiative hatte historisches Format, wofür mindestens zwei Punkte sprechen: Zum einen wurde mit ihr erstmals in der Geschichte eine spezifische Berufsgruppe in der Verfassung als besonders förderungswürdig hervorgehoben. Zum anderen war es die erste Initiative aus Kreisen der Gewerkschaften und Berufsverbände, die schweizweit

eine Mehrheit bekommen hat. Bundesrat und Parlament empfahlen die Ablehnung der Initiative, da sie die Regelung der Pflege auf Ebene der Verfassung für verfehlt hielten und die Arbeitsbedingungen weiterhin in sozialpartnerschaftlicher Verhandlung aus Kantonen, Spitälern, Heimen, Spitex, den Verbänden der Arbeitgeberinnen und Gewerkschaften (ohne «Einmischung» des Bundes) geklärt wissen wollten. Sie warben deshalb für einen indirekten Gegenvorschlag, der sich vor allem auf die Ausbildung konzentriert hätte und schneller umsetzbar gewesen wäre – was auch das siegreiche Initiativkomitee anerkannte, als es nach der Abstimmung mit der Ankündigung vor die Medien trat, zwecks rascher Implementation auf dem Gegenvorschlag aufbauen zu wollen.

Auf der Suche nach den Gründen für das geschichtsträchtige Resultat kommen wir einmal mehr an COVID-19 nicht vorbei: In einer Zeit, in der die Gazetten und News-Apps dauerhaft von überlasteten Pflegefachpersonen und Intensivstationen berichteten und sich die Initiativdebatte in eine emotional geführte Diskussion über gesellschaftliche Solidarität, «Corona-Leugner» und «Impfzwang» einfügte, fiel das Anliegen der Pflegebranche auf fruchtbaren Boden beim Volk. Man muss keine Glaskugel besitzen und kein Prophet sein, um orakeln zu können, dass das Begehren unter anderen Umständen (wie z. B. 2017, als es mit 114′000 Unterschriften eingereicht wurde) gescheitert wäre. In diesem Fall waren die langen Wege der (direkten) Demokratie für die Initianten und ihre Unterstützerinnen also für einmal heilsam. Und der Fall zeigt Folgendes: Einerseits, dass sich der sagenumwobene «Röstigraben» – gemeint ist das unterschiedliche Abstimmungsverhalten zwischen den französisch- und deutschsprachigen Kantonen – nicht bei jeder Vorlage fulminant auftut (wenngleich die Resultate in den meisten Kantonen der Romandie über dem gesamtschweizerischen Durchschnitt lagen und der Enthusiasmus pro Pflege in den zentral- und ostschweizerischen Kantonen gedämpft schien; siehe Abb. 4.1). Andererseits, dass Politik nicht vorhersehbar ist, sondern beizeiten schlicht von den «passenden» Umständen abhängt, die ein Möglichkeitsfenster öffnen – wie wir in Kap. 7 genauer sehen werden.

Föderalismus und Subsidiarität
Wie wir gelernt hatten, werden etliche politische Entscheide in der Schweiz nicht auf Bundesebene, sondern direkt in den Gemeinden und Kantonen getroffen. Verantwortlich hierfür ist der stark ausgebaute Föderalismus, der den dezentralen

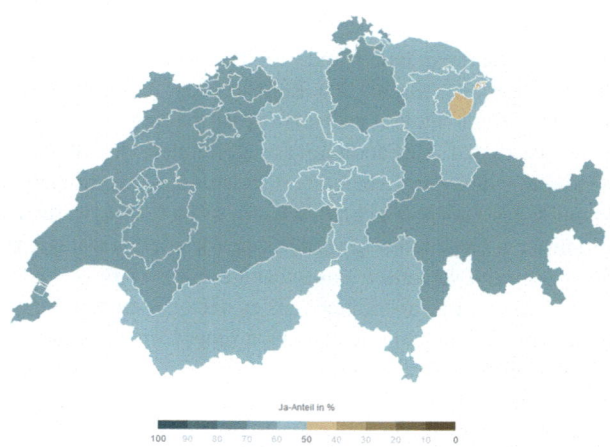

Abb. 4.1 Abstimmungsergebnisse der Pflegeinitiative 2021 in den Kantonen. (Quelle: Swissinfo.ch 2021)

staatlichen Einheiten «eine weitgehende Selbstorganisation und Autonomie in der Wahrung ihrer Aufgaben [einräumt]. Bund, Kantone und Gemeinden erheben je eigene Einkommens- und Vermögenssteuern. Die Steuerhoheit der Kantone umfasst das Recht, nicht nur die Ausgaben, sondern auch ihre Einnahmen selbst festzulegen […]. Legislative, Exekutive und richterliche Gewalten sind auf allen drei föderalistischen Ebenen vorzufinden» (Linder 2009: 569). Grundlage hierfür ist das Subsidiaritätsprinzip: Wann immer möglich – und insbesondere, wenn Bürgerinnen und Bürger Dinge nicht selbstverantwortlich regeln können – kümmern sich zunächst die Gemeinden (ggf. durch kooperatives Handeln) um öffentliche Aufgaben. Die Kantone übernehmen Aufgaben, wenn die Gemeinden nicht imstande sind, diese allein oder gemeinschaftlich zu erfüllen. Das Gleiche gilt für eine Aufgabendelegation von den Kantonen an den Bund, welche vom Volk und den Kantonen per Abstimmung zu genehmigen ist. Typische Aufgaben auf Ebene Gemeinde betreffen etwa die Müll- und Kehrichtabfuhr oder den Betrieb von Freizeiteinrichtungen, während der Bund u. a. für die Aussen-, Verteidigungs- und Migrationspolitik, jedoch auch für die Sozialversicherungen zuständig ist. Für unsere Zwecke in besonderem Masse relevant sind die Kantone: Im Rahmen der vom Bund verfassungsgemäss gewährleisteten Regelung der Krankenversicherung sind sie zuständig für die gesundheitliche Versorgungsstruktur, inklusive der Gewährleistung eines hinreichenden Angebots an Spitälern und Pflegeeinrichtungen, sowie für die Sozialhilfe (im Unterschied bspw. zu Deutschland, wo das Äquivalent zur Grundsicherung bundesgesetzlich geregelt und von den Gemeinden administriert wird).[2]

Das Prinzip der Nachrangigkeit höherer staatlicher Ebenen ist nicht nur für die Politik relevant, sondern zieht sich durch praktisch alle Lebensbereiche: «Until today, the Swiss are citizens of their commune, their canton and the federation – in this order» (Linder und Mueller 2021: 61). Während Ausweisdokumente anderer Länder den Geburtsort einer Person aufführen, nennt die Schweizer Identitätskarte stattdessen den Heimat- bzw. Bürgerort mitsamt Angabe des entsprechenden Kantons; also die Gemeinde und den Kanton, welcher einer Schweizerin oder einem Schweizer das Bürgerrecht verliehen hat (wobei der Bürgerort nicht notwendigerweise deckungsgleich mit dem Geburts- oder Wohnort sein muss). Für Nicht-Schweizerinnen und Nicht-Schweizer, die sich als Französinnen, Deutsche oder gar Europäer verstehen, erscheint diese ausgeprägte lokale Orientierung mitunter verwunderlich. Sie hat jedoch historische und kulturelle Ursachen, welche für die eigentümliche Version des schweizerischen Föderalismus verantwortlich zeichnen.

So war den Kantonen zwar bereits lange vor Gründung der heutigen Eidgenossenschaft klar, dass sie im Herzen Europas und umgeben von mächtigen Königreichen und Herzogtümern in vielerlei Hinsicht (wirtschaftlich, militärisch, politisch usw.) auf Zusammenarbeit angewiesen waren. Die Idee eines starken Zentralstaats konnte sich aber nicht durchsetzen, da die Kantone die Preisgabe von Souveränität scheuten und – wie teilweise heute noch – eine Marginalisierung ihrer Identität, Sprache und Konfession fürchteten. Mit dem losen Staatenbund, wie er vor 1848 bereits vertraglich Bestand hatte, war auf Dauer jedoch ebenfalls niemand richtig glücklich (ebd.). So fanden die Urheber der Bundesverfassung – es waren tatsächlich Männer – einen «typisch schweizerischen» Kompromiss: Ein föderales Konstrukt, das die grösstmögliche Autonomie der Kantone sicherstellte und gleichzeitig Vorkehrungen traf, mit denen im Bedarfsfall Kompetenzen an den Bund abgegeben werden konnten. Was in der Folge nicht selten der Fall war, wie eine Analyse der (De-)Zentralisierung zwischen 1848 und 2010 zeigt (Dardanelli und Mueller 2019): Für den Berichtszeitraum kann punkto Gesetzgebung eine spürbare Kompetenzverlagerung zugunsten des Bundes festgestellt werden, während die Kantone in

---

[2] Auch Schulen, Hochschulen und viele weitere Bereiche des öffentlichen Lebens sind faktisch Angelegenheiten der Kantone – weshalb nicht wenige in der Schweiz die Meinung vertreten, dass die Kantone politisch am längsten Hebel sitzen (DIE ZEIT vom 2.2.2023).

Bezug auf den Gesetzesvollzug und finanzielle Ressourcen weitgehende Eigenständigkeit bewahrten.[3] Infolgedessen zeigt der Trend klar in die Richtung eines extravaganten Vollzugsföderalismus, in dem der Gesetzesrahmen zunehmend von «Bundesbern» abgesteckt und die Implementation den Kantonen überlassen wird. «Dies rührt vor allem daher», so die beiden Studienautoren, «dass der Bund auf eine selbständige Umsetzung weitgehend verzichtet und sich die Kantone selten wehren und versuchen, mindestens über Ausführungsgesetze doch noch ihre eigenen politischen Präferenzen zur Geltung zu bringen». Dies sei aufgrund der begrenzten Verwaltungskapazitäten des Bundes nicht nur gewollt, sondern erlaube «ein nicht zu unterschätzendes Mehr an Freiheit: Für die Bürger sind Zugänglichkeit und Effizienz ebenso wichtig, wenn nicht gar wichtiger als die Instanz, die ein Gesetz erlässt» (NZZ vom 5.8.2017: 16).

Verglichen mit dem deutschen Föderalismus, welcher «gleiches Recht für alle» vorsieht[4] und die Gleichwertigkeit der Lebensverhältnisse im Grundgesetz (der deutschen Verfassung) festschreibt, stehen die «Vielfalt in der Einheit» (Bundesverfassung) und die kantonale Eigenständigkeit bei der Implementation von Bundesgesetzen in der Schweiz sozusagen im politischen Pflichtenheft. Ihresgleichen sucht die Fiskal- und Steuerautonomie der Kantone und Gemeinden, von der Finanzverantwortliche deutscher Gebietskörperschaften nur träumen können, die weitgehend mit den ihnen zugewiesenen Anteilen öffentlicher Haushalte umzugehen und relativ geringe Spielräume beim Aufspüren neuer Geldquellen haben (Linder 2007). Eine Folge ist der hiesige Steuerwettbewerb, dem man z. T. pathologische Züge attestieren kann, wenn die prozentuale Belastung eines Ehepaares mit zwei Kindern und einem Bruttoeinkommen von 150′000 Franken jährlich im Kanton Neuenburg 2018 fast viermal höher war als im Kanton Zug (ESTV 2021). Im Unterschied zum Nachbarland, in dem die Regierungen der Bundesländer ihren Einspruch bei zustimmungspflichtigen Gesetzen geltend machen können, halten manche Beobachtende wiederum den Einfluss von genuinen kantonalen Interessen auf die formale Bundesgesetzgebung für eher begrenzt. Denn die Ständeräte vertreten im Regelfall «nicht institutionelle Kantonsinteressen […], sondern gleiche Gruppeninteressen wie die Vertreter der Volkskammer» (Linder 2007: 7), d. h.

---

[3] Die sprachliche, kulturelle und religiöse Heterogenität war für die schleichende Zentralisierung im Übrigen kein Hindernis, sondern wurde von den französischsprachigen Kantonen sogar forciert.

[4] Das gilt zumindest für die Politikbereiche, die nicht explizit im Kompetenzbereich der deutschen Bundesländer liegen, wie bspw. die Kultur- und Bildungspolitik (wobei auch hier typischerweise Koordinationsgremien wie die sog. Kultusministerkonferenz für Abstimmung zwischen Nord-, Ost- und Bodensee sorgen).

im Zweifel die politische Linie der Partei, welcher sie angehören. Entscheidende Impulse setzen sie vielmehr in der vorparlamentarischen Phase, in der sie sich zusammen mit den thematisch relevanten Interessenverbänden einbringen, sowie in der Implementationsphase, in welcher der Bund auf ihre Ausführungsleistungen angewiesen ist. Und nicht zuletzt erweist sich als «eigentliche Veto-Position [...] die direkte Demokratie, in der der Bevölkerung der kleinen Kantone bei Doppelmehr-Abstimmungen (Änderungen der Verfassung sowie Volksinitiativen) ein überproportionales Gewicht zukommt» (ebd.)

Die ausgeprägte Unabhängigkeit der Kantone hat weitreichende Folgen für die politische Entscheidungspraxis und ihre Ergebnisse. Das den kantonalen Parlamentswahlen zugrunde liegende Wahlrecht legen die Kantone selbst fest, wobei die Institutionen nicht nur unterschiedliche Namen tragen (z. B. Grosser Rat im Kanton Bern, Kantonsrat im Kanton Zürich), sondern auch hinsichtlich der Grössenverhältnisse zwischen rund 50 und 180 Abgeordneten schwanken (Vatter 2020). Sie werden grösstenteils über Proporzwahl von der Wahlbevölkerung bestimmt. Auch beim Wahlrecht macht sich also die konstitutionell beschworene «Vielfalt in der Einheit» bemerkbar, was sich bspw. lange Zeit nachteilig auf das weibliche Geschlecht auswirkte: Während Schweizerinnen in den französischsprachigen Kantonen Waadt und Neuenburg bereits ab 1959 ihre Stimme abgeben durften, brauchte es in Appenzell Innerrhoden staatsrechtliche Beschwerden beim Bundesgericht und das Kalenderjahr 1990, bis das Frauenwahlrecht eingeführt wurde. Noch heute bestehen Unterschiede zwischen den kantonalen Parlamenten: So konnten die Frauen in Kantonen wie Schwyz und Nidwalden Ende 2018 nur 15 % der Parlamentssitze für sich beanspruchen (ebd.), wohingegen ihr Anteil in Zürich seit 2019 rund 39 % und im Grossen Rat von Basel-Stadt – der höchste Wert in der Schweiz – 40 % beträgt. Und auch die Wahlergebnisse der Parteien in den Kantonen unterscheiden sich signifikant; mit einer dominierenden SVP über 33 % der abgegebenen Stimmen in Schwyz und Schaffhausen bei den Wahlen 2020, einem starken linksliberalen Block aus SP, Grünen und GLP in Basel-Stadt (zusammen über 54 %) sowie einer altehrwürdigen CVP (heute auf nationaler Ebene und z. T. kantonal: Die Mitte), die zwischen 3 % im Kanton Schaffhausen (2020) und fast 40 % im Wallis (2021) schwankt.

Föderalismus während COVID-19
Für das Management der Corona-Pandemie war der Föderalismus herausfordernd. Zwar konnte der Bundesrat mit der Erklärung der «ausserordentlichen Lage» im März 2020, gestützt auf das eidgenössische

Epidemiengesetz, Massnahmen für die Gesamtschweiz zentral anordnen und die Kantone mit ihrem Vollzug beauftragen. Er war dabei aber auf die Kooperation der Kantone, die in unterschiedlicher Schwere von COVID-19 betroffen waren, angewiesen. Er musste die 26 Bewertungen der epidemiologischen Situation und die verschiedentlichen Abwägungen zwischen Bevölkerungsschutz, persönlichen Freiheiten und ökonomischen Folgen von Einschränkungen des öffentlichen Lebens sorgsam in seine Entscheide einfliessen lassen. Denn die Kantone waren es letztlich, die aufgrund ihrer Kompetenzen in der Spitalversorgung über Patientinnen- und Patientenkapazitäten sowie Schutzmaterial zu befinden und angesichts ihrer Polizeihoheit für die Einhaltung von Massnahmen zu sorgen hatten. Und nicht zuletzt verfügten die Kantone über unterschiedliche Voraussetzungen; sei es geografisch, wirtschaftlich oder bezüglich administrativer Kapazitäten (bspw. im Hinblick auf das zu Beginn der Pandemie nur schleppend funktionierende «Contact Tracing»). Selbst bei nationaler Anordnung von Massnahmen galt es deshalb einerseits, den lokalen Gegebenheiten entsprechende Lösungen zu finden, andererseits, bei Grundsatzfragen einen Konsens zu erzielen, um die föderale Koexistenz nicht infrage zu stellen (Cosandey 2020; Freiburghaus et al. 2021). Unterschiedliche Positionen gab es während der Pandemie nämlich zuhauf. Vor allem, als die «ausserordentliche» Sonderstellung des Bundesrats im Sommer 2020 endete und die Kantone im Angesicht der zweiten Welle eigene Massnahmenregime etablierten.

Der Zwist zwischen den Kantonen und dem Bund kumulierte zu Jahresbeginn 2021 im «Terrassenknatsch» (SRF vom 18.2.2021), welcher um das liebste Winterhobby von «Herrn und Frau Schweizer» entbrannte: das Skifahren. Während die Anhängerinnen und Anhänger des rasanten Alpinsports im Wallis und in Bern ihr Essen an den Berghütten nur «takeaway» bestellen durften und ihre heisse Suppe bei Temperaturen unter dem Gefrierpunkt stehend konsumieren mussten, konnten es sich die Schneebegeisterten in der Zentral- und Südostschweiz entlang der Piste sitzend mit Decken auf den Terrassen gemütlich machen. So gingen die stark vom Tourismus abhängigen Kantone lange Zeit offen in Konfrontation zum Bundesrat und nahmen sich vor dem Hintergrund sinkender Infektionszahlen eine Sonderstellung heraus, bis sogar der Einsatz des Militärs beim Schliessen der Aussengastronomie in den Skigebieten diskutiert wurde. Letztlich gaben die aufmüpfigen Kantone nach. Die Posse zeigte aber, welche Konflikte dem Föderalismus innewohnen und wie sich diese in Krisenzeiten Bahn brechen können.

Einordnung des helvetischen «Sonderfalls»
Trotz aller Heterogenität und Widrigkeiten – hohe Berge, tiefe Täler, eine schier unendliche Vielfalt an Dialekten und Brauchtümern – funktioniert der «Sonderfall» Schweiz im Grossen und Ganzen ziemlich gut. «Kantönligeist» und kleinteiliges «Gärtlidenken» hin, «Röstigraben» und föderaler «Flickenteppich» her: Die «Willensnation» hat es in den mittlerweile mehr als 170 Jahren ihres Bestehens zu einigem ökonomischen Wohlstand, politischer Stabilität und, ja, auch Glück gebracht. In international vergleichenden Abfragen der Happiness bzw. des Subjective Well-Beings schneidet sie regelmässig weit oben in Rankings ab (OECD 2020), was offenbar mit der (Nutzung der halb-)direkten Demokratie und dem Föderalismus im Zusammenhang steht (Frey und Stutzer 2002; Stadelmann-Steffen und Vatter 2012). Davon abgesehen wartet die Schweiz stets mit Spitzenwerten bei der Demokratiezufriedenheit oder dem Vertrauen in Regierungen und Verwaltungen auf. In kaum einem anderen Land, mit Ausnahme von Dänemark und Neuseeland, wird der Staat als so wenig korrupt wahrgenommen (Freitag 2014; Transparency International 2021).

Dennoch können Optimierungspotenziale identifiziert werden, über die wir bei aller Euphorie nicht blindlings hinwegsehen wollen.

Wenn nur rund vier von zehn Schweizerinnen und fünf von zehn Schweizern regelmässig von ihrem Wahl- und Abstimmungsrecht Gebrauch machen, ist es zwar richtig und wichtig, auf die hohe Partizipationsfrequenz sowie die unterschiedlich stark wahrgenommene Wichtigkeit und persönliche Betroffenheit von politischen Entscheiden hinzuweisen. Der Befund entwickelt sich aber zu einem «Stresstest» für die Demokratie, sofern privilegierte soziale Gruppen (z. B. hinsichtlich Alter, Bildung und Einkommen) die Regelung öffentlicher Angelegenheiten auf Dauer signifikant mehr beeinflussen als andere; oder sehr überspitzt: unter sich ausmachen – und etwa 20 % der Stimmberechtigten den Urnengang konsequent verweigern (Linder 2009; Vatter 2020; Tresch et al. 2020). Die stimmenstärkste Partei im nationalen Parlament, die SVP, wird von Experten als rechtspopulistische Gruppierung eingestuft, die mit Anti-Elitismus («die da oben, wir hier unten») glänze und die Geschütze eines ethno-nationalen «Kulturkampfes» auffahre (Bernhard und Kriesi 2019). Natürlich sind die oft zitierten Gräben zwischen Stadt und Land sowie deutsch- und französischsprachiger Schweiz (der «Röstigraben») nicht ausser Acht zu lassen.

Dass die schweizerische Konsensdemokratie mit ihren ausgebauten Volksrechten und dem starken Föderalismus bisweilen im «Schneckentempo» agiert, zu «Pflästerlipolitik» neigt, eine konsistente «Politik aus einem Guss» verunmöglicht, tendenziell minderheitenfeindliche Ergebnisse produziert und den konservativen, marktliberalen Eliten eher das Wort redet, als sie durch (erfolgreiche) Initiativen und Referenden herauszufordern: Das gehört zur Realität des helvetischen «Sonderfalls» (Merkel und Ritzi 2017; Schmidt 2019; Vatter 2020). Und dass Programme, die in den meisten Nachbarstaaten mittlerweile gang und gäbe sind – wie integrierte Familien- und Standortpolitiken, die den händeringend gesuchten Arbeitskräften attraktive Angebote zur Vereinbarkeit von Familie und Beruf machen – in der Schweiz offenbar die Hürden des Systems nicht überwinden können (SRF vom 14.02.2023): Auch das mag sonderbar anmuten.

▶ **Literatur zur Vertiefung**

- Linder und Mueller (2021) und Vatter (2020).

▶ **Lernaufgabe**

Sie werden von einer ausländischen Reisegruppe angesprochen. Sie hätten gelesen, berichten die Touristen, dass das politische System der Schweiz weltweit einmalig sei und die Bürgerinnen und Bürger hierzulande mehrmals im Jahr über Angelegenheiten in ihrer Gemeinde, ihrem Kanton und von nationaler Tragweite abstimmen dürften. So recht konnten sie sich auf den Sinn und Zweck dieses aufwendigen Prozederes keinen Reim machen. Leider haben die freundlichen Interessierten nicht viel Zeit, da sie schon bald die Heimreise antreten müssen. Wie erklären Sie ihnen in wenigen Sätzen die direkte Demokratie und den Föderalismus – sowie deren Vor- und Nachteile?

Literatur

Bernauer, Thomas, Detlef Jahn, und Patrick M. Kuhn. 2015. *Einführung in die Politikwissenschaft*, 3. Aufl. Baden-Baden: Nomos.
Bernhard, Laurent, und Hanspeter Kriesi. 2019. Populism in Election Times: A Comparative Analysis of 11 Countries in Western Europe. *West European Politics* 42(6):1188–1208.
BFS (Bundesamt für Statistik). 2019. Nationalratswahlen: Wahlberechtigte, Wählende, Wahlbeteiligung nach Kanton. https://www.bfs.admin.ch/bfs/de/home/statistiken/politik/wahlen/nationalratswahlen/wahlbeteiligung.assetdetail.11048406.html.

Literatur

Borner, Silvio, Aymo Brunetti, und Thomas Straubhaar. 1990. *Schweiz AG: Vom Sonderfall zum Sanierungsfall?* Zürich: Verlag Neue Zürcher Zeitung.

Brodocz, André. 2009. *Die Macht der Judikative*. Wiesbaden: VS Verlag.

Caroni, Flavia, und Adrian Vatter. 2016. Vom Ventil zum Wahlkampfinstrument? Eine empirische Analyse zum Funktionswandel der Volksinitiative. *LeGes Gesetzgebung & Evaluation* 27(2):189–210.

Cosandey, Jérôme. 2020. Der Kantönligeist, nicht der Föderalismus braucht Reformen. In *Herausforderung Gesundheitspolitik Schweiz: Handbuch und Leitfaden für die 20er Jahre*, Hrsg. Jürg Baumberger, Eleonore Baumberger, Martin Bienlein, Charles Giroud, und Thomas Zeltner, Bd. 138, 215–220. Bern: Schweizerische Gesellschaft für Gesundheitspolitik.

Dardanelli, Paolo, und Sean Mueller. 2019. Dynamic De/Centralization in Switzerland, 1848–2010. *Publius: The Journal of Federalism* 49(1):138–165.

David, Paul A. 1985. Clio and the Economics of QWERTY. *The American Economic Review* 75(2):332–337.

DIE ZEIT (Schweiz-Ausgabe) vom 2.2.2023. Hier fehlt der Inhalt: 18.

Eberle, Thomas S. 2007. Der Sonderfall Schweiz aus soziologischer Perspektive. In *Sonderfall Schweiz,* Hrsg. Kurt Imhof und Thomas S. Eberle, 7–22. Zürich: Seismo.

ESTV (Eidgenössische Steuerverwaltung). 2021. Grafische Darstellung der Steuerbelastung 2018 in den Kantonen. https://www.estv.admin.ch/estv/de/home/die-estv/steuerstatistiken-estv/steuerbelastung-schweiz/karten-kantone-2018.html.

Feld, Lars P., und Gebhard Kirchgässner. 2002. Direkte Demokratie in der Schweiz: Ergebnisse neuerer empirischer Untersuchungen. In *Direkte Demokratie: Forschung und Perspektiven,* Hrsg. Theo Schiller und Volker Mittendorf, 88–101. Wiesbaden: VS Verlag.

Fernandez, Raquel, und Dani Rodrik. 1991. Resistance to Reform: Status Quo Bias in the Presence of Individual-Specific Uncertainty. *The American Economic Review* 81(5):1146–1155.

Freiburghaus, Rahel, Sean Mueller, und Adrian Vatter. 2021. Switzerland: Overnight Centralization in One of the World's Most Federal Countries. In *Federalism and the Response to COVID-19: A Comparative Analysis,* Hrsg. Rupak Chattopadhyay, Felix Knüpling, Diana Chebenova, Liam Whittington, und Phillip Gonzalez, 217–228. London: Routledge.

Freitag, Markus. 2014. Politische Kultur. In *Handbuch der Schweizer Politik*, 5. Aufl. Hrsg. Peter Knoepfel, Yannis Papadopoulus, Pascal Sciarini, Adrian Vatter, Silja Häusermann, 71–94. Zürich: Verlag Neue Zürcher Zeitung.

Frey, Bruno S. und Alois Stutzer. 2002. *Happiness & Economics: How the Economy and institutions affect human well-being*. Princeton: Princeton University Press.

Linder, Wolf. 2007. Die deutsche Föderalismusreform – von außen betrachtet: Ein Vergleich von Systemproblemen des deutschen und des schweizerischen Föderalismus. *Politische Vierteljahresschrift* 48(1):3–16.

Linder, Wolf. 2009. Das politische System der Schweiz. In *Die politischen Systeme Westeuropas,* 4. Aufl., Hrsg. Wolfgang Ismayr 567–605. Wiesbaden: VS Verlag.

Linder, Wolf, und Sean Mueller. 2021. *Swiss Democracy: Possible Solutions to Conflict in Multicultural Societies*. Cham: Palgrave Macmillan.

Merkel, Wolfgang, und Claudia Ritzi. 2017. *Die Legitimität direkter Demokratie: Wie demokratisch sind Volksabstimmungen?* Wiesbaden: Springer VS.

NZZ (Neue Zürcher Zeitung) vom 5.8.2017. Kooperation, nicht Wettbewerb mit dem Bund: 16.

OECD (Organisation for Economic Co-operation and Development). 2020. *How's Life? 2020: Measuring Well-being.* Paris: OECD Publishing.

Pierson, Paul. 2000. Increasing Returns, Path Dependence, and the Study of Politics. *The American Political Science Review* 94(2):251–267.

Schmidt, Manfred G. 2019. *Demokratietheorien: Eine Einführung*, 6 Aufl. Wiesbaden: Springer VS.

SRF (Schweizer Radio und Fernsehen) vom 18.2.2021. Terrassenknatsch unter den Kantonen geht in eine neue Runde. https://www.srf.ch/news/schweiz/coronamassnahmen-im-skigebiet-terrassenknatsch-unter-den-kantonen-geht-in-eine-neue-runde.

SRF vom 14.2.2022. Warum scheitern Behördenvorlagen immer häufiger? https://www.srf.ch/news/abstimmungen-13-februar-2022/abstimmungen-in-der-schweiz-warum-scheitern-behoerdenvorlagen-immer-haeufiger.

SRF vom 14.2.2023. Debatte um Elternzeit neu lanciert – das müssen Sie wissen. https://www.srf.ch/news/schweiz/vorschlag-von-38-wochen-debatte-um-elternzeit-neu-lanciert-das-muessen-sie-wissen.

Stadelmann-Steffen, Isabelle, und Adrian Vatter. 2012. Does Satisfaction with Democracy Really Increase Happiness? Direct Democracy and Individual Satisfaction in Switzerland. *Political Behavior* 34(3):535–559.

Swissinfo.ch. 2021. Ja zur Pflegeinitiative: Die Schweiz fällt einen historischen Entscheid. https://www.swissinfo.ch/ger/die-resultate-der-pflegeinitiative/47141320 (Kartendaten: Bundesamt für Landestopografie).

Transparency International. 2021. *Corruption Perceptions Index 2020.* Berlin: Transparency International.

Tresch, Anke, Lukas Lauener, Laurent Bernhard, Georg Lutz, und Laura Scaperrotta. 2020. *Eidgenössische Wahlen 2019: Wahlteilnahme und Wahlentscheid (FORS).* Lausanne: FORS.

Vatter, Adrian. 2020. *Das politische System der Schweiz.* 4. Aufl. Baden-Baden: Nomos.

Open Access Dieses Kapitel wird unter der Creative Commons Namensnennung 4.0 International Lizenz (http://creativecommons.org/licenses/by/4.0/deed.de) veröffentlicht, welche die Nutzung, Vervielfältigung, Bearbeitung, Verbreitung und Wiedergabe in jeglichem Medium und Format erlaubt, sofern Sie den/die ursprünglichen Autor(en) und die Quelle ordnungsgemäß nennen, einen Link zur Creative Commons Lizenz beifügen und angeben, ob Änderungen vorgenommen wurden.

Die in diesem Kapitel enthaltenen Bilder und sonstiges Drittmaterial unterliegen ebenfalls der genannten Creative Commons Lizenz, sofern sich aus der Abbildungslegende nichts anderes ergibt. Sofern das betreffende Material nicht unter der genannten Creative Commons Lizenz steht und die betreffende Handlung nicht nach gesetzlichen Vorschriften erlaubt ist, ist für die oben aufgeführten Weiterverwendungen des Materials die Einwilligung des jeweiligen Rechteinhabers einzuholen.

Das Sozial- und Gesundheitswesen aus ökonomischer Perspektive

5

Zusammenfassung

Das Kapitel stellt die ökonomischen Rahmenbedingungen und Strukturmerkmale des Gesundheits- und Sozialwesens anhand von Kennzahlen zu öffentlichen und privaten Ausgaben für Gesundheit und Soziale Sicherheit sowie Branchen- und Arbeitsmarktdaten dar. Es vergleicht die Ausgaben von Gemeinden, Kantonen und Bund und setzt die Schweiz ins Verhältnis zur Situation in anderen Staaten. Insbesondere fokussieren wir auf die Beschäftigungsentwicklung im Sozial- und Gesundheitswesen, die Entwicklung der Spitex und den vieldiskutierten Personalmangel in Gesundheitsberufen.

▶ **Lernziele des Kapitels**
- Sie können die Ausgabenstruktur von Gemeinden, Kantonen und Bund für Gesundheit und Soziale Sicherheit hinsichtlich ihrer Grössenordnungen darlegen.
- Es gelingt Ihnen, die Beschäftigungsentwicklung im Sozial- und Gesundheitswesen innerhalb der vergangenen Jahre nachzuzeichnen.
- Sie können zentrale ökonomische Trends und Herausforderungen im Gesundheitswesen wiedergeben.

Das Gesundheits- und das Sozialwesen in der Schweiz ist auf «Stutz» angewiesen. Nur weil der Bund, die Kantone, Gemeinden und Sozialversicherungen Einnahmen generieren, können sie gesundheitsbezogene und soziale Aufgaben erfüllen.

© Der/die Autor(en) 2023
K. Kehl, *Politische und ökonomische Rahmenbedingungen des Sozial- und Gesundheitswesens in der Schweiz*, Basiswissen Sozialwirtschaft und Sozialmanagement, https://doi.org/10.1007/978-3-658-35770-2_5

Bund, Kantone und Gemeinden füllen ihre «Kässeli» vor allem durch Steuern. Zu diesen gehören auf allen föderalen Ebenen die direkten Steuern auf Einkommen, Vermögen und Unternehmensgewinne, welche von natürlichen und juristischen Personen mit der Einkommenssteuer deklariert und abgeführt werden. Vor allem auf Ebene Bund kommen sog. indirekte Steuern dazu, die von Güter- und Dienstleistungsproduzenten abzuführen – und üblicherweise im für die Verbraucherin und den Verbraucher sichtbaren Endpreis des jeweiligen Produkts inbegriffen – sind. Zu Letzteren gehören insbesondere die Mehrwertsteuer, aber bspw. auch Abgaben auf Benzin, Tabak und alkoholhaltige Getränke, die in den nationalen Haushalt fliessen. Dagegen decken die Kantone und Gemeinden einen Grossteil ihres Finanzbedarfs über direkte Steuern. Sie belegen daneben z. B. den Besitz von Motorfahrzeugen (Kantone) oder Hunden (Gemeinden) mit Abzügen und erheben Gebühren auf administrative Dienstleistungen, Freizeit-, Kultur- und Sportstätten.

Ausgaben für Gesundheit und Soziales
Auf der Ausgabenseite gibt die eidgenössische Finanzstatistik (EFV 2022) zuverlässig Aufschluss über die staatliche Erledigung öffentlicher Ausgaben. Sie unterteilt sie in zehn Bereiche:

- Allgemeine Verwaltung;
- Sicherheit und Verteidigung;
- Bildung und Forschung;
- Kultur, Sport und Freizeit;
- Gesundheit;
- Soziale Sicherheit;
- Verkehr und Nachrichtenübermittlung;
- Umweltschutz und Raumordnung;
- Volkswirtschaft;
- Finanzen und Steuern.

Blicken wir für einen groben Überblick zunächst auf den Bund (Abb. 5.1), wird ersichtlich, dass die Ausgabenposten unterschiedlich relevant sind. Während im Jahre 2019 – dem letzten Jahr vor Ausbruch der COVID-19-Pandemie – nur knapp 0.9 Mrd. Franken für Umweltschutz und Raumordnung (d. h. etwa für bauliche Massnahmen, Arten- und Landschaftsschutz) anfielen, überwies Bern einen grossen Teil des 10.7 Mrd. schweren Budgetblocks Finanzen und Steuern im Rahmen des Finanz- und Lastenausgleichs und von sog. Steuerertragsverrechnungen an die Kantone zurück. Der Bereich Soziale Sicherheit konnte mit

5 Das Sozial- und Gesundheitswesen aus ökonomischer Perspektive

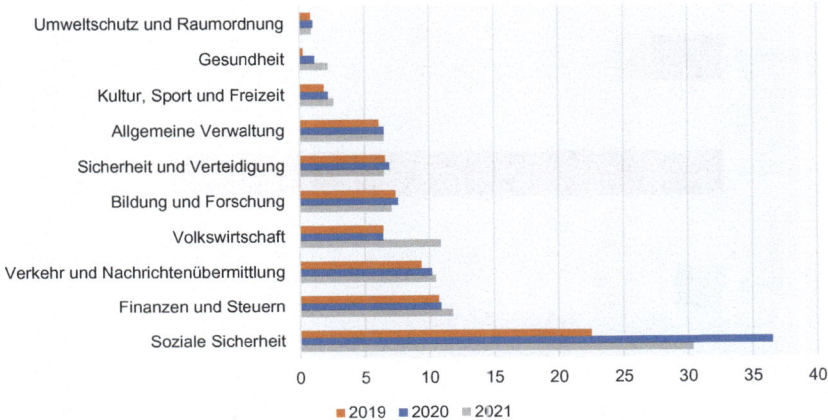

Abb. 5.1 Ausgaben des Bundes 2019, 2020 und 2021 (in Mrd. Franken). (Quelle: EFV (2022); eigene Darstellung)

22.5 Mrd. Franken die «Pole Position» des bundesstaatlichen Haushalts für sich beanspruchen. Darunter fallen die Bereiche Krankheit und Unfall, Invalidität, Alter und Hinterlassene, Familie und Jugend, Arbeitslosigkeit, sozialer Wohnungsbau, Sozialhilfe und Asylwesen, sowie Forschung und Entwicklung. Explizit in dieser Statistik nicht berücksichtigt sind die Ausgaben der Sozialversicherungen; also Renten und weitere Zahlungen sowie Dienstleistungen, auf die Bürgerinnen und Bürger einen Sozialversicherungsanspruch erworben haben (durch eigene sowie Beiträge ihrer Arbeitgeberinnen und Arbeitgeber in die entsprechenden Systeme). Jedoch stellen Transfers an andere Gemeinwesen, Dritte sowie an die Sozialversicherungen, welche ohne einen bundesstaatlichen Zuschuss finanziell in Schieflage gerieten, mit rund 97 % der genannten Ausgaben den «Löwenanteil» dar. Der Bund alimentiert damit also vor allem andere Leistungstragende. Weitere relevante Ausgaben betreffen Verkehr und Nachrichtenübermittlung, wobei hier vor allem der Strassen- und der öffentliche Verkehr kostenintensiv zu Buche schlagen, sowie Ausgaben für Wirtschaftsförderung, Bildung und Forschung. Wie zu erwarten war, liessen die Massnahmen zur Bekämpfung des Corona-Virus im Jahre 2020 die Kosten in einigen Bereichen anschwellen. Dies vor allem in der Sozialen Sicherheit, deren Aufwände während eines Jahres um etwa 60 % auf über 36 Mrd. Franken geklettert sind, und zwar an vorderster Front im Zuge zusätzlicher Bundesmittel für die Arbeitslosenversicherung. 2021 sank dieser Bereich aufgrund der vergleichs-

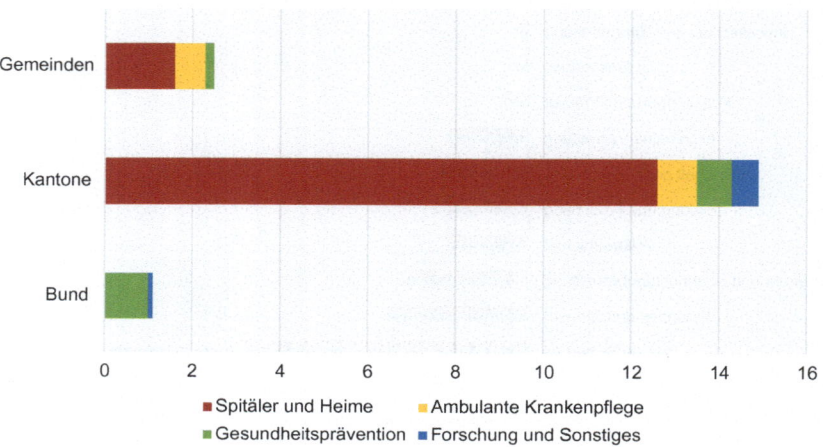

Abb. 5.2 Ausgaben von Gemeinden, Kantonen und Bund für Gesundheit 2020 (in Mrd. Franken). (Quelle: EFV (2022); eigene Darstellung)

weisen guten wirtschaftlichen Erholung wieder auf rund 30 Mrd. Franken. Aber auch die ökonomischen Hilfsmanöver, etwa zur Unterstützung von besonders betroffenen Branchen, schlagen sich im Posten Volkswirtschaft – jedoch erst verspätet im Jahr 2021 – nieder.

Erweitern wir die Perspektive auf Kantone, Gemeinden und die Sozialversicherungen, ist ein Vergleich der Ausgabenstruktur im Hinblick auf die Bereiche Gesundheit und Soziale Sicherheit interessant.[1] Wie Abb. 5.2 zeigt, stemmten die Kantone 2020 mit rund 15 Mrd. Franken die grösste Ausgabenposition im Bereich Gesundheit – kein Wunder, ist die Bereitstellung einer funktionierenden Gesundheitsinfrastruktur doch eine ihrer zentralen Aufgaben, die sich vor allem in der 12.6 Mrd. Franken teuren Spital- und Heimausstattung niederschlägt. Fast homöopathisch dosiert wirken dagegen die Zuwendungen an die ambulante Krankenversorgung sowie die in Prävention und Forschung investierten Beträge, welche allesamt nicht mehr als 1 Mrd. Franken ausmachen. Auch die Gemeinden beteiligen sich an der Finanzierung von Spitälern und Heimen, jedoch mit

---

[1] Bei Redaktionsschluss dieses Buches lagen von den Kantonen und Gemeinden lediglich die Zahlen des Jahres 2020 vor, weshalb sich der Vergleich auf dieses Jahr beschränkt.

1.6 Mrd. Franken weit weniger intensiv als die Kantone. Die Gesundheitsausgaben des Bunds sind im Vergleich nahezu vernachlässigbar, allerdings haben sich auch diese als Folge der COVID-19-Pandemie auf niedrigem Niveau vervierfacht (2019: 0.3 Mrd. Franken; 2020: 1.2 Mrd. Franken). Die Sozialversicherungen tauchen in dieser Statistik nicht auf, da die zwar obligatorische, aber privat finanzierte Krankenversicherung nicht zu den öffentlichen Ausgaben zählt und sie als Instrument zur Deckung eines sozialen Risikos ohnehin dem Bereich Soziale Sicherheit zufiele.

In der Sozialen Sicherheit wiederum dürfen die Sozialversicherungen in keiner Aufzählung fehlen (siehe Abb. 5.3). Mit 76.9 Mrd. Franken entfielen 2020 wesentlich höhere Ausgaben auf sie als auf die Kantone (20.7 Mrd. Franken) oder den Bund (36.4 Mrd. Franken). Der mit grossem Abstand prominenteste Baustein ist die Alters- und Hinterlassenenversicherung (46.4 Mrd. Franken), gefolgt

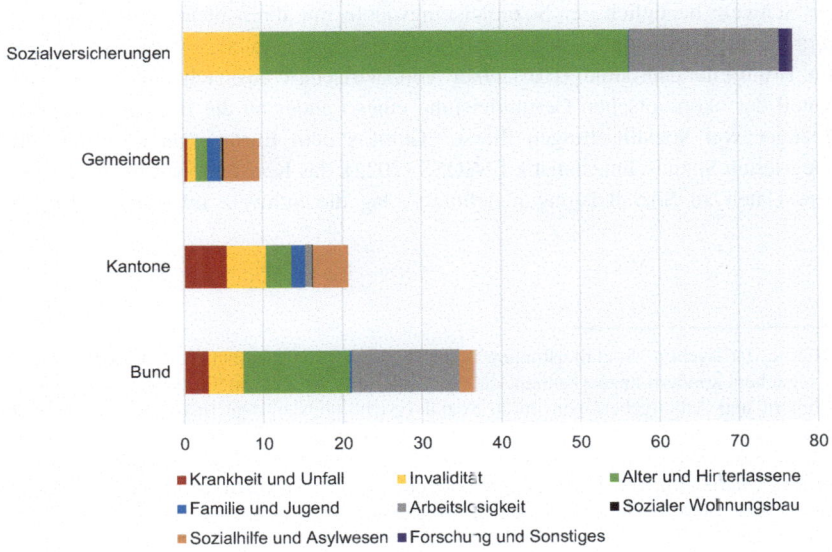

Abb. 5.3 Ausgaben von Sozialversicherungen, Gemeinden, Kantonen und Bund für Soziale Sicherheit 2020 (in Mrd. Franken). (Quelle: EFV (2022); eigene Darstellung)

von der Arbeitslosenversicherung (18.9 Mrd. Franken) und der Invalidenversicherung (9.8 Mrd. Franken). Allerdings sind an dieser Budgetaufstellung deutlich pandemische Spuren sichtbar: Die Bekämpfung der Arbeitslosigkeit forderte die Bundes- und Sozialversicherungskassen während der «Corona-Jahre» in nie dagewesenem Ausmass. So stiegen die entsprechenden Ausgaben des Bundes von 0.6 Mrd. Franken (2019) auf 13.6 Mrd. Franken (2020) bzw. 6.8 Mrd. Franken (2021); in der Arbeitslosenversicherung entwickelten sich die Ausgaben (2021: 13.0 Mrd. Franken) ebenfalls wieder zurück in für die Schweiz übliche Grössenordnungen (2019: 6.6 Mrd. Franken). In der Sozialhilfe und im Asylwesen engagierten sich 2020 vor allem die Kantone (4.4 Mrd. Franken) und Gemeinden (4.5 Mrd. Franken), bei Krankheit und Unfall waren es wiederum der Bund (3.0 Mrd. Franken) und die Kantone (5.4 Mrd. Franken).

Die Schweiz im internationalen Vergleich

Was im Hinblick auf die absoluten Zahlen nach viel klingt, bedeutet im internationalen Vergleich keineswegs eine Spitzenposition. Dies zeigt sich, wenn wir die Schweiz bezüglich der Sozialleistungsquote mit ihren benachbarten Staaten vergleichen. Die Sozialleistungsquote gibt an, welchen Anteil die Sozialleistungen am Bruttoinlandsprodukt (BIP) einer Volkswirtschaft ausmachen bzw. welcher Anteil der ökonomischen Gesamtleistung eines Landes an die Bezügerinnen und Bezüger von Sozialleistungen fliesst.[2] Gemäss dem Europäischen System der integrierten Sozialschutzstatistik ESSOSS (2022), das Konventionen für vergleichbare Daten zu Sozialleistungen definiert[3], lag die Schweiz im Jahre 2019 mit

---

[2] Hierbei ist wichtig, Sozialleistungen nicht im Sinne von staatlichen «Almosen» misszuverstehen, sondern anzuerkennen, dass sie einerseits zu grossen Teilen von den Arbeitnehmern und Arbeitgeberinnen durch Sozialversicherungsbeiträge finanziert werden und andererseits zurück in den Wirtschaftskreislauf sowie in die Staatskasse fliessen, indem z. B. Seniorinnen und Senioren mit ihren Renten alltägliche Konsumausgaben tätigen, darauf Steuern zahlen, Personal im Gesundheits- und Sozialwesen finanziert wird, dieses einen Lohn erhält, Steuern abführt, Sozialversicherungsabgaben leistet, wiederum konsumiert usw.

[3] Enthalten sind Geld-, Sach- und Dienstleistungen in den Bereichen Krankheit und Gesundheit, Invalidität, Alter, Hinterbliebene, Familie und Kinder, Arbeitslosigkeit, Wohnverhältnisse und «Soziale Ausgrenzung» (Sozialhilfe, Asyl- und Geflüchtetenhilfe). Nicht inbegriffen sind steuerliche Vergünstigungen oder Befreiungen mit sozialer Zielsetzung (z. B. Steuerbefreiungen von Sozialhilfetransfers oder Pensionszahlungen, steuerliche Erleichterungen für Familien, steuerliche Besserstellung von Verheirateten).

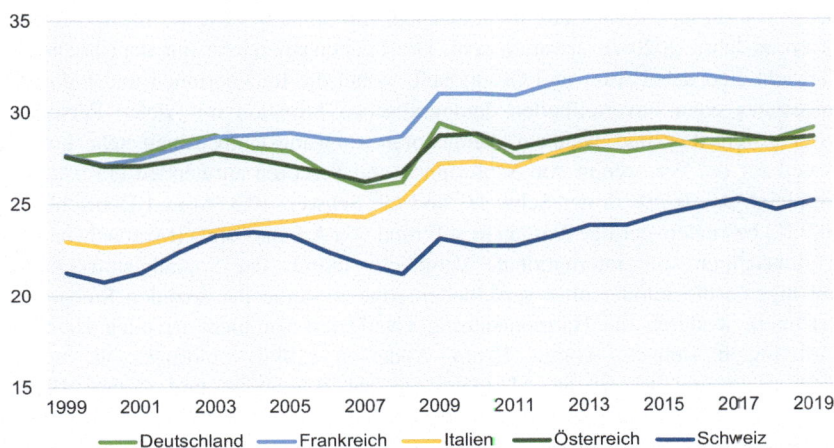

Abb. 5.4 Die Sozialleistungsquote in der Schweiz und ihren Nachbarstaaten 1999 bis 2019. (Quelle: ESSOSS (2022); eigene Darstellung)

einer Quote von 25.1 % hinter Italien (28.3 %), Österreich (28.6 %), Deutschland (29.1 %) und Frankreich (31.4 %), das die Rangliste innerhalb der Europäischen Union noch vor traditionell ausgebauten Wohlfahrtsstaaten wie Dänemark (30.0 %) oder Finnland (29.5 %) anführt und einen mehr als doppelt so hohen Wert ausweist wie Irland (13.0 %) oder Rumänien (15.0 %). Jedoch hinkte die Schweiz lange Zeit der europäischen Entwicklung hinterher und verzeichnete bis in die 1990er Jahre noch Sozialleistungsquoten von unter 20 %, als Frankreich und Deutschland bereits vorsichtig Tuchfühlung mit der 30-%-Marke aufnahmen. Diese überquerte unsere westliche Nachbarin erstmals 2009, als im Zuge der globalen Wirtschafts- und Finanzkrise ab 2007 in sämtlichen Ländern die Quoten aufgrund gestiegener Sozialausgaben und eines gleichzeitigen wirtschaftlichen Abschwunges (Rezession) in die Höhe schnellten (Abb. 5.4).[4] Sie konnte sich bis

---

[4] Der Zusammenhang zwischen Sozialausgaben und Wirtschaftswachstum ist elementar für die Interpretation der Sozialleistungsquote, wie sich am Beispiel von Italien (siehe Abb. 5.4) zeigen lässt, wo die Ökonomie in den Jahren nach der Banken- und Finanzkrise ab 2007 und infolge der anschliessenden Haushalts- und Staatsverschuldungskrise stark gelitten hat. Die Sozialleistungsquote hat deshalb trotz gemässigter Sozialausgaben zwischen 2007 und 2015 um mehr als vier Prozentpunkte zugelegt.

heute von dieser Entwicklung nicht erholen. Ein ähnliches Muster dürfte für das «Corona-Jahr» 2020 zu erwarten sein. Die Leistungsbereiche mit dem höchsten Gewicht sind dabei Alter und Gesundheit, wobei die Italienerinnen und Italiener angesichts einer unvorteilhaften demografischen Situation mit vielen Personen im Pensionsalter und wenigen Neugeborenen zwangsläufig einen sehr hohen Anteil für die Versorgung von Seniorinnen und Senioren aufwenden (13.9 % im Vergleich zu 10.8 % in der Schweiz) und die Schweiz (0.8 %) und Deutschland (0.9 %) besonders geringe Ausgaben aufgrund von Arbeitslosigkeit verbuchen.

Tatsächlich sind internationale Vergleiche mittels der Sozialleistungsquote knifflig, da die Länder über verschiedenartige Systeme der sozialen Sicherung verfügen, wodurch die Harmonisierung von Daten vor nicht trivialen Herausforderungen steht – worauf Esping-Andersen (1990) eindrucksvoll, wenn auch nicht unwidersprochen, hingewiesen hat (Lessenich und Ostner 1998; Leibfried 2000; Arts und Gelissen 2002). Dies mag uns abermals ein Vergleich mit den Nachbarländern bspw. in der Krankheits- und Gesundheitsversorgung demonstrieren: Während wir es in der Schweiz gewohnt sind, dass die obligatorische Grundversicherung bei freier Anbieterwahl ausschliesslich von den versicherten Personen zu bezahlen ist (mit Prämien abhängig von Alter, Kanton, Versicherungsmodell etc.) und für jedes Familienmitglied eine eigene Police abgeschlossen werden muss, sind die Krankenkassen in Deutschland, Österreich und Frankreich Teil von Sozialversicherungen, für die Arbeitgebende und Arbeitnehmende gemeinsam einkommensabhängige (nach oben begrenzte) Beiträge vom Bruttolohn abführen. Üblicherweise sind dort Kinder, Ehepartnerinnen und Ehepartner mitversichert. Abgesehen von den Umverteilungs- und Anreizeffekten, die diese Strukturierungsmerkmale auf die Krankheits- und Gesundheitsausgaben ausüben, stellt sich die Frage nach der Kostenübernahme. So werden in den genannten Ländern Kontrollbesuche und einfache zahnärztliche Behandlungen (z. B. bei Karies) in der Regel von den Grundversicherungen getragen, wohingegen diese in der Schweiz nicht zum Pflichtleistungskatalog gehören. Ähnliches gilt für Seh- und medizinische Hilfen wie etwa orthopädische Schuheinlagen, welche in den Nachbarstaaten durch die Krankenkassen gedeckt sind (jedoch z. T. mit Selbstbehalt und lediglich in Standardausführungen, weshalb sich für Brillen, die nicht der aktuellen Mode entsprechen, die spöttische Bezeichnung «Kassenmodell» durchgesetzt hat).

Entsprechend den skizzierten Systemunterschieden – die in den anderen Funktionsbereichen der sozialen Sicherungen ebenfalls existieren, wenngleich nicht überall so augenfällig wie in der Krankheits- und Gesundheitsversorgung – variieren auch die Sozialausgaben, welche von öffentlichen oder halböffentlichen Institutionen einerseits und den Privathaushalten andererseits getragen

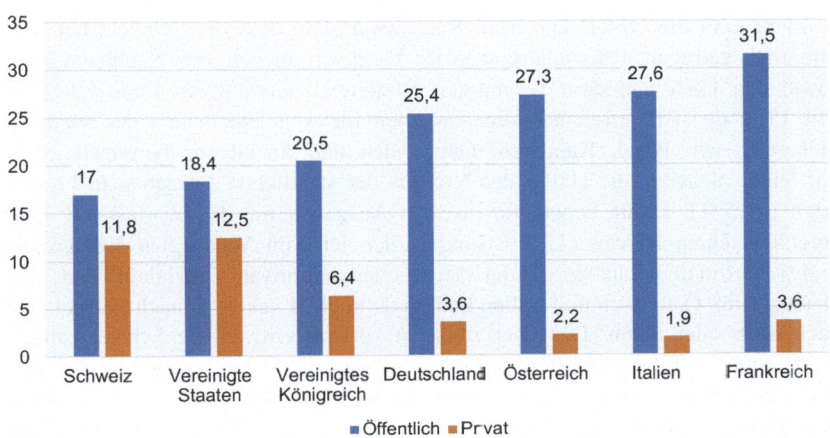

Abb. 5.5 Öffentliche und private Sozialausgaben in der Schweiz, ihren Nachbarstaaten, den USA und dem Vereinigten Königreich 2017 (in % des BIP). (Quelle: OECD (2022a); eigene Darstellung)

werden. Eine Ahnung vermitteln uns Zahlen der Organisation für wirtschaftliche Zusammenarbeit und Entwicklung (OECD) (OECD 2022a) aus dem Jahre 2017, anteilig am BIP (Abb. 5.5). Öffentliche Sozialausgaben beziehen sich in der OECD-Definition auf Geld-, Sach- und Dienstleistungen sowie Steuervergünstigungen, die älteren Menschen, Menschen mit Beeinträchtigung, Kranken, Arbeitslosen, jungen Menschen sowie einkommensschwachen Haushalten zugutekommen und im Rahmen der Sozialversicherungen oder einer staatlichen Umverteilung auf unterschiedlichen föderalen Ebenen erfolgen. Gerade Steuervergünstigungen bzw. -reduktionen entfalten gelegentlich beachtliche (indirekte) Umverteilungswirkungen, wie Titmuss (1958) schon vor Jahrzehnten festgestellt hat. Darüber hinausgehende private Ausgaben können obligatorisch (z. B. die Krankenversicherung in der Schweiz) oder freiwillig (private Zusatzkrankenversicherungen) sein.[5]

---

[5] Vor allem mit Angaben zu privaten Ausgaben hinken die Staaten teilweise erheblich hinterher, weshalb zum Zeitpunkt letzter Änderungen am vorliegenden Buch vergleichbare Zahlen der ausgewählten Länder nur bis 2017 verfügbar waren. Weiterhin wird darauf

Zieht man die OECD-Daten zu Rate, zeigt sich, dass die Schweiz bei den öffentlich getragenen Sozialausgaben im Vergleich zu den vier Nachbarstaaten sowie den USA und dem Vereinigten Königreich am unteren Ende rangiert: Mit 17 % des BIP erreichten die Ausgaben für Angelegenheiten der sozialen Sicherung von Bund, Kantonen, Gemeinden und Sozialversicherungen 2017 nur leicht mehr als die Hälfte des Niveaus der staatlichen Ausgaben in Frankreich (31.5 %). Dafür liegen die privaten Ausgaben mit 11.8 % fast auf US-amerikanischem Niveau (12.5 %) und stellen jene im Vereinigten Königreich (6.4 %) tief in den Schatten. Zu den öffentlichen und privaten Sozialaufwänden in Deutschland, Österreich und Italien klaffen deutliche Lücken, je nach Perspektive nach oben oder unten. Das mag zunächst verwundern, da die Schweiz angesichts ihrer wohlfahrtsstaatlichen Organisationsprinzipien in vielerlei Hinsicht dem «konservativen» bzw. «korporatistischen» Regimetypus mit seinen starken Sozialversicherungen (wie in Deutschland und Österreich) gleicht. Sie verfügt aber auch über Elemente, die dem liberal ausgerichteten Modell der angloamerikanischen Welt (d. h. dem Vereinigten Königreich und den Vereinigten Staaten) nahekommen, was sich aufgrund der hohen Relevanz des Gesundheitssystems für die Sozialausgaben finanziell widerspiegelt.[6]

Relevante Branchen- und Arbeitsmarktdaten
Angesichts dessen ist es wenig verwunderlich, dass das Gesundheits- und das Sozialwesen wesentliche ökonomische Grössen sind. Im Jahre 2019 – dem Jahr vor Ausbruch der COVID-19-Pandemie – trugen sie gemeinsam 7.8 % zur Bruttowertschöpfung in der Schweiz bei; davon entfielen 5.3 % auf den Gesundheits- und 2.5 % auf den Sozialbereich. 2020 stieg ihr Beitrag trotz pandemiebedingter

---

hingewiesen, dass die OECD-Daten aufgrund anderer Definitionen geringfügig von den ESSOSS-Daten abweichen, in denen bspw. keine Steuervergünstigungen mit sozial-redistributiver (d. h. sozial umverteilender) Ausrichtung berücksichtigt sind.

[6] In diesem Kontext muss zudem angemerkt werden, dass die Sozialleistungen zu einem gewissen Grad mit der sozio-ökonomischen Struktur und der konjunkturellen Lage eines Landes korreliert sind, d. h. die vergleichsweise junge Bevölkerung in den USA und dem Vereinigten Königreich in der Tendenz geringere Wohlfahrtskosten produziert als etwa Deutschland mit einem signifikant höheren Altersdurchschnitt. Gleichzeitig steigert hohe Arbeitslosigkeit die Nachfrage nach Sozialtransfers. In Italien kommen die beiden ungünstigen Faktoren zusammen. Ausserdem sind die Zugangsvoraussetzungen zu Leistungen der öffentlichen Wohlfahrtsysteme in den USA sowie im Vereinigten Königreich teilweise sehr restriktiv.

Defizite im Gesundheitssektor sogar auf 5.4 bzw. 2.6 %, allerdings auch als Effekt der insgesamt geringeren Wirtschaftsleistung angesichts des zeitweisen «Herunterfahrens» ganzer Branchen wie z. B. der Hotellerie, Gastronomie oder Luftfahrt durch die Corona-Schutzmassnahmen. Zusammengenommen liegen Sozial- und Gesundheitswesen damit auf einem Spitzenplatz der volkswirtschaftlichen Gesamtrechnung. Diese prominente Stellung lässt sich auch an der Zahl der Arbeitnehmenden (Abb. 5.6 und 5.7) ablesen: In beiden Wirtschaftsabteilungen waren 2020 rund 766′000 bzw. 2019 rund 749′000 Personen beschäftigt, was jeweils über einer halben Million Vollzeitäquivalenten entsprach (BFS 2022a, b, c). Zum Vergleich: Zur selben Zeit waren im Land etwas mehr als fünf Millionen Menschen beschäftigt, d. h., fast 15 % aller Arbeitnehmerinnen und Arbeitnehmer arbeiteten im Gesundheits- oder Sozialwesen. Selbst ein für die öffentliche Infrastruktur so wichtiges und im Alltag präsentes (Staats-)Unternehmen wie die Schweizerische Bundesbahnen AG (SBB) verfügte 2019 «nur» über einen Personalbestand von 32′500 Vollzeitäquivalenten (SBB 2020).

Wir können sowohl das Gesundheits- als auch das Sozialwesen ökonomisch als «wachsende Märkte» bezeichnen. Nicht nur hat der anteilige Beitrag zur

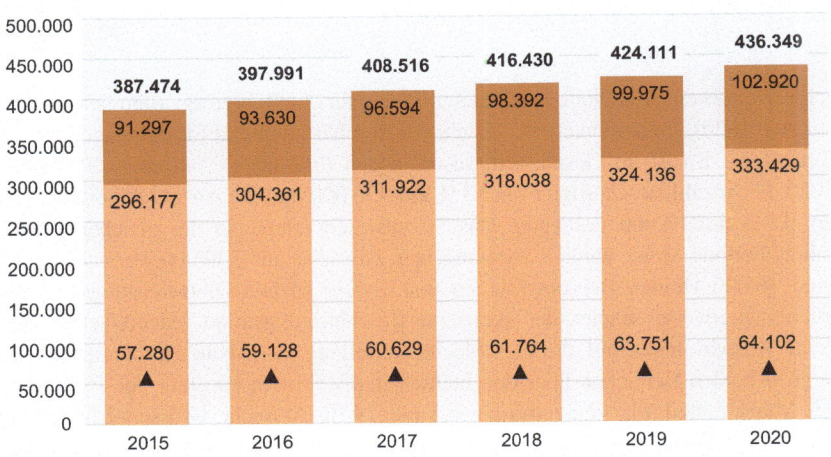

Abb. 5.6 Anzahl Beschäftigte (Frauen/Männer) und Arbeitsstätten im Gesundheitswesen. (Quelle: BFS (2022a); Statistik der Unternehmensstruktur (umfasst den Bereich 86 Gesundheitswesen sowie alle in Arbeitsstätten dieses Bereiches Beschäftigten); eigene Darstellung)

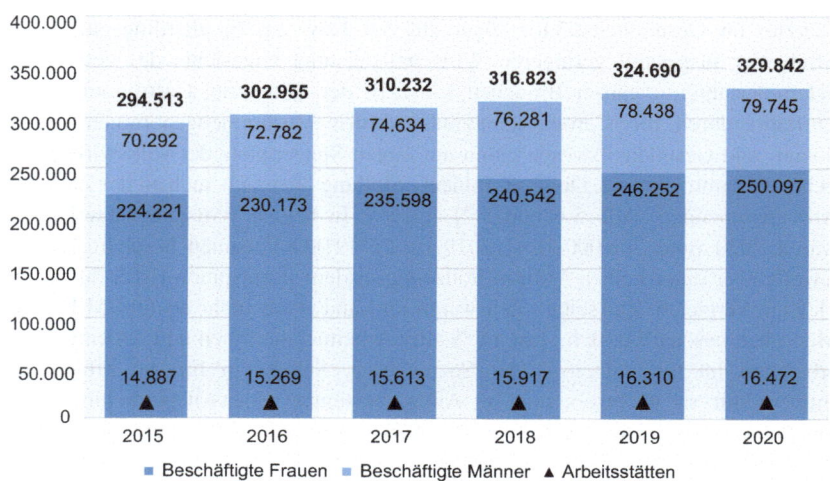

Abb. 5.7 Anzahl Beschäftigte (Frauen/Männer) und Arbeitsstätten im Sozialwesen. (Quelle: BFS (2022a); Statistik der Unternehmensstruktur (umfasst die Bereiche 87 Heime und 88 Sozialwesen sowie alle in Einrichtungen dieser Bereiche Beschäftigten); eigene Darstellung)

schweizerischen Wirtschaftsleistung seit dem Jahr 2000 zugelegt (nämlich von 6 auf 8 % 2020), sondern auch die Anzahl der Beschäftigten und Einrichtungen steigt fortlaufend. So ist im Gesundheitswesen in den fünf Jahren zwischen 2015 und 2020 die Anzahl Beschäftigter um 13 % auf 436'000 und die Anzahl Arbeitsstätten um 12 % auf 64'000 gestiegen. Das Sozialwesen erlebte in der gleichen Fünf-Jahres-Periode einen ähnlich dynamischen Zuwachs auf 330'000 Personen und rund 16'000 Heime, Beratungsstellen und andere soziale Dienstleistungsstätten. Interessanterweise scheint der skizzierte Beschäftigungstrend jedenfalls bislang keine Auswirkungen auf die Geschlechterverteilung zu haben: Der Frauenanteil liegt in beiden Bereichen über den betrachteten Zeitraum konstant bei 76 % und der Männeranteil wie «eingefroren» bei nur 24 %. Ähnliche Grössenverhältnisse zeigen sich in der Ausbildung, wobei in den unmittelbar vergangenen Jahren die männlichen Studierenden z. B. in den Fachbereichen Soziale Arbeit und Gesundheit an Fachhochschulen Boden gut gemacht haben (BFS 2022d). Es besteht also Grund zu der Annahme, dass sich diesbezüglich mittelfristig etwas ändert.

Der Vollständigkeit halber sei angemerkt, dass die Datenlage im Hinblick auf das Sozialwesen – und somit auch in vergleichender Perspektive – dünn ist und die verwendeten Zahlen aus der Unternehmensstrukturstatistik (BFS 2022a) vom Total Beschäftigter in den Betrieben (und nicht etwa von den Ausbildungen oder Stellenbeschrieben) ausgehen. Die Betriebe wiederum sind jeweils normierten Wirtschaftsabteilungen zugeordnet. Als Folge werden alle Beschäftigten einer Organisation unabhängig von Profession und Funktion berücksichtigt, d. h. etwa im Sozialwesen neben Fachpersonen der Sozialen Arbeit zusätzlich medizinisch-therapeutisches, administratives oder gastronomisches, gelerntes wie ungelerntes Personal. Umgekehrt zählen dadurch bspw. Sozialarbeitende, die in einem Spital angestellt sind, in der Statistik zum Gesundheitswesen. In der Realität dürfte die Anzahl diplomierter Fachpersonen unterschiedlicher Disziplinen mit Bezug zum Sozialwesen allerdings geringer sein, als es möglicherweise den Anschein hat. So lebten laut Strukturerhebung der Volkszählung 2017 schweizweit 103'000 Personen mit erlernten «Berufen der Fürsorge und Erziehung», bestehend aus Sozialarbeitenden, Erziehenden, Heim- und Krippenleitenden sowie Betreuungsberufen.[7] Betrachtet man diese Zahlen, die sich an der absolvierten Ausbildung orientieren, steigt der Frauenanteil auf 80 %, was wir als Indiz dafür verstehen können, dass die Einrichtungsdaten durch Angestelltengruppen mit eher «normalverteiltem» Geschlechterverhältnis leicht verzerrt sind. In der anschliessend neu klassifizierten, internationalen Standards folgenden Version der Strukturerhebung wächst die Anzahl Fachpersonen im Sozialwesen unter Verwendung grosszügiger Einschlusskriterien zwar auf 160'000 bis 180'000 Personen (2020) an (BFS 2022e). Ihr Anteil am Personal in Einrichtungen des Sozialwesens kann somit trotzdem nicht weit über der 50-%-Marke liegen. Wer sich unter den Belegschaften umhört, weiss, dass diese neben weiteren Professionen vielfach auch ungelernte Mitarbeitende umfassen.

Medizinische und pflegerische Dienstleistungen
Im Vergleich zum «Fakten-Steinbruch», der als Folge der teilweise schwierigen, nachholenden Professionsentwicklung sozialer Berufe in der Schweiz und einem nach wie vor zersplitterten System interpretiert werden kann, gleicht die Gesundheitsstatistik (BFS 2022f) einer wahren Oase für Liebhaberinnen und Liebhaber

---

[7] Die letzte Publikation zur Ausbildung und Beschäftigung in der Sozialen Arbeit des Berufsverbands AvenirSocial (2018), welche sich auf die Strukturerhebung aus dem Jahr zuvor stützt, berichtet für 2016 von rund 117'000 Fachpersonen. Gemäss Originaldaten wurden offenbar 14'000 «Berufe der Seelsorge» hinzuaddiert, namentlich ordinierte Geistliche, Pfarrerinnen und Pfarrer. Klammern wir diese aus, kommen wir – wie im Jahr danach – auf 103'000 Personen.

von Zahlen. Somit ist die Infrastruktur des Gesundheitswesens gut dokumentiert. In den 276 Spitälern der Schweiz waren im Jahre 2020 rund 229'000 Beschäftigte bzw. umgerechnet 175'000 Vollzeitstellen an 574 Standorten im Einsatz. Davon entfielen 15 % auf Ärztinnen und Ärzte, 56 % auf Pflege, Sozialdienste und anderes (z. B. medizinisch-technisches oder therapeutisches) Gesundheitspersonal sowie 29 % auf nicht-gesundheitliche Berufe (bspw. Verwaltung und Facility Management). Hand in Hand gelang es ihnen, die Versorgung von Patientinnen und Patienten in den rund 38'000 Betten zwischen Genfersee, Bodensee und Lago Maggiore sicherzustellen, wobei sich der Spitalsektor trotz zunehmender Hospitalisierungen seit den 1980er Jahren in einer Entwicklung der «Marktbereinigung» befindet und die Anzahl Spitäler ebenso wie die Anzahl Betten im Verhältnis zur Einwohnerzahl stetig abgenommen hat (BFS 2022g). In der Schweiz vollzieht sich demzufolge eine Entwicklung, die auch in anderen Ländern zu beobachten ist. Tatsächlich ist nämlich die Zahl der Spitalbetten gemäss OECD-Definition nicht nur in der Schweiz zwischen 2000 und 2020 von 6.3 auf 4.5 pro 1'000 Einwohnerinnen und Einwohner, sondern auch in den Nachbarländern Frankreich (von 8.0 auf 5.7) und Deutschland (von 9.1 auf 7.8) zurückgegangen. Spitzenreiter sind Japan und Südkorea mit 2020 immer noch fast 13 Betten und Werten, die ungefähr fünfmal höher liegen als im Vereinigten Königreich oder den USA. Die Schlusslichter dieser Statistik bilden Mexiko und Costa Rica mit jeweils einem Spitalbett pro 1'000 Personen (OECD 2022c).

Doch das schweizerische Gesundheitswesen macht selbstverständlich mehr aus als nur den Spitalbereich. Hinzu kommen etwa die rund 1'600 Alters- und Pflegeheime mit ihren 139'000 Beschäftigten bzw. 100'000 Vollzeitäquivalenten und ebenso vielen Beherbergungsplätzen, die – eine traurige Folge der COVID-19-Pandemie – am Jahresende 2020 mit 87 % deutlich schlechter mit Klientinnen und Klienten ausgelastet waren als noch ein Jahr zuvor (93 %). Im Unterschied zum Spitalbereich nimmt die Anzahl der Plätze in den vergangenen Jahren zu (zwischen 2010 und 2020 jährlich im Mittel um etwa einen Prozentpunkt), wenn auch bei weitem nicht so rasant wie die Anzahl der Personen im Pensionsalter – die aufgrund des im Alter stark ansteigenden Pflege- und Betreuungsbedarfs ein wichtiger Gradmesser für die benötigte Angebotsentwicklung ist (BFS 2022h). Handlungsdruck ist in diesem Segment also vorprogrammiert. Es sei denn, wir gehen davon aus, dass Pflegebedürftige zukünftig vermehrt ambulante Dienstleistungen innerhalb der eigenen vier Wände nutzen möchten (worauf wir am Ende von Kap. 7 nochmals zu sprechen kommen).

Womit wir bei einem weiteren zentralen Anker der gesundheitlichen Versorgung angekommen sind; bei der ambulanten Pflege und Betreuung, die im schweizerdeutschen Sprachraum – und wohlgemerkt nur hier – als Spitex

(Spitalexterne Hilfe und Pflege) bezeichnet wird. Nicht zuletzt wegen der Pandemie, in der sich Heime abschotteten und Spitäler Patientinnen und Patienten frühzeitig heimschickten, berichtete die Hauspflege in der jüngeren Vergangenheit von prall gefüllten Auftragsbüchern und händeringender Suche nach qualifiziertem Personal, das aus der Not heraus mancherorts durch Freiwillige ersetzt werden musste (TA vom 14.1.2022). Jedoch auch unabhängig vom Virus, aufgrund der demografischen Alterung der Gesellschaft und einer zunehmenden Nachfrage nach Pflege und Betreuung (von Seniorinnen und Senioren, jedoch auch jüngeren Personen mit entsprechenden Bedürfnissen, die mangels adäquater Versorgungsalternativen lange Zeit wie selbstverständlich in Alters- und Pflegeheimen untergebracht wurden), ist die Spitex unbestritten eine dynamische Treiberin des bereits konstatierten «Booms» im Gesundheits- und Sozialwesen.

Einige wenige Zahlen reichen aus, um diesen Umstand zu demonstrieren (Tab. 5.1): Zwischen 2011 – dem ersten Jahr der rundum neuorganisierten Pflegefinanzierung – und 2020 hat das Umsatzvolumen im ambulanten Pflegemarkt um 65 % zugenommen, was einer kontinuierlichen jährlichen Steigerung von im Mittel sieben bis acht Prozentpunkten entspricht. Jeder CEO eines profitorientierten Unternehmens würde frohlocken angesichts solcher Wachstumsraten. Allerdings muss konstatiert werden, dass nicht nur der zu verteilende «Kuchen» grösser, sondern auch der Wettbewerb intensiver geworden ist und sich im Jahre 2020 mehr als 2'500 leistungserbringende Organisationen (anstelle rund 1'400 im Jahre 2011) konkurrenzierten, was einer Zunahme um fast 80 % während neun Jahren entspricht. Hellhörig mag zudem machen, dass die verbuchten Stunden Langzeitpflege um 82 % und die Anzahl versorgter Klientinnen und Klienten immerhin um 68 % gestiegen sind, jedoch die Personalzahlen lediglich um 48 %. Es gibt gelegentlich Rätsel auf, wie in hochgradig personenbezogenen Dienstleistungen Effizienzgewinne (etwa durch optimierte Organisationsprozesse und den Einsatz neuartiger Technologien) in Grössenordnungen zu realisieren sind, die erklären, wie höhere Nachfrage bei steigendem Pro-Kopf-Bedarf durch im Verhältnis weniger Mitarbeitende auf hochstehendem Qualitätsniveau bedient werden kann. Der Vergleich mit dem CEO hinkt aber vor allem deshalb, weil die rund 57'000 Beschäftigten im Spitex-Bereich 2020 noch immer zu mehr als 70 % für Non-Profit-Organisationen arbeiteten, die zwar z. T. Marktpotenziale erschliessen, aber per definitionem keine Gewinne ausschütten dürfen – und deren primäres Ziel typischerweise nicht die Gewinnerzielung ist (BFS 2022i).

In diesem Zusammenhang ist in den vergangenen Jahren indes zu beobachten, dass die einstige «Vormachtstellung» der gemeinnützigen Anbietenden aus dem öffentlichen und privaten Umfeld nicht allein hinsichtlich der Beschäftigten, sondern auch mit Blick auf die Nutzenden von Leistungen bröckelt, die immer

Tab. 5.1 Ambulante Pflege (Spitex) in Zahlen. (Quelle: BFS (2022i); eigene Darstellung)

	2011	2020
Leistungserbringende (Anzahl)	**1'424**	**2'546**
Davon Non-Profit-Organisationen (öffentlich/privat)	44.0 %	22.8 %
Davon erwerbswirtschaftliche Unternehmen	15.9 %	21.8 %
Davon selbstständige Pflegefachpersonen	40.1 %	55.4 %
Klientinnen und Klienten (Anzahl)	**251'137**	**420'793**
Davon durch Non-Profit-Organisationen (öffentlich/privat) versorgt	86.6 %	77.8 %
Davon durch erwerbswirtschaftliche Unternehmen versorgt	6.6 %	11.1 %
Davon durch selbstständige Pflegefachpersonen versorgt	6.8 %	11.1 %
Beschäftigte (Anzahl)	**38'518**	**56'763**
Davon in Non-Profit-Organisationen (öffentlich/privat) tätig	83.8 %	70.9 %
Davon in erwerbswirtschaftlichen Unternehmen tätig	14.7 %	26.6 %
Davon selbstständige Pflegefachpersonen	1.5 %	2.5 %
Leistungsindikatoren		
Verrechnete Stunden Langzeitpflege	10.5 Mio	19.1 Mio
Verrechnete Stunden Hauswirtschaft und Sozialbetreuung	5.5 Mio	6.3 Mio
Ausgaben (in Mio. Franken)	1'725	2'833
Einnahmen (in Mio. Franken)	1'734	2'857
Davon Leistungsentgelte (Sozialversicherungen und privat)	65.5 %	72.7 %
Davon öffentliche Zuschüsse (z. B. Gemeinde und Kantone)	30.7 %	25.5 %
Davon übrige Einnahmen (z. B. Spenden)	3.8 %	1.8 %

öfter Verträge mit selbstständigen Pflegefachpersonen oder profitorientierten Firmen abschliessen. Nebenbei bemerkt sind Letztere die einzigen, deren Geschäftsmodelle kumuliert zu nennenswerten Überschüssen führen – und (wie auch die selbstständigen Pflegefachpersonen) fast ohne öffentliche Subventionen, etwa durch Gemeinden oder Kantone, auskommen. Es erstaunt deshalb nicht, dass sie ihre Einnahmen nahezu komplett (2020: zu 99 %) aus direkten Leistungsentgelten bestreiten und im Bereich Langzeitpflege durchschnittlich mehr als doppelt so viele Stunden pro Klienten oder Klientin (2020: 115 h) abrechnen als die Non-Profit-Spitex (47 h). Das kann unter anderem damit erklärt werden, dass die öffentliche Subventionierung von gemeinnützigen Anbietenden mit der gesetzlichen Verpflichtung einhergeht, Kapazitäten für die Kurzzeit- und

Übergangspflege bereitzuhalten, die sich für erwerbswirtschaftliche Marktteilnehmende oft nicht «rechnet». Abschliessend soll nicht unerwähnt bleiben, dass sich an den Zahlen Verschiebungen im Leistungsspektrum ablesen lassen, die jedenfalls teilweise ein Resultat der Abrechnungssystematik und der sich wandelnden Anbietendenstruktur sind. So fällt bspw. unmittelbar ins Auge, dass das Total der verrechneten Stunden im Bereich Langzeitpflege zwischen 2011 und 2020 um 82 %, aber im Bereich Hauswirtschaft und Sozialbetreuung nur um 15 % gestiegen ist. Eine plausible Erklärung hierfür lautet, dass sich die Krankenversicherungen an den Kosten der Grundpflege beteiligen, aber Betreuung und Hauswirtschaft von den Klientinnen und Klienten selbst bezahlt werden müssen. Die Bereitschaft, hierfür Leistungen einzukaufen, steigt offenbar nicht in dem Masse wie die Pflegebedürftigkeit per se.[8]

Unbestritten zählen zum Gesundheitsbereich ferner die rund 14'000 Arztpraxen und ambulanten Zentren, in denen 2019 ca. 22'000 Ärztinnen und Ärzte (16'000 Vollzeitäquivalente) sowie 57'000 Beschäftigte (28'000 Vollzeitäquivalente) mit nicht-ärztlichen Funktionen tätig waren, d. h. Praxisassistenzen, nichtärztliche Pflegefachkräfte und nichtärztliches Personal ausserhalb des Pflegebereichs (BFS 2022j). Darüber hinaus zählt die offizielle Kartografie des helvetischen Wohlfahrtsstaats die «spezialisierten Institutionen» für Menschen mit Beeinträchtigungen (2015: 527 Einrichtungen), für Menschen mit Suchtproblematiken (78 Einrichtungen) und Menschen mit psychosozialen Problemen (129 Einrichtungen) zum Gesundheitswesen. In diese Kategorie fallen unter anderem auch Heime mit Werkstätten und geschützten Arbeitsplätzen sowie Sonderschulen mit Internatsangebot, in denen 2015 rund 57'000 Personen lebten und/oder arbeiteten (BFS 2022k). In diesen Einrichtungen ist eine im Detail unbekannte Mischung von Personen mit verschiedenen disziplinären Hintergründen in der Grössenordnung von 35'000 Vollzeitäquivalenten professionell tätig. Von Betreuungsberufen über Fachkräfte aus den Bereichen (Heilerziehungs-)Pflege, Therapie und Rehabilitation bis hin zu Sozialarbeitenden und Lehrpersonen, aber auch Gastronomie- und Administrationspersonal ist ein bunter Strauss vertreten. Diese «spezialisierten Institutionen» verdeutlichen, wie stark sich Gesundheits-, Sozial- und teilweise andere (z. B. Bildungs-)«Wesen» einerseits überlappen und wie in sich zersplittert sie andererseits sind.

---

[8] Bezüglich der genannten Entwicklungen sind in der Statistik für das erste «Corona-Jahr» 2020 notabene keine besonderen Auffälligkeiten erkennbar. Bei einigen Indikatoren gab es geringfügig stärkere Sprünge als in den Jahren unmittelbar davor, was aber in der Vergangenheit bereits gelegentlich zu beobachten war.

Personalmangel und Arbeitszufriedenheit
Kommen wir abschliessend auf den Arbeitskräftemangel und die mit ihm zusammenhängenden Arbeitsbedingungen zu sprechen. Es gibt eine schlechte und eine gute Nachricht.

Fangen wir mit der schlechten Nachricht an: Der Personalmangel im Sozial- und vor allem im Gesundheitsbereich ist in der Schweiz weiterhin hoch. Was uns durch die Corona-Krise und nicht zuletzt die erfolgreiche Pflegeinitiative (siehe Kap. 4) einmal mehr vor Augen geführt wurde, lässt sich seit vielen Jahren an Zahlen festmachen. In den Spitälern und Gesundheitseinrichtungen fehlt es personell an allen Ecken und Enden. Es wird trotz intensivierter Anstrengungen noch immer zu wenig ausgebildet, und diejenigen, die da sind, klagen über hohe Belastungen. Laut Berechnungen lassen sich bspw. bis 2029 mit dem aktuell verfügbaren Nachwuchs an Pflege- und Betreuungspersonal nur 67 % des Bedarfs der Tertiärstufe und 80 % des Bedarfs der Sekundarstufe II decken (Schwendimann et al. 2014; Merçay et al. 2021; Zúñiga et al. 2021). Wie die gesamte Wirtschaft sind Gesundheitseinrichtungen deshalb hochgradig von ausländischen Mitarbeitenden abhängig. Der OECD-Vergleich zwischen der Schweiz, Deutschland und Frankreich legt Zeugnis darüber ab (Tab. 5.2). Demzufolge sind zwar die Einsatzzahlen von Beschäftigten mit einem Diplom, das jenseits der Landesgrenzen erworben wurde, in allen drei Ländern während der zurückliegenden Dekade gestiegen – aber nirgendwo auf dem Niveau der Schweiz. Hier bringt mittlerweile mehr als ein Drittel der Ärztinnen und Ärzte und jede vierte Pflegefachperson einen ausländischen Abschluss mit. Das Rekrutieren in anderen Ländern fällt der Schweiz angesichts ihres hohen Lohnniveaus nicht allzu schwer. Allerdings können sich Staaten wie die soeben genannten nur begrenzt darüber amüsieren, wenn ihre Absolventinnen und Absolventen der auch dort händeringend gesuchten Professionen gen Alpen abwandern, anstatt an der Kompensation ihrer Ausbildungskosten durch Steuerzahlungen in ihrer Heimat mitzuwirken.

Nach so viel Schelte würde dieses Lehrbuch sein Ziel verfehlen, wenn es das floskelhafte Glas immer nur «halbleer» und nicht einstweilen «halbvoll» sehen würde. Was uns abschliessend zu der guten Nachricht führt: Es gibt auch Positives zu vermelden. Da wäre z. B. der Befund, dass schweizerische Pflegekräfte im europäischen Vergleich ihre allgemeine Arbeitsumgebungsqualität als überdurchschnittlich gut beschreiben und von relativ geringer emotionaler Belastung berichten (Schwendimann et al. 2014; Zúñiga et al. 2021). Oder die Erkenntnis, dass die Arbeitszufriedenheit des hiesigen Klinikpflegepersonals während der ersten COVID-19-Welle im Jahre 2020 trotz höheren Aufwands und mehr Zeitdruck als im Jahr zuvor sogar leicht anstieg. Dieser Effekt drehte

Tab. 5.2 Ärzte/Ärztinnen, Pflegefachpersonen und Anteil mit ausländischem Diplom. (Quelle: OECD (2022c); eigene Darstellung)

	2009	2011	2013	2015	2017	2019
Schweiz						
Ärzte/Ärztinnen	30'166	30'849	33'242	35'325	36'900	37'882
Anteil mit ausl. Diplom	23.0 %	25.3 %	29.3 %	31.5 %	34.1 %	36.3 %
Pflegefachpersonen		60'674	64'620	68'785	71'005	74'245
Anteil mit ausl. Diplom		14.9 %	24.6 %	25.8 %	25.9 %	25.9 %
Deutschland						
Ärzte/Ärztinnen	297'835	312'695	326'945	339'728	352'869	366'810
Anteil mit ausl. Diplom	6.2 %	7.3 %	8.8 %	10.3 %	11.9 %	13.1 %
Pflegefachpersonen			848'000	875'000	913'000	979'000
Anteil mit ausl. Diplom			6.3 %	7.2 %	7.7 %	8.9 %
Frankreich						
Ärzte/Ärztinnen	212'044	215'925	219'562	222'448	225'041	227'291
Anteil mit ausl. Diplom	7.0 %	8.2 %	9.1 %	10.3 %	11.1 %	11.6 %
Pflegefachpersonen	528'389	567'564	616'796	660'611	700'988	744'307
Anteil mit ausl. Diplom	2.4 %	2.6 %	2.7 %	2.8 %	2.9 %	2.9 %

sich mit der zweiten und dritten Welle 2020/2021 zwar ins Gegenteil um (und wir können darüber spekulieren, ob herausfordernde Situationen und Krisen den Zusammenhalt sowie die wahrgenommene Sinnhaftigkeit des eigenen Tuns vorderhand stärken). Allerdings zeigen die Daten, dass der gegenteilige Effekt nicht für alle Befragten galt, sondern vielmehr Spielräume seitens der Spitalleitungen bestanden, durch Anerkennung und Mitspracherechte bei der Umsetzung von Schutzmassnahmen die Arbeitszufriedenheit weiterhin hoch und das wahrgenommene Stresslevel tief zu halten (Arnold und Posch 2021; Arnold et al. 2021). Eine wertschätzende, teilhabeorientierte Organisationskultur sowie partizipationsorientierte Entscheidungsstrukturen zahlen sich offenbar aus.

Beispielhaft für das Sozialwesen können wir eine Befragung unter Beschäftigten von Organisationen für Menschen mit Beeinträchtigungen in der gesamten Deutschschweiz des Statistischen Amtes des Kantons Zürich (2021) darbieten, die ein grösstenteils gut oder sehr gut bewertetes Arbeitsklima in den Einrichtungen und eine ausserordentlich hohe Sinnstiftung der Tätigkeiten dokumentiert. Die globale Pandemie straft ausserdem alle Pessimisten Lügen, die felsenfest behauptet haben, Fach- und Führungskräfte im Sozialbereich seien nicht lern- und veränderungsfähig: Innert kürzester Frist wurden Sozialberatungen, Job-Coachings und viele weitere Unterstützungsangebote – wenngleich in stressigen und quasi alternativlosen Zeiten – auf Online- und gemischte Formate umgestellt (Sommerfeld et al. 2021; Eser Davolio et al. 2021; Steiner und Kehl 2021). Und schliesslich wollen wir nicht vergessen, dass zwar auch soziale Dienstleistungsbetriebe verschiedentlich verlauten lassen, Planstellen nicht direkt (adäquat) besetzen zu können, jedoch der Personal- und Fachkräftemangel hier weniger stark ausgeprägt zu sein scheint als im Gesundheitssektor. Zwar sind verlässliche Branchendaten Mangelware, aber wir wissen, dass der Anteil des Personals ohne schweizerischen Pass im Sozialwesen unter 20 %, d. h. signifikant niedriger als im Gesundheitswesen, liegt (BFS 2022e). Die Pensionierung der geburtenstarken «Babyboomer»-Generation wird allerdings in den kommenden Jahren auch von sozialen Organisationen Personalstrategien abverlangen, mit denen sie die Angehörigen der «Generation Z» für eine leidenschaftliche Mitarbeit begeistern können. Denn wie eine Erhebung unter angehenden Fachpersonen der Sozialberufe aller Altersstufen in der Schweiz ergeben hat, streben die ungefähr zwischen 1995 und 2010 Geborenen weniger als vorhergehende Generationen nach verantwortungsvollen und herausforderungsvollen Tätigkeiten, dagegen umso mehr nach Jobsicherheit und geregelten Arbeitszeiten – bei einem ausgeprägteren gesundheitlichen Belastungserleben und tendenziell niedrigerer Bereitschaft, sich über Schicht- und Einsatzpläne hinaus professionell zu engagieren (Weber und Kehl 2022).

▶ **Literatur zur Vertiefung**

- Merçay et al. (2021) und AvenirSocial (2018).

▶ **Lernaufgabe**
Halten Sie sich die Grafiken in diesem Kapitel nochmals vor Augen. Überlegen Sie: Was fällt Ihnen auf – welche Unterschiede erkennen Sie innerhalb der Schweiz (zwischen den föderalen Ebenen Gemeinde, Kanton, Bund), zwischen der Schweiz und anderen Staaten sowie zwischen dem Gesundheits- und Sozialwesen? Finden Sie gemeinsame Muster oder gegenläufige Trends? Was bedeuten diese Entwicklungen für die Zukunft Ihrer Profession?

Literatur

Arnold, Markus und Arthur Posch. 2021. *Spitalpflegereport Schweiz 2020: Auswirkungen der ersten Covid-19-Welle auf Pflegefachpersonen in Schweizer Spitälern*. Bern: Universität Bern.
Arnold, Markus, Arthur Posch, und Lynn Selhofer. 2021. *Spitalpflegereport Schweiz 2021: Auswirkungen der zweiten und dritten Covid-19-Welle auf Pflegefachpersonen in Schweizer Spitälern*. Bern: Universität Bern.
Arts, Wil, und John Gelissen. 2002. Three Worlds of Welfare Capitalism or More? A State-Of-The-Art Report. *Journal of European Social Policy* 12(2):137–158.
AvenirSocial. 2018. *Ausbildung und Beschäftigung in der Sozialen Arbeit in der Schweiz: Zusammenstellung von aktuellen Grundlageninformationen*. Bern: AvenirSocial.
BFS (Bundesamt für Statistik). 2022a. Statistik der Unternehmensstruktur STATENT. https://www.bfs.admin.ch/bfs/de/home/statistiken/industrie-dienstleistungen/unternehmen-beschaeftigte/wirtschaftsstruktur-unternehmen.html.
BFS. 2022b. Produktionskonto. https://www.bfs.admin.ch/bfs/de/home/statistiken/volkswirtschaft/volkswirtschaftliche-gesamtrechnung/produktionskonto.html.
BFS. 2022c. Beschäftigungsstatistik BESTA. https://www.bfs.admin.ch/bfs/de/home/statistiken/industrie-dienstleistungen/unternehmen-beschaeftigte/beschaeftigungsstatistik.html.
BFS. 2022d. Fachhochschulen. https://www.bfs.admin.ch/bfs/de/home/statistiken/bildung-wissenschaft/personen-ausbildung/tertiaerstufe-hochschulen/fachhochschulen.html.
BFS. 2022e. Beruf, berufliche Stellung. https://www.bfs.admin.ch/bfs/de/home/statistiken/arbeit-erwerb/erwerbstaetigkeit-arbeitszeit/merkmale-arbeitskraefte/beruf-berufliche-stellung.html.
BFS. 2022f. Gesundheitswesen. https://www.bfs.admin.ch/bfs/de/home/statistiken/gesundheit/gesundheitswesen.html.
BFS. 2022g. Spitäler. https://www.bfs.admin.ch/bfs/de/home/statistiken/gesundheit/gesundheitswesen/spitaeler.html.
BFS. 2022h. Alters- und Pflegeheime. https://www.bfs.admin.ch/bfs/de/home/statistiken/gesundheit/gesundheitswesen/alters-pflegeheime.html.
BFS. 2022i. Hilfe und Pflege zu Hause. https://www.bfs.admin.ch/bfs/de/home/statistiken/gesundheit/gesundheitswesen/hilfe-pflege-hause.html.
BFS. 2022j. Arztpraxen. https://www.bfs.admin.ch/bfs/de/home/statistiken/gesundheit/gesundheitswesen/arztpraxen.html.
BFS. 2022k. Spezialisierte Institutionen. https://www.bfs.admin.ch/bfs/de/home/statistiken/gesundheit/gesundheitswesen/spezialisierte-institutionen.html.
EFV (Eidgenössische Finanzverwaltung). 2022. Daten: Detaillierte Daten Finanzstatistik. https://www.efv.admin.ch/efv/de/home/themen/finanzstatistik/daten.html.
Eser Davolio, Mirjam, Claudia Kunz Martin, Gisela Meier, und Kushtrim Adili. 2021. *Online-Gesprächssettings in der Sozialberatung in Zeiten des Social Distancing: Eine Bilanz*. Zürich: ZHAW Soziale Arbeit.
Esping-Andersen, Gøsta. 1990. *The Three Worlds of Welfare Capitalism*. Princeton: Princeton University Press.
ESSOSS (Europäisches System der Integrierten Sozialschutzstatistik). 2022. Ausgaben des Sozialschutzes. https://ec.europa.eu/eurostat/de/web/social-protection/data/database.

Leibfried, Stephan. 2000. Towards a European Welfare State? In *The Welfare State: A Reader*, Hrsg, Christopher Pierson und Francis G. Castles, 190–206. Malden: Wiley.

Lessenich, Stephan und Ilona Ostner. 1998. *Welten des Wohlfahrtskapitalismus: Der Sozialstaat in vergleichender Perspektive*. Frankfurt: Campus.

Merçay, Clémence, Annette Grünig, und Peter Dolder. 2021. *Gesundheitspersonal in der Schweiz – Nationaler Versorgungsbericht 2021: Bestand, Bedarf, Angebot und Massnahmen zur Personalsicherung (Obsan Bericht 3/2021)*. Neuchâtel: Schweizerisches Gesundheitsobservatorium.

OECD (Organisation for Economic Co-operation and Development). 2022a. Social Spending. https://data.oecd.org/socialexp/social-spending.htm.

OECD. 2022b. Hospital Beds. https://data.oecd.org/healtheqt/hospital-beds.htm.

OECD. 2022c. Health Workforce Migration. https://stats.oecd.org/Index.aspx?DataSetCode=HEALTH_WFMI.

SBB (Schweizerische Bundesbahnen AG). 2020. *SBB Geschäftsbericht 2019*. Bern: SBB AG.

Schwendimann, René, Marcel Widmer, Sabina De Geest, und Dietmar Ausserhofer. 2014. *Das Pflegefachpersonal in Schweizer Spitälern im europäischen Vergleich (Obsan Bulletin 3/2014)*. Neuchâtel: Schweizerisches Gesundheitsobservatorium.

Sommerfeld, Peter, Nadja Hess, und Sarah Bühler. 2021. *Soziale Arbeit in der Covid-19 Pandemie: Eine empirische Studie zur Arbeitssituation, Belastung und Gesundheit von Fachpersonen der Sozialen Arbeit in der Schweiz (Ergebnisbericht)*. Olten: Hochschule für Soziale Arbeit FHNW.

Statistisches Amt des Kantons Zürich. 2021. *Personalbefragung in Institutionen für Menschen mit Behinderung 2021 (Benchmarkingbericht)*. Zürich: Statistisches Amt des Kantons Zürich.

Steiner, Carmen, und Konstantin Kehl. 2021. *Wirkungen analoger und digitaler Jobcoachings: Eine erste Bestandesaufnahme (Ergebnisbericht)*. Zürich: ZHAW Soziale Arbeit.

TA (Tages-Anzeiger) vom 14.1.2022. Bei der Spitex spitzt sich der Personalmangel wegen Corona zu. https://www.tagesanzeiger.ch/bei-der-spitex-spitzt-sich-der-personalmangel-wegen-corona-zu-396891551103.

Titmuss, Richard. 1958. *Essays on the Welfare State*. London: Bristol University Press.

Weber, Anita, und Konstantin Kehl. 2022. Die Sozis von morgen. *sozial – Magazin der ZHAW Soziale Arbeit* 17:8–10.

Zúñiga, Franziska, Lauriane Favez, Sonja Baumann, Annette Kindlimann, Aislinn Oeri, Brigitte Benkert, Catherine Blatter, Anja Renner, Simone Baumgartner-Violand, Christine Serdaly, Dietmar Ausserhofer, Cédric Mabire, und Michael Simon. 2021. *SHURP 2018 Schlussbericht: Personal und Pflegequalität in Pflegeinstitutionen in der Deutschschweiz und Romandie*. Basel: Universität Basel.

Open Access Dieses Kapitel wird unter der Creative Commons Namensnennung 4.0 International Lizenz (http://creativecommons.org/licenses/by/4.0/deed.de) veröffentlicht, welche die Nutzung, Vervielfältigung, Bearbeitung, Verbreitung und Wiedergabe in jeglichem Medium und Format erlaubt, sofern Sie den/die ursprünglichen Autor(en) und die Quelle ordnungsgemäß nennen, einen Link zur Creative Commons Lizenz beifügen und angeben, ob Änderungen vorgenommen wurden.

Die in diesem Kapitel enthaltenen Bilder und sonstiges Drittmaterial unterliegen ebenfalls der genannten Creative Commons Lizenz, sofern sich aus der Abbildungslegende nichts anderes ergibt. Sofern das betreffende Material nicht unter der genannten Creative Commons Lizenz steht und die betreffende Handlung nicht nach gesetzlichen Vorschriften erlaubt ist, ist für die oben aufgeführten Weiterverwendungen des Materials die Einwilligung des jeweiligen Rechteinhabers einzuholen.

6 Sozialversicherungen und Sozialhilfe als institutionelle Grundpfeiler im Gesundheits- und Sozialwesen

Zusammenfassung

Sozialversicherungen und Sozialhilfe sind die institutionellen Grundpfeiler der Gesundheits- und Sozialversorgung in der Schweiz. Sie werden bezüglich Finanzierung, Zugangsvoraussetzungen und Leistungen gegenübergestellt und im Zusammenhang mit dem sozialrechtlichen Leistungsdreieck diskutiert. Wir werfen einen vergleichenden Blick auf die Ziele/Aufgaben, Adressaten und relevanten Fachlichkeiten des Sozial- und Gesundheitswesens und streifen aktuelle Trends und Diskurse, die für die Zukunft von Sozialversicherungen und Sozialhilfe relevant sind.

▶ **Lernziele des Kapitels**
- Ihnen sind die Gründe geläufig, weshalb Sozialversicherungen und Sozialhilfe als institutionelle Grundpfeiler der Gesundheits- und Sozialversorgung gelten.
- Sie kennen die Unterschiede zwischen Sozialversicherungen und Sozialhilfe in Bezug auf die Finanzierung, Zugangsvoraussetzungen, Leistungen und ihre Stellung im Föderalismus.
- Sie benennen aktuelle Trends und Diskurse rund um die Sozialversicherungen und Sozialhilfe.

Nach der Auseinandersetzung mit ökonomischen Kennzahlen gilt es nun, die Erbringung von Sozial- und Gesundheitsdienstleistungen in ihrem gesellschaftlichen Institutionen- und Regelgefüge zu betrachten. Damit nähern wir uns unweigerlich

© Der/die Autor(en) 2023
K. Kehl, *Politische und ökonomische Rahmenbedingungen des Sozial- und Gesundheitswesens in der Schweiz*, Basiswissen Sozialwirtschaft und Sozialmanagement, https://doi.org/10.1007/978-3-658-35770-2_6

einer Schärfung der Begriffe Sozial- und Gesundheitswesen, die wir bis anhin als weitgehend selbsterklärend vorausgesetzt haben.

Das Leistungsdreieck im schweizerischen Wohlfahrtsstaat
Die Schweiz ist ein Sozialstaat, oder wie es in Fachkreisen heisst: ein Wohlfahrtsstaat. Wohlfahrtsstaaten fördern die physische und psychische Gesundheit der Bürgerinnen und Bürger und eröffnen ihnen Lebenschancen durch soziale Rechte auf Leistungen, die im Falle von Krankheit, Alter, Armut sowie dem Eintritt anderer sozialer Risiken ein würdevolles, selbstbestimmtes Leben ermöglichen.[1] Sie sind das Ergebnis von kontinuierlicher wohlfahrtsstaatlicher Politik, die das Ziel verfolgt, «materielle Verelendung zu verhindern, vor den Wechselfällen des Lebens zu schützen und krasse soziale Ungleichheit […] zu lindern oder ihre Folgen einzudämmen» (Schmidt et al. 2007: 16). Wohlfahrtsstaatliche Politik erfolgt demzufolge «durch Eingriffe in die Einkommensverteilung (insbesondere durch Geldzahlungen im Falle von Arbeitslosigkeit, Alter, Unfall, Invalidität, Krankheit, Pflegebedürftigkeit oder Mutter- bzw. Elternschaft), aber auch durch Dienstleistungen in der Gesundheitsversorgung, dem Wohnungswesen und der Arbeitsmarktpolitik sowie durch Gebote und Verbote» (ebd.). Indem sie umverteilen, Rechtsnormen setzen und Transferzahlungen ausrichten, korrigieren Wohlfahrtsstaaten damit einerseits die individuellen und gesellschaftlichen Effekte der Wirtschaft (wie etwa niedrige Löhne bzw. nicht erzieltes Einkommen aufgrund von Pensionierung, Arbeitsunfähigkeit oder Kindererziehung). Sie betreiben damit, wenn man so will, «Politik gegen den Markt» (Esping-Andersen 1985). Andererseits schaffen Wohlfahrtsstaaten damit erst die Voraussetzungen für dessen reibungslosen Betrieb, wozu er selbst nicht in der Lage ist (Hemerijck 2013). «Ohne Sozialstaat könnten unsere moderne Gesellschaft und die hoch entwickelte Volkswirtschaft nicht bestehen», so Moeckli (2012: 13 f.), denn nur der Staat «kann auf längere Frist die Leistungen und Lasten gerecht verteilen» (ebd.: 14). Er stellt die ökonomische Partizipationsfähigkeit der Bürgerinnen und Bürger sicher, indem er Dienstleistungen in den Bereichen Gesundheit, Soziales, Bildung etc. finanziert und veranlasst, welche schliesslich von öffentlichen oder privaten, wahlweise gewerblichen oder gemeinnützigen Anbietenden auf dem Markt produziert werden.

---

[1] Wie wir in Kap. 8 im Kontext sozialinvestiver Transformationen des Wohlfahrtsstaats und der Aktivierungspolitik auf dem Arbeitsmarkt sehen werden, stehen diesen Rechten durchaus auch Pflichten gegenüber, die politisch-öffentlich gerne unter dem Stichwort Selbstverantwortung gehandelt werden.

Dieser (Gesundheits- bzw. Sozial-)Markt ist eingebettet in das Gesundheits- und das Sozialwesen, deren wichtigste Institutionen und Organisationen der Bund, die Kantone, Gemeinden, Sozialversicherungen, Verbände, Kirchen und private (Non- oder For-Profit-)Organisationen sind. Gemeinsam regeln, organisieren, finanzieren und beauftragen die sog. Kosten- bzw. Leistungstragenden – in der Regel Sozialversicherungen, Bund, Kantone und Gemeinden – soziale und gesundheitliche Dienstleistungen und übersetzen den übergeordneten, wohlfahrtsstaatlichen Auftrag in konkretes Handeln in den Bereichen Soziale Sicherheit und Wohlfahrt. Die Leistungserbringenden wiederum – üblicherweise öffentliche Einrichtungen sowie kirchliche und private (gemeinnützige oder wirtschaftliche) Organisationen – erstellen die Leistungen und lassen sie den Leistungsbeziehenden zuteilwerden.

Eine Besonderheit des Gesundheits- und Sozialwesens verweist auf das Verhältnis zwischen denen, die eine Leistung erhalten, denen, die die Leistung erbringen, und jenen, welche die Leistung bezahlen. Im Unterschied zur klassischen Marktbeziehung, innerhalb derer Kundinnen und Kunden Güter oder Dienstleistungen direkt von einer Produzentin oder einem Produzenten (resp. einer Verkäuferin oder einem Verkäufer) im preisvermittelten Austausch (für Geld) erwerben, stehen Klientinnen der Sozialen Arbeit und Patienten des Gesundheitssystems – oder allgemein: Nutzende – für gewöhnlich in einem Dreiecksverhältnis mit Leistungstragenden und Leistungserbringenden. Diese Konstellation ist als sozialrechtliches Leistungsdreieck (Abb. 6.1) bekannt.

Das Leistungsdreieck verbildlicht, dass die Bezügerinnen und Bezüger von Leistungen in vielen Fällen zwar einen sozialrechtlichen Anspruch auf die Nutzung eines bestimmten Angebots geltend machen können, aber nicht den

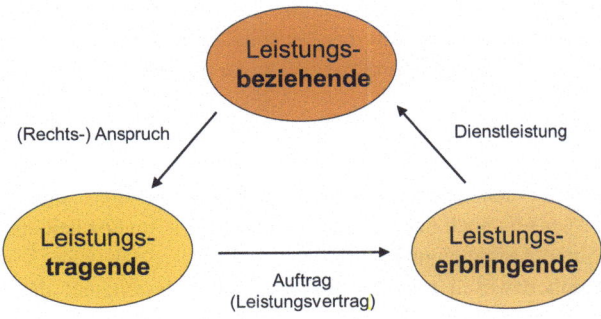

Abb. 6.1 Das Leistungsdreieck im Sozial- und Gesundheitswesen. (Eigene Darstellung)

Auftrag selbst vergeben, nicht über seinen Inhalt befinden und nicht für die Leistungserstellung (direkt) bezahlen. Stattdessen ist mit den Leistungstragenden eine «vermittelnde» Instanz im Spiel; etwa Krankenversicherungen, Arbeitslosenkassen oder Sozialämter, die für «ihre» Klientinnen und Klienten Leistungen bei spezialisierten Anbietenden – d. h. den Leistungserbringenden – einkaufen. Die Leistungstragenden definieren hierbei im Sinne der Qualitätssicherung und Rechtsgleichheit üblicherweise detaillierte Standards der Leistungserbringung, um bedarfs- bzw. bedürfnisgerechte und vergleichbare Angebote für die Nutzenden sicherzustellen, welche mangels Expertise die Angemessenheit einer Dienstleistung oft nicht beurteilen können. Umgekehrt findet eine Einbindung der bzw. Qualitätskontrolle durch die Leistungsbeziehenden kaum statt; ihnen resp. ihren Angehörigen sind die Auftragsvergabekriterien in den seltensten Fällen im Detail bekannt und ihr Anreiz zum Vergleich von Kosten und Nutzen ist tendenziell gering, da sie die erhaltenen Dienstleistungen nicht selbst oder nur teilweise (mit-)finanzieren (Pennerstorfer und Badelt 2013). Das bedeutet im Ergebnis auch, «dass die inhaltliche Festlegung von Hilfeleistungen zwischen [Kostentragenden] und [Leistungsanbietenden] quasi unter Ausschluss der [Nutzenden] ausgehandelt wird» (Finis Siegler 2018: 45 f.), weshalb die Forderungen gegenüber Leistungserbringenden lauter werden, Leistungsbeziehenden «bei der Klärung ihrer eigenen Bedürfnisse und Bedarfe als Partner zur Verfügung zu stehen und sie zu befähigen, Handlungspräferenzen auszubilden und vor diesem Hintergrund über die konkrete Ausgestaltung des […] Angebots mit den [Leistungstragenden] zu verhandeln» (ebd.: 47). Während wiederum die Leistungserbringenden von zunehmendem Kostendruck und wachsenden Dokumentationspflichten vonseiten der Leistungstragenden berichten, ist es Letzteren praktisch kaum möglich, mit vertretbarem Aufwand zu überprüfen, ob die Leistungen von den Leistungserbringenden gemäss Vereinbarung erbracht – und nicht etwa Ressourcen zwecks Nutzenmaximierung eingespart – wurden (Noll 2022). Insofern erweist sich das Leistungsdreieck im Sozial- und Gesundheitssektor als wahrlich herausforderungsvolle Dreiecksbeziehung.

Definitorische Annäherungen an das Gesundheits- und Sozialwesen
Gesundheits- und Sozialwesen überlappen sich an vielerlei Stellen – etwa im Hinblick auf die leistungstragenden Sozialversicherungen und Sozialhilfebehörden, die wir uns noch näher anschauen werden –, unterscheiden sich jedoch vor allem in ihren Aufgaben und Zielen.

Das Gesundheitswesen oder Gesundheitssystem bezeichnet die Gesamtheit der Akteurinnen und Akteure, Ordnungs- und Regelstrukturen – soziologisch zusammengefasst: Institutionen –, welche für die (Wieder-)Herstellung und

Förderung von Gesundheit auf individueller und kollektiver (d. h. gesamtgesellschaftlicher) Ebene verantwortlich zeichnen. Gemeinsam verfolgen und konzentrieren die Beteiligten sämtliche Aktivitäten, «mit denen die Gesundheit gefördert, krankheitsbedingtes Leiden verringert, Krankheiten geheilt und ein frühzeitiger Tod verhindert werden soll» (Wendt 2013: 16). Weil dadurch Kosten anfallen, entstehen vielschichtige Beziehungen zwischen den Leistungs- bzw. Kostentragenden, den Leistungserbringenden und den Leistungsbeziehenden, die es zu gestalten und zu orchestrieren gilt. Anders als in sozialpolitischen Domänen, in denen primär Geldleistungen wie z. B. Renten oder Arbeitslosengelder an die Anspruchsberechtigten ausbezahlt werden, führt die hohe Relevanz personenbezogener Dienstleistungen und die Notwendigkeit der Verhandlung über Kostenansätze, Qualitätsstandards, Wahlfreiheit usw. zwischen finanzierenden und leistungserbringenden Stellen zu erhöhter Steuerungskomplexität (Wendt 2015).

Die «Ordnung der Dinge» im Gesundheitswesen hängt vor diesem Hintergrund von drei funktionalen Prozessen und der Leistungsfähigkeit gesellschaftlicher Akteurinnen und Akteure ab, diese zu meistern: von der systematischen Regulierung, von der Finanzierung und letztlich der Bereitstellung qualitativ hochstehender Güter und Dienstleistungen (Böhm et al. 2013). Weiterhin macht das Gesundheitswesen besonders, dass es nicht bestimmte soziale Gruppen oder Lebensphasen tangiert, «sondern potenziell jeden und fast alle Bereiche des sozialen Lebens» und durch die «Verteilung von Lebenschancen […] unmittelbar auf das Gefüge der Gesellschaft [wirkt]» (Wendt 2013: 17). In seiner gesundheitspolitischen Strategie hat der schweizerische Bundesrat deshalb eine unmissverständliche Vision für das Jahr 2030 formuliert: «Die Menschen in der Schweiz leben unabhängig von ihrem Gesundheitszustand und ihrem sozioökonomischen Status in einem gesundheitsförderlichen Umfeld. Sie profitieren von einem modernen, qualitativ hochwertigen und finanziell tragbaren Gesundheitssystem» (BAG 2019: 8). Es liegt am Gesundheitswesen – d. h. an der Gesundheitspolitik, Fach- und Berufsverbänden, Krankenversicherungen, Ärztinnen und Ärzten, Pflegepersonal etc. –, dass es nicht bei einem vagen Zukunftsbild bleibt.

Ähnlich der begrifflich-konzeptionellen Annäherung an das Gesundheitswesen können wir das Sozialwesen als den Komplex der Akteurinnen und Akteure, Ordnungs- und Regelstrukturen – kurz: Institutionen – beschreiben, deren Aufgabe die (Wieder-)Herstellung und Förderung von sozialer Teilhabe (Inklusion) auf individueller und gesellschaftlicher Ebene ist. In kooperativer Verantwortung sorgen sie dafür, dass «gesellschaftlich unerwünschte Entwicklungen, die den Bedarf nach sozialer Hilfe konstituieren» (sprich: soziale Probleme), durch politische Intervention und Steuerung, die Koordination, Finanzierung und Bereitstellung professioneller Leistungen und eine bedarfsgerechte, nachhaltige Gestaltung von Versorgungslandschaften adressiert (gelöst) werden (Stremlow et al. 2019: 6). Selbst wenn die Netzwerk-, Austausch- und Regelungsstrukturen ähnlich verflochten sind, weicht das Sozialwesen vom Bereich Gesundheit insofern ab, als sein Aktionsradius und Wirkungskreis gleichermassen enger und weiter gefasst ist: Enger in dem Sinne, dass der Bevölkerungsanteil, welcher Leistungserbringenden wie z. B. Streetworkerinnen, Suchtberatern oder Jobcoaches im Lebensverlauf regelmässig (direkt) begegnet, vergleichsweise begrenzt ist (während wohl jeder und jede von uns mindestens in schwankender Regelmässigkeit eine Ärztin, einen Therapeuten oder ein Spital aufsucht). Weiter dahingehend, dass die Themen, denen Fachpersonen des Sozialwesens in ihrem professionellen Alltag begegnen, nicht selten uneindeutig definiert und «entgrenzt» sind; ihre Ursachen lassen sich oft weniger eindeutig lokalisieren und in Zusammenhang mit determinierenden Faktoren bringen als – plakativ formuliert – ein gebrochenes Handgelenk oder eine Krebsdiagnose. Angemessene Interventionen setzen in solchen Fällen eine Kombination aus Fachkompetenz, Erfahrung und «Fingerspitzengefühl» voraus, da sie die allgemeinen Lebenschancen und die Lebensplanung der Klientel wesentlich beeinflussen können.

Es geht um Interventionen in Bereichen wie Armut, Alter, Delinquenz, Migration, Ungleichheit oder Sucht, die in der Sozialen Arbeit fachlich verwurzelt, jedoch zugleich mit Berufsbildern aus dem Gesundheitswesen, der Pädagogik, Gerontologie etc. verwoben sind (Riedi et al. 2015). Damit ist ein Aspekt angesprochen, der in der Fachdiskussion kontinuierlich an Relevanz gewinnt, nämlich das zunehmende Interesse an interprofessioneller Zusammenarbeit. Üblicherweise werden im Sozialwesen Probleme in kooperativer Verständigung gelöst, indem «Fachleute aus unterschiedlichen Disziplinen und Professionen koordiniert und eng aufeinander abgestimmt zusammenarbeiten. […] Verschiedene Berufsgruppen kooperieren auf Augenhöhe, wichtige Entscheide werden gemeinsam gefällt, gegenseitiges Lernen ist wichtig, und der Nutzen der zu versorgenden Personen steht im Zentrum» (Rüefli et al. 2020: 1). Gerade an der Schnittstelle zwischen Gesundheits- und Sozialwesen wird eine solche Arbeitsweise in den vergangenen Jahren propagiert, da mit ihr – so Studien – die Leistungsqualität steigt, sich die Leistungsempfänger «gehört» und ernst genommen fühlen und die Arbeitszufriedenheit der Fachpersonen erhöht wird (Oetterli et al. 2017).

Tab. 6.1 fasst die wesentlichen Unterschiede zwischen Sozial- und Gesundheitswesen zusammen. Oft sind die Differenzierungsmerkmale nicht zu 100 % trennscharf, z. B. wenn Therapeutinnen in einem Heim für Menschen für

Tab. 6.1 Gesundheits- und Sozialwesen im Vergleich. (Eigene Darstellung)

Branche	Ziele/Aufgaben	Adressaten	Fachlichkeit	Einrichtungen
Gesundheitswesen	(Wieder-) Herstellung und Förderung von Gesundheit	Individuen (Patientinnen und Patienten)	Ärztinnen und Ärzte, Pflege, Therapie, Medizintechnik, Hebammen etc.	Spitäler, Arzt- / Therapiepraxen, Rehazentren, Spitex, (Pflege-)Heime, Psychiatrien etc.
Sozialwesen	(Wieder-) Herstellung und Förderung von sozialer Teilhabe	Individuen (Klientinnen und Klienten, Nutzende)	Soziale Arbeit, (Sozial-/Heil-) Pädagogik, Pflege, Therapie, Gerontologie etc.	Sozialdienste, Heime, Werk- / Tagesstätten, Beratungsstellen, Integrationsfirmen, Streetwork etc.
Non-Profit-Sektor	*(Wieder-) Herstellung und Förderung des Gemeinwohls*	*Individuen und Gesellschaft*	*Unspezifisch (abhängig vom Satzungszweck)*	*Non-Profit-Organisationen (Rechtsform: Vereine, Stiftungen etc.)*

Beeinträchtigungen oder Sozialarbeitende bei einem klinischen Sozialdienst angestellt sind. In der Regel können Einrichtungen aber einer hinsichtlich Zielen und Aufgaben dominierenden Branchenlogik zugewiesen werden. Zahlreiche Einrichtungen im uns interessierenden Kontext sind zudem, juristisch, als gemeinnützige (Non-Profit-)Organisationen (NPOs) verfasst (wie z. B. Bildungs- oder Kulturbetriebe ebenfalls). Damit kommt ein weiteres Charakteristikum aus der Forschung und dem Gemeinnützigkeitsrecht ins Spiel, das es komplizierter macht, um das wir uns jedoch im nächsten Kapitel vertiefend kümmern.

Sozialversicherungen und Sozialhilfe
Die beiden Grundpfeiler des Sozial- und des Gesundheitswesens bilden die Sozialversicherungen und die Sozialhilfe (Moeckli 2012; Knöpfel 2015; Perrenoud 2020; Tecklenburg 2020). Das Ziel der Sozialversicherungen ist die möglichst umfassende Absicherung der (erwerbstätigen) Bevölkerung gegen soziale Risiken wie Alter, Krankheit oder Invalidität in Form von Sach- und Geldleistungen. Sie finanzieren sich grösstenteils über lohnabhängige Beiträge («Lohnprozente») der Arbeitgeberinnen und Arbeitnehmer sowie im Falle der Krankenversicherung über individuelle, auf die Risiken bezogene Prämien (die für Versicherte «in bescheidenen wirtschaftlichen Verhältnissen» verbilligt werden können). Nach bestimmten Kriterien, insbesondere einer abhängigen Erwerbstätigkeit, ist die Versicherung für alle Personen obligatorisch. Die Leistungsinanspruchnahme setzt eine vorgängige Beitragszahlung voraus und

orientiert sich je nach Versicherungszweig am persönlichen Bedarf (Leistungen der Krankenversicherung) oder der Äquivalenz mit dem vorherigen (durchschnittlichen) Einkommensniveau (Alter, Arbeitslosigkeit).

Für die Sozialversicherungen ist das Element der Solidarität zentral: Nicht nur werden durch die Grösse des Kreises der Versicherten die Risiken auf viele Schultern verteilt, sondern es findet – mit Ausnahme der Krankenversicherung, in der Alter, Wohnort und Kostenbeteiligungsmodell für die Prämienhöhe relevant sind – keine Risikodifferenzierung zwischen den Versicherungsnehmenden statt, die den Beitrag positiv oder negativ beeinflusst. Aufgrund der Versicherungspflicht kann niemand von einem Beitritt ausgeschlossen werden. Ausser in der Krankenversicherung zahlen alle Erwerbstätigen unabhängig von individuellen Risikofaktoren einen definierten Anteil ihres Bruttoeinkommens in die Versicherungen ein und erhalten im Bedarfsfall die gleichen Leistungen. In der Alters- und Hinterlassenenversicherung (AHV) geht das Solidaritätsprinzip so weit, dass die Beitragspflicht der Einkommen nicht begrenzt ist, sehr wohl aber die Renten als solche. Personen mit höheren Einkommen erhalten dadurch im Verhältnis zu ihrem Einzahlungsbetrag eine eher niedrige Altersrente. Dass die gemeinsame Rente von Ehepaaren bei 150 % der Einzelhöchstrente begrenzt ist, bringt – etwa im Vergleich mit dem stärker beitragsäquivalenten System in Deutschland – ein «Element der Bedarfsorientierung in die Leistungsstruktur, ohne dass der Einkommensbezug der Renten ganz aufgehoben würde. Der Gedanke des Solidarausgleichs unter den Versicherten […] überwiegt eindeutig gegenüber dem Gedanken der individuellen Beitragsgerechtigkeit» (Kohl 1989: 387). Im Jahre 2021 zählte die AHV rund 5.8 Mio. Beitragszahlende, was zwei Dritteln der ständigen Wohnbevölkerung entspricht (Eidgenossenschaft 2022).

Dagegen ist die Sozialhilfe als «letztes (Auffang-)Netz der sozialen Sicherung» strikt bedarfsabhängig und bedarfsgeprüft ausgestaltet. Mit dem Ziel, Bürgerinnen und Bürgern Hilfestellung in Notlagen und ein menschenwürdiges Dasein zu garantieren, greift sie, wenn Selbsthilfe nicht (mehr) möglich ist und alle anderen Systeme der sozialen Sicherung ausgereizt sind (Subsidiarität). Finanziert aus Steuermitteln der Kantone und Gemeinden, folgt sie dem Fürsorge- und Finalitätsprinzip, demzufolge sie eine Minimalausstattung mit Gütern und Dienstleistungen des materiellen Grundbedarfs und im Sinne der Förderung beruflicher und sozialer Integration bereitstellt. Sie wird unabhängig von den Gründen ausbezahlt, die zu ihrer Beanspruchung geführt haben. Bei den Leistungen kann zwischen wirtschaftlicher Hilfe («Sozialhilfe im engeren Sinne») und vorgelagerten Leistungen («Sozialhilfe im weiteren Sinne») in Form von personenbezogenen Geldtransfers sowie immaterieller persönlicher Hilfe, bspw. durch Beratungsgespräche und Coachings, unterschieden werden.[2] Die wirtschaftliche Hilfe und die vorgelagerten Leistungen richten sich nach dem sozialen Existenzminimum, welches aus dem Grundbedarf für den Lebensunterhalt, Wohnkosten, medizinischer Grundversorgung und sog. situationsbedingten Leistungen aufgrund besonderer wirtschaftlicher, familiärer oder gesundheitlicher Situationen besteht (SKOS 2020). Die persönliche Hilfe soll bedürftige Personen durch Beratung, Begleitung und weitere nicht-monetäre Ressourcen zur Integration in Gesellschaft und Arbeitsmarkt befähigen. Sie ist der monetären Unterstützung grundsätzlich gleichgestellt (Bundesrat 2017).

Eine beliebte Darstellungsweise verbildlicht das Zusammenspiel von Sozialversicherungen und Sozialhilfe in der Schweiz mittels einer umgedrehten Pyramide (BFS 2020), in der die Sozialversicherungen oben und die Sozialhilfeleistungen unten angesiedelt sind (Abb. 6.2). Ganz zuoberst finden wir die als «Grundversorgung» deklarierte, politisch-institutionelle Ordnung bzw. die rahmensetzende Infrastruktur (z. B. das Bildungs- und Rechtssystem).

Zum Komplex der Sozialversicherungen in der Schweiz zählen sodann

- die Alters- und Hinterlassenenversicherung (AHV);
- die Invalidenversicherung (IV);
- die Arbeitslosenversicherung (ALV);
- die Berufliche Vorsorge (BV);
- die Unfallversicherung (UV);
- die Krankenversicherung (KV);
- die Erwerbsersatzordnung (EO) für Dienstleistende im Militär, Zivilschutz und Zivildienst sowie bei Mutter- und Vaterschaft;
- das System der Familienzulagen (FZ).

Gelegentlich wird die gebundene, kapitalgedeckte Altersvorsorge («Säule 3a») hinzugezählt, was jedoch insofern fragwürdig erscheint, als es sich um eine staatlich (durch Steuerbegünstigung) geförderte, jedoch optionale Versicherung handelt. Ebenfalls ein «Zankapfel» in der Diskussion über das Verhältnis von Sozialversicherungen und Sozialhilfe sind die Ergänzungsleistungen (EL) zur AHV und IV, die Personen mit einer entsprechenden Rente zugutekommen,

---

[2] Die bisweilen etwas missverständlichen Begriffe «Sozialhilfe im weiteren Sinne» und «Sozialhilfe im engeren Sinne» befinden sich laut Aussage des BFS gegenüber dem Autor momentan in Überarbeitung. Vorerst ist jedoch nicht absehbar, wann eine neue Bezeichnung gefunden und eingeführt worden ist.

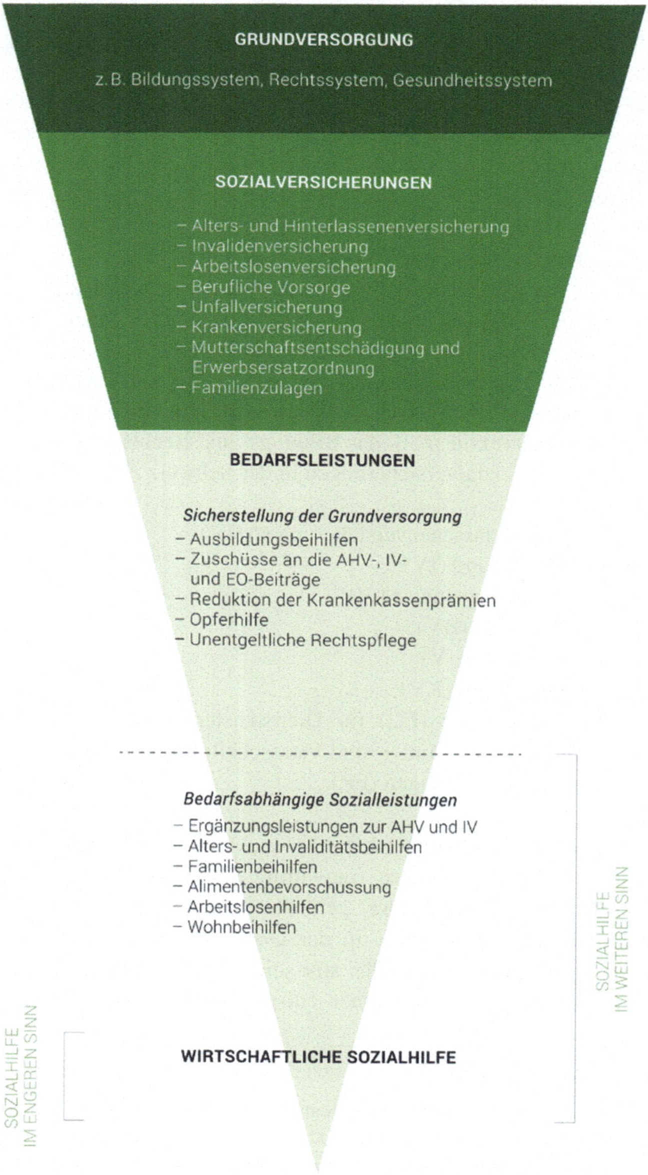

GRUNDVERSORGUNG

z. B. Bildungssystem, Rechtssystem, Gesundheitssystem

SOZIALVERSICHERUNGEN

- Alters- und Hinterlassenenversicherung
- Invalidenversicherung
- Arbeitslosenversicherung
- Berufliche Vorsorge
- Unfallversicherung
- Krankenversicherung
- Mutterschaftsentschädigung und Erwerbsersatzordnung
- Familienzulagen

BEDARFSLEISTUNGEN

Sicherstellung der Grundversorgung
- Ausbildungsbeihilfen
- Zuschüsse an die AHV-, IV- und EO-Beiträge
- Reduktion der Krankenkassenprämien
- Opferhilfe
- Unentgeltliche Rechtspflege

Bedarfsabhängige Sozialleistungen
- Ergänzungsleistungen zur AHV und IV
- Alters- und Invaliditätsbeihilfen
- Familienbeihilfen
- Alimentenbevorschussung
- Arbeitslosenhilfen
- Wohnbeihilfen

WIRTSCHAFTLICHE SOZIALHILFE

SOZIALHILFE IM ENGEREN SINN

SOZIALHILFE IM WEITEREN SINN

Abb. 6.2 Modell des Systems der Sozialen Sicherheit in der Schweiz. (Quelle: BFS (2020))

wenn diese zur Deckung der minimalen Lebenshaltungskosten nicht ausreicht. Zwar besteht ein Rechtsanspruch für AHV- und IV-Beziehende im Falle eines festgestellten Bedarfs, allerdings werden die Leistungen von den Kantonen im Rahmen der Sozialhilfe gewährt und über Steuermittel finanziert. Etwas aus dem Rahmen fällt weiterhin die Krankenversicherung, die sich über individuelle «Kopfprämien» finanziert, aber dennoch verpflichtend ist und deren Leistungsspektrum im Grundversorgungsmodell – mit geringen Abweichungen zwischen den frei wählbaren Krankenkassen – relativ stark genormt ist (und somit im Grundsatz die Versicherungs- als Solidargemeinschaft konzeptualisiert).

Während die Sozialversicherungen schweizweit einheitlichen Reglementen folgen, bricht sich der Föderalismus (Kap. 3 und 4) im Bereich der Sozialhilfe mit voller Wucht Bahn. Das beginnt damit, dass es anstelle eines Bundesgesetzes lediglich Empfehlungen der Schweizerischen Konferenz für Sozialhilfe (SKOS) gibt; einem freiwilligen Zusammenschluss der Kantone sowie von Gemeinden, Bundesämtern und Verbänden. Er engagiert sich für eine Koordinierung und Harmonisierung der Sozialhilfe, verfügt aber über keine rechtsverbindliche Normsetzungskompetenz. Im Ergebnis ist die Sozialhilfe je nach Kanton trotz aller Anpassungsbemühungen sehr unterschiedlich geregelt und gleicht mitunter einem «Flickenteppich», was sich beispielhaft am vorgelagerten Leistungstableau der Sozialhilfe «im weiteren Sinne» ausdrückt (siehe Tab. 6.2). Ergänzungsleistungen und die sog. Alimentenbevorschussung (d. h. Bevorschussungen von Unterhaltszahlungen für Kinder, wenn der unterhaltspflichtige Elternteil seiner Pflicht nicht oder nur teilweise nachkommt) sind in allen 26 Kantonen Bestandteil der Sozialhilfe. Dagegen existieren spezifische Familienbeihilfen in knapp der Hälfte der Kantone, Wohn- bzw. Mietzinszuschüsse ausschliesslich in Basel-Stadt und Genf. Im Kanton Uri werden zusätzliche Arbeitslosengelder gewährt, in der Lebenshaltungskosten-Hochburg Zürich ist ein «Zustupf» zu den Ergänzungsleistungen zur AHV und IV möglich. Genf und Zug spielen fast vollständig auf der Klaviatur sozialhilferechtlicher Zuwendungen (BFS 2022b).

Hinsichtlich der Beziehenden bewegt sich der Bevölkerungsanteil, welcher von der Sozialhilfe «im engeren Sinne» (wirtschaftliche Hilfe zur Deckung des Grundbedarfs) unterstützt wird, schweizweit in den zurückliegenden Jahren mehr oder weniger konstant bei etwas über 3 % und schwankt im kantonalen Abgleich zwischen rund einem Prozentpunkt in Nidwalden und Appenzell Innerrhoden und sieben Prozent in Neuenburg. Besonders stark von Sozialhilfe betroffen sind die Bewohnerinnen und Bewohner der Städte Biel, Lausanne und Basel. Werden vorgelagerte Leistungen wie Ergänzungsleistungen oder Familienbeihilfen berücksichtigt, verdreifacht sich der Anteil in der Gesamtschweiz. Im ersten «Corona-Jahr» 2020 lagen die «engeren» und «weiteren» Sozialhilfequoten wie im Jahr zuvor bei 3.2 bzw. 9.5 %, allerdings hat sich die Anzahl der Ablösungen

Tab. 6.2 «Sozialhilfe im weiteren Sinne» in den Kantonen. (Quelle: BFS (2022a); eigene Darstellung. Erläuterungen: EL = Ergänzungsleistungen; AI = Alters- und Invaliditätsbeihilfen; AH = Arbeitslosenhilfen; FB = Familienbeihilfen; AB = Alimentenbevorschussung; WB = Wohnbeihilfen. Ohne Grundbedarf)

	EL	AB	AI	AH	FB	WB
AG	x	x			x	
AI	x	x				
AR	x	x				
BE	x	x				
BL	x	x				
BS	x	x	x			x
FR	x	x			x	
GE	x	x	x		x	x
GL	x	x			x	
GR	x	x			x	
JU	x	x		x		
LU	x	x				
NE	x	x				
NW	x	x				
OW	x	x				
SG	x	x	x		x	
SH	x	x		x	x	
SO	x	x			x	
SZ	x	x				
TG	x	x				
TI	x	x		x	x	
UR	x	x		x		
VD	x	x		x	x	
VS	x	x			x	
ZG	x	x	x	x	x	
ZH	x	x	x			

leicht verringert (Beyeler et al. 2021a; BFS 2022b). Verschiedene Studien zeigen hingegen, dass die Pandemie sozioökonomische Ungleichheiten akzentuiert und zu stärkeren finanziellen Einbussen bei Haushalten mit niedrigen Einkommen geführt hat (die teilweise keinen Anspruch auf Sozialhilfe haben oder diesen nicht geltend machen) (Beyeler et al. 2021b).

Herausforderungen der Sozialen Sicherheit
Bereits seit mehreren Jahren verdichten sich die Anzeichen dafür, dass sich die Funktion der Sozialhilfe sukzessive verändert. Sie unterstützt vermehrt Menschen, die nicht nur für kurze (Überbrückungs-)Phasen, sondern aufgrund struktureller Gründe längerfristig auf sie angewiesen sind. So verfügen Personen in Berufen, die infolge des wirtschaftlichen Strukturwandels und der Automatisierung und Digitalisierung weniger stark nachgefragt sind, ebenso wie ältere Arbeitnehmende, die ihre Stelle verlieren, über signifikant geringe Chancen auf Reintegration in eine existenzsichernde Beschäftigung. Zudem definieren die ALV und die IV ihre Zuständigkeitsbereiche angesichts steigenden Kostendrucks mittlerweile enger; mit der Folge, dass die Sozialhilfe für neue Personengruppen zuständig ist. Dazu gehören bspw. junge Erwachsene mit fehlender bzw. unzureichender Ausbildung oder Personen mit gesundheitlichen Einschränkungen ohne IV-Anerkennung. Diese Tendenzen zeigen sich in der Statistik durch einen Anstieg bei der Unterstützungsdauer sowie einer Zunahme bei den Beziehenden im Alter ab etwa Mitte 40 (Knöpfel et al. 2016; TA vom 23.10.2019; Adamoli et al. 2021). Wirksame Massnahmen der Arbeitsintegration rücken vor diesem Hintergrund als zentrale Ressourcen ins Blickfeld.

Die geschilderten Entwicklungen zeigen exemplarisch Handlungsspielräume in der Sozialhilfe und ihrem institutionellen Umfeld auf, an denen angesetzt werden kann, um das «letzte Netz der sozialen Sicherung» den gesellschaftlichen Ansprüchen an einen leistungsfähigen Wohlfahrtsstaat in der Zukunft anzupassen. Abgesehen von den skizzierten Trends drückt der Schuh bei der verbreiteten Nicht-Inanspruchnahme von Leistungen. Zwar sind Schätzungen für die Gesamtschweiz rar; aus dem Kanton Bern wissen wir aber, dass mindestens ein Viertel der eigentlich Anspruchsberechtigten keine Sozialhilfe bezieht (Hümbelin 2019). Verschiedene Gründe dürften dafür relevant sein: Bei genauerer Betrachtung der individuellen Faktoren können wir zwischen bewusstem Verzicht aufgrund persönlicher Überzeugungen oder eines unzureichenden Leistungsangebots einerseits sowie dem «unbeabsichtigten Verzicht» wegen administrativer Hindernisse und komplizierter Antragsverfahren, wahrgenommener Stigmatisierung oder Angst vor dem Verlust der Aufenthaltsgenehmigung[3] andererseits unterscheiden. Oft sind die potenziellen Begünstigten nicht ausreichend informiert bzw. kennen

---

[3] Variationen dessen betreffen Bedenken in Bezug auf die Verlängerung der Aufenthaltsbewilligung, die Erteilung der Niederlassungsbewilligung und die Einbürgerung. In allen Fällen ist üblicherweise eine Auskunft über Sozialhilfebezug in den zurückliegenden Jahren erforderlich, welche potenziell abschreckend wirkt.

ihre Rechte nicht (Lucas et al. 2021). Weiterhin lassen Daten zur gesundheitlichen Situation und Versorgung aufhorchen. Sozialhilfebeziehende verfügen über einen deutlich schlechteren Gesundheitszustand als der Bevölkerungsdurchschnitt und befinden sich wesentlich häufiger in fachärztlicher oder psychologischer Behandlung. Ihre zahnmedizinischen und Krebsvorsorge-Konsultationen sind seltener, sie weisen oft Schlafstörungen und Depressionssymptome sowie einen ungesünderen Lebens- und Ernährungsstil auf (Kessler et al. 2021). Gleichzeitig klagen Gemeinden und Kantone seit Jahr und Tag über steigende Fallzahlen und Ausgaben. Jüngste Studien haben gezeigt, dass niedrigere Fallbelastungen der Mitarbeitenden in den Behörden und mehr Sozialarbeitende dazu führen, Sozialhilfekosten und Unterstützungsdauern zu reduzieren sowie die Arbeitsintegration zu fördern (Eser Davolio 2019; Höglinger et al. 2021). Das sprichwörtliche Kind ist also keinesfalls schon in den symbolträchtigen Brunnen gefallen. Was helfen könnte, um die Sozialhilfe nachhaltig zu gestalten, sind politischer Mut, dynamische Persönlichkeiten und die Gunst eines sog. Windows of Opportunity, worauf wir in Kap. 7 näher eingehen werden.

Im Kontext der Sozialversicherungen verbietet es sich, die politischen Diskussionen und Reformen (bzw. Reformversuche) der jüngeren Vergangenheit im Galopp «herunterzubeten». Die inflationären Revisionen seit den 1990er Jahren, mit denen sich die IV von der früheren Renten- zur Eingliederungsversicherung fortentwickelt hat (Cudré-Mauroux 2017), überblickt kaum noch jemand ohne eidgenössischen Fachausweis in Sozialversicherungsrecht. Die Neuausrichtung der AHV hat sich zu einer fast legendären, politischen «never ending story» gemausert, auf deren Realisierbarkeit bis zum Volks-Ja zur ersten AHV-Reform seit 25 Jahren im September 2022 sogar eingefleischte Polit-Profis wohl nicht gewettet hätten. Es ist zwar augenfällig, dass angesichts der gesellschaftlichen Alterung und des Renteneintritts geburtenstarker «Babyboomer»-Jahrgänge in den 2020er Jahren der sog. Generationenvertrag – also das Finanzierungsverfahren der AHV, wonach die aktuell Erwerbstätigen mit ihren Beiträgen faktisch für die Leistungen der Rentnerinnen und Rentner aufkommen – vor einer Belastungsprobe steht. Jedoch gehen die Meinungen darüber, wie der Herausforderung adäquat begegnet werden kann, teilweise stark auseinander. Die politischen Parteien sind sich gelegentlich selbst intern uneins, ob die angemessenste Lösung in höheren Bundeszuschüssen aus der Mehrwertsteuer, einer Erhöhung bzw. Angleichung des Referenzpensionsalters von Männern (65 Jahre) und Frauen (momentan 64 Jahre, voraussichtlich ab 2024 ebenfalls 65 Jahre) oder Anreizen für die Weiterbeschäftigung nach dem Erreichen der Altersgrenze besteht (oder einer Kombination dieser Massnahmen, wie im Dezember 2021 vom Parlament beschlossen und ein Dreivierteljahr später vom Volk angenommen). Hartnäckig halten sich in liberalen Kreisen auch die Forderungen nach einer stärkeren privaten Vorsorge der Jüngeren. Wiederum andere sehen langfristig keine Alternative zu einem radikalen Umbau im Sinne von steuerfinanzierten Modellen.

Wie man es auch dreht und wendet, die Sozialversicherungen stehen der Sozialhilfe bezüglich ihres Konfliktpotenzials in nichts nach. Sie sind ein Streitobjekt, an dem sich nicht nur politische Lager, sondern auch Bürgerinnen und Bürger je nach individueller Situation und Interessen leidenschaftlich aufreiben. Wenn man in die Lage gerate, krank, sozialhilfeabhängig oder arbeitslos zu sein, dann empfinde man die staatlichen Leistungen oft als zu gering und die Verwaltung als zu bürokratisch, so Moeckli (2012: 13). Wenn man «gesund ist, sind die Krankenkassenprämien zu hoch, wenn man einer medizinischen Behandlung bedarf, dann ist nur das Beste gut genug. Wer mit sich selbst gut zurechtkommt fordert Eigeninitiative und Selbstverantwortung, wer für sich selber nicht mehr aufkommen kann, ruft nach gesellschaftlicher Solidarität» (ebd.). Unter Vorzeichen sozialer Gerechtigkeitsdiskurse erfordert dies, von der persönlichen Situation auf eine Ebene überindividueller Interessen und Ansprüche abstrahieren zu können (Kap. 8).

Lassen wir uns überraschen, welche Forderungen und Warnrufe den grössten Einfluss auf die kommenden Umbauten in der Sozialhilfe- und Sozialversicherungsarchitektur haben. Denn wenn wir uns auf etwas verlassen können, dann darauf, dass die Soziale Sicherheit stetem Wandel unterliegt.

Sofern es nicht um Geld-, sondern um Sachleistungen geht – wie etwa medizinische und therapeutische Behandlungen, Massnahmen der gesundheitlichen Rehabilitation oder persönliche Hilfen zur beruflichen Integration im Kontext Arbeitslosigkeit – rücken neben den Leistungstragenden die Leistungserbringenden in den Mittelpunkt der Betrachtung. Bei ihnen kann es sich um öffentliche Einrichtungen, wie etwa ein Kantonsspital oder einen städtischen Sozialdienst, jedoch auch um private Organisationen wie z. B. Stiftungen oder kirchliche Einrichtungen handeln. Es können gewinnorientierte Unternehmen oder Organisationen sein, die eine spezifische soziale Zielsetzung verfolgen und erwirtschaftete Erträge im Sinne ihrer «Mission» reinvestieren. Letztere werden unter dem Begriff der NPOs subsumiert. Im Gesundheits- und Sozialbereich werden zahlreiche solcher nicht-gewinnorientierten Dienstleistenden von staatlichen bzw. öffentlichen Leistungstragenden finanziert und mit entsprechenden Leistungsaufträgen ausgestattet, nachdem sie sich auf eine Ausschreibung beworben haben (Helmig et al. 2010). Vielfach stehen sie dabei im Wettbewerb mit profitorientierten Anbietenden. Aufgrund des hohen Grades staatlicher bzw.

öffentlicher Finanzierung und des vielfach durch öffentliche Institutionen ausgesprochenen Leistungsauftrages spricht man im Kontext der NPOs gerne von einem «verlängerten Arm des Staates» (Priller 2005). Im folgenden Kapitel schauen wir uns diese für den Gesundheits- und Sozialbereich so bedeutsamen Organisationen sowie ihre Bezüge zum Staat und Markt genauer an.

▶ **Literatur zur Vertiefung**

- Bonvin et al. (2020) und Knöpfel (2015).

▶ **Lernaufgabe**
Sozialversicherungen und Sozialhilfe sind die institutionellen Grundpfeiler des schweizerischen Sozial- und Gesundheitswesens. Diskutieren Sie, wie sich Sozialversicherungen und Sozialhilfe in Bezug auf die Finanzierung, Voraussetzungen des Leistungsbezugs und ihre Stellung im Föderalismus unterscheiden. Wo sehen Sie allenfalls politischen Handlungsbedarf?

Literatur

Adamoli, Michele, Jérôme Aymon, Gerhard Gillmann, Luzius von Gunten, Laura Hahn, Manuela Paganini, Michael Schiess, Sandra Schwander, Jens Waldeck, und Juraté Zalgaité. 2021. *Sozialbericht Kanton Zürich 2020: Ergebnisse der Schweizerischen Sozialhilfestatistik*. Neuchâtel: Bundesamt für Statistik.

BAG (Bundesamt für Gesundheit). 2019. *Die gesundheitspolitische Strategie des Bundesrates 2020–2030*. Bern: Bundesamt für Gesundheit.

Beyeler, Michelle, Claudia Schuwey, und Tina Richard. 2021a. *Sozialhilfe in Schweizer Städten: Die Kennzahlen 2020 im Vergleich*. Winterthur: Städteinitiative Sozialpolitik.

Beyeler, Michelle, Oliver Hümbelin, Ilona Korell, Tina Richard, und Claudia Schuwey. 2021b. *Auswirkungen der Corona-Pandemie auf Armut und sozioökonomische Ungleichheit: Bestandsaufnahme und Synthese der Forschungstätigkeit im Auftrag der Nationalen Plattform gegen Armut (Schlussbericht)*. Bern: Bundesamt für Sozialversicherungen.

BFS (Bundesamt für Statistik). 2020. System der sozialen Sicherung. https://www.bfs.admin.ch/bfs/de/home/statistiken/soziale-sicherheit/analysen-verlaeufe-system/statistischer-sozialbericht-schweiz/system-sozialen-sicherung.assetdetail.9086511.html.

BFS. 2022a. Inventar der Sozialhilfe im weiteren Sinn. https://www.sozialhilfeiws.bfs.admin.ch/ibs/daten/InventarErgebnisseView.xhtml.

BFS. 2022b. Sozialhilfe. https://www.bfs.admin.ch/bfs/de/home/statistiken/soziale-sicherheit/sozialhilfe.html.

Böhm, Katharina, Achim Schmid, Ralf Götze, Claudia Landwehr, und Heinz Rothgang. 2013. Five types of OECD healthcare systems: Empirical results of a deductive classification. *Health Policy* 113:258–269.

Bonvin, Jean-Michel, Pascal Maeder, Carlo Knöpfel, Valérie Hugentobler, und Ueli Tecklenburg. 2020. *Wörterbuch der Schweizer Sozialpolitik*. Zürich: Seismo.
Bundesrat. 2017. Kostenentwicklung in der Sozialhilfe: Bericht des Bundesrates. In *Erfüllung der Postulate 14.3892 Sozialdemokratische Fraktion und 14.3915 Bruderer Wyss vom 25. September 2014*. Bern: Der Bundesrat.
Cudré-Mauroux, Patrick. 2017. Weiterentwicklung der IV: Übersicht. *Soziale Sicherheit CHSS* 2(2017):8–14.
Eidgenossenschaft. 2022. *Sozialversicherungen der Schweiz: Taschenstatistik 2022*. Bern: Bundesamt für Sozialversicherungen.
Eser Davolio, Mirjam, Rahel Strohmeier Navarro Smith, Milena Gehrig, und Isabelle Steiner. 2019. Auswirkungen der Fallastreduktion in der Sozialhilfe auf die Ablösequote und Fallkosten: Entschleunigung zahlt sich aus. *Schweizerische Zeitschrift für Soziale Arbeit* 25(19):31–51.
Esping-Andersen, Gøsta. 1985. *Politics Against Markets: The Social Democratic Road to Power*. Princeton: Princeton University Press.
Finis Siegler, Beate. 2018. Meritorik in der Sozialwirtschaft: Warum die Sozialwirtschaft ein anderes Ökonomiemodell braucht. In *Gegenwart und Zukunft des Sozialmanagements und der Sozialwirtschaft: Aktuelle Herausforderungen, strategische Ansätze und fachliche Perspektiven*, 2. Aufl., Hrsg. Grillitsch, Waltraud, Paul Brandl, und Stephanie Schuller, 35–57. Wiesbaden: Springer VS.
Helmig, Bernd, Hans Lichtsteiner, und Markus Gmür. 2010. *Der Dritte Sektor der Schweiz: Länderstudie zum Johns Hopkins Comparative Nonprofit Sector Project*. Bern: Haupt.
Hemerijck, Anton. 2013. *Changing Welfare States*. Oxford: Oxford University Press.
Höglinger, Dominic, Melania Rudin, und Jürg Guggisberg. 2021. *Analyse zu den Auswirkungen der Reduktion der Fallbelastung in der Sozialberatung der Stadt Winterthur* (Schlussbericht). Bern: Büro BASS.
Hümbelin, Oliver. 2019. Non-Take-Up of Social Assistance: Regional Differences and the Role of Social Norms. *Schweizerische Zeitschrift für Soziologie* 45(1):7–33.
Kessler, Dorian, Marc Höglinger, Sarah Heiniger, Jodok Läser, und Oliver Hümbelin. 2021. *Gesundheit von Sozialhilfebeziehenden: Analysen zu Gesundheitszustand, -verhalten, -leistungsinanspruchnahme und Erwerbsreintegration* (Schlussbericht zuhanden Bundesamt für Gesundheit). Bern: BFH.
Knöpfel, Carlo. 2015. Sozialstaatliche Rahmenbedingungen in der Schweiz. In *Soziale Versorgung zukunftsfähig gestalten*, Hrsg. Bernadette Wüthrich, Jeremias Amstutz, und Agnès Fritze, 23–35, Wiesbaden: Springer VS.
Knöpfel, Carlo, Patricia Frei und Sandra Janett. 2016. *Hilfswerke und öffentliche Sozialhilfe – von der Komplementarität zur Subsidiarität? Eine Studie im Auftrag der Hilfswerke Caritas Schweiz, Heilsarmee Schweiz und Schweizerisches Rotes Kreuz* (Schlussbericht). Basel: ISOS.
Kohl, Jürgen. 1989. Gesellschaftspolitische Leitbilder der Alterssicherung – am Beispiel der Bundesrepublik Deutschland, Österreichs und der Schweiz. In *Kultur und Gesellschaft: Gemeinsamer Kongress der Deutschen, der Österreichischen und der Schweizerischen Gesellschaft für Soziologie Zürich 1988*, Hrsg. Hans-Joachim Hoffmann-Nowotny, 385–388, Zürich: Seismo.
Lucas, Barbara, Jean-Michel. Bonvin, und Oliver Hümbelin. 2021. The Non-Take-Up of Health and Social Benefits: What Implications for Social Citizenship? *Schweizerische Zeitschrift für Soziologie* 47(2):161–180.

Moeckli, Silvano. 2012. *Den schweizerischen Sozialstaat verstehen: Sozialgeschichte – Sozialphilosophie – Sozialpolitik.* Zürich: Rüegger.

Noll, Sebastian. 2022. Mehr Selbständigkeit, aber auch mehr Risiko: Die Position der Menschen mit Behinderung im Bundesteilhabegesetz am Beispielfeld Wohnen. In *Zwischen gesellschaftlichem Auftrag und Wettbewerb: Sozialmanagement und Sozialwirtschaft in einem sich wandelnden Umfeld,* Hrsg. Christoph Gehrlach, Matthias von Bergen und Katharina Eiler, 305–317, Wiesbaden: Springer VS.

Oetterli, Manuela, Birgit Laubereau, Carla Wallimann, Donat Knecht, und Marianne Müller. 2017. *Interprofessionelle Zusammenarbeit an der Schnittstelle zwischen Gesundheits- und Sozialbereich: Was kann man von Good-Practice-Beispielen in der Luzerner Gesundheitsversorgung lernen?* Luzern: Interface.

Pennerstorfer, Astrid, und Christoph Badel. 2013. Zwischen Marktversagen und Staatsversagen? Nonprofit-Organisationen aus ökonomischer Sicht. In *Handbuch der Nonprofit-Organisation,* Hrsg. Ruth Simsa, Michael Meyer, und Christoph Badelt, 107–120, Stuttgart: Schäffer-Poeschel.

Perrenoud, Stéphanie. 2020. Sozialversicherungen. In *Wörterbuch der Schweizer Sozialpolitik,* Hrsg. Jean-Michel Bonvin, Pascal Maeder, Carlo Knöpfel, Valérie Hugentobler, und Ueli Tecklenburg, 493–495, Zürich: Seismo.

Priller, Eckhard. 2005. Nonprofit-Organisationen als Partner und verlängerter Arm des Staates? In *Nonprofit-Organisationen in Recht, Wirtschaft und Gesellschaft,* Hrsg. Klaus Hopt, Thomas von Hippel, und Rainer Walz, 325–343, Tübingen: Mohr Siebeck.

Riedi, Anna Maria, Michael Zwilling, Marcel Meier Kressig, Petra Benz Bartoletta, und Doris Aebi Zindel. 2015. *Handbuch Sozialwesen Schweiz,* 2. Aufl. Bern: Haupt.

Rüefli, Christian, Michèle Gerber, und Anna Suppa. 2020. *Erfolgsbedingungen bei der Etablierung interprofessioneller Zusammenarbeit an der Schnittstelle zwischen Gesundheitswesen und Sozialhilfe* (Schlussbericht). Bern: Büro Vatter.

Schmidt, Manfred G., Tobias Ostheim, Nico A. Siegel, und Reimut Zohlnhöfer. 2007. Vorwort. In *Der Wohlfahrtsstaat: Eine Einführung in den historischen und internationalen Vergleich,* Hrsg. dies, 15–17, Wiesbaden: VS Verlag.

SKOS (Schweizerische Konferenz für Sozialhilfe). 2020. *Das soziale Existenzminimum in der Sozialhilfe.* Bern: SKOS.

Stremlow, Jürgen, Werner Riedweg, und Herbert Bürgisser. 2019. *Gestaltung sozialer Versorgung: Ein Planungs- und Steuerungsmodell.* Wiesbaden: Springer VS.

TA (Tages-Anzeiger) vom 23.10.2019. Das Sozialhilfe-Risiko steigt schon mit 45: 5.

Tecklenburg, Ueli. 2020. Sozialhilfe. In *Wörterbuch der Schweizer Sozialpolitik,* Hrsg. Jean-Michel Bonvin, Pascal Maeder, Carlo Knöpfel, Valérie Hugentobler, und Ueli Tecklenburg, 456–458, Zürich: Seismo.

Wendt, Claus. 2013. *Krankenversicherung oder Gesundheitsversorgung? Gesundheitssysteme im Vergleich,* 3. Aufl. Wiesbaden: Springer VS.

Wendt, Claus. 2015. Healthcare Policy and Finance. In *The Palgrave International Handbook of Healthcare Policy and Governance,* Hrsg. Ellen Kuhlmann, Robert H. Blank, Ivy Lynn Bourgeault, und Claus Wendt, 54–68, Basingstoke: Palgrave Macmillan.

Literatur

Open Access Dieses Kapitel wird unter der Creative Commons Namensnennung 4.0 International Lizenz (http://creativecommons.org/licenses/by/4.0/deed.de) veröffentlicht, welche die Nutzung, Vervielfältigung, Bearbeitung, Verbreitung und Wiedergabe in jeglichem Medium und Format erlaubt, sofern Sie den/die ursprünglichen Autor(en) und die Quelle ordnungsgemäß nennen, einen Link zur Creative Commons Lizenz beifügen und angeben, ob Änderungen vorgenommen wurden.

Die in diesem Kapitel enthaltenen Bilder und sonstiges Drittmaterial unterliegen ebenfalls der genannten Creative Commons Lizenz, sofern sich aus der Abbildungslegende nichts anderes ergibt. Sofern das betreffende Material nicht unter der genannten Creative Commons Lizenz steht und die betreffende Handlung nicht nach gesetzlichen Vorschriften erlaubt ist, ist für die oben aufgeführten Weiterverwendungen des Materials die Einwilligung des jeweiligen Rechteinhabers einzuholen.

Gesundheits- und Sozialwesen im Spannungsfeld der Sektoren

7

Zusammenfassung

Das Kapitel verortet Sozial- und Gesundheitseinrichtungen zwischen Staat, Markt und dem Familien- bzw. Gemeinschaftssystem. Angelehnt an die Non-Profit-Theorie, zeigt es auf, wie sie neben ihrem Dienstleistungsangebot soziale, kulturelle und politische Beiträge zur Funktionsfähigkeit der Gesellschaft leisten. Die Leserinnen und Leser lernen, weshalb gemeinnützige (zivilgesellschaftliche), öffentliche und privatwirtschaftliche Leistungserbringende koexistieren und wie sie sich als Fach- und Führungspersonen politisch einzubringen vermögen.

▶ **Lernziele des Kapitels**
- Sie können beschreiben, wie Non-Profit-Organisationen im Sinne ihrer ökonomischen, sozialen, kulturellen und politischen Funktion zur Gesellschaft beitragen.
- Sie können erklären, was dazu geführt hat, dass das Sozial- und Gesundheitswesen eine Struktur, bestehend aus öffentlichen, privatwirtschaftlichen und gemeinnützigen Leistungserbringenden herausgebildet hat.
- Sie wissen, wie Sie als Fach- oder Führungsperson politischen Wandel begleiten, vorantreiben und initiieren können.

Mit der soziologischen Theorie können wir das Sozial- und Gesundheitswesen als gesellschaftliche Sphäre zwischen den Sektoren Staat, Markt und Familie (bzw.

dem System der Privathaushalte und soziokulturellen Gemeinschaften) verorten. Sie weist Schnittmengen mit den Sektoren auf, kann teilweise jedoch auch deutlich von diesen abgegrenzt werden.

Zwischen Staat, Markt und Familie

Staat, Markt und Familie bzw. das Gemeinschaftssystem leisten jeweils spezifische Beiträge zur sozialen Ordnung (Streeck und Schmitter 1985; Dekker und van den Broek 1998; Offe 2000; Then und Kehl 2012). Der hierarchisch organisierte Staat hat die Bereitstellung kollektiver (öffentlicher) Güter zum Ziel, indem er Machtressourcen koordiniert und verbindliche Entscheidungen (Gesetze) generiert. Der Handel mit privaten Gütern und Dienstleistungen ist auf dem Markt angesiedelt, welcher den Prinzipien von Wettbewerb und preisvermitteltem Tausch folgt. Das System der Familien und Gemeinschaften sorgt für die Produktion solidarischer Güter der sozialen und kulturellen Integration (einschliesslich informeller Wohlfahrt), die von persönlichen (emotionalen) Bindungen, Vertrauensressourcen und moralischen Verpflichtungen abhängen. Dazwischen finden Organisationen und Netzwerke ihren Platz, die «gemischte» Güter zur Verfügung stellen – oder, in Anlehnung an die Beschreibungen von Gesundheits- und Sozialwesen in Kap. 6, die (Wieder-)Herstellung und Förderung von Gemeinwohl in unterschiedlichen Farben und Formen zum Ziel haben. Sie tun dies, indem sie Dienstleistungen auf Märkten anbieten, an der politischen Willensbildung und Entscheidungsfindung mitwirken, soziale und kulturelle Integrationsaufgaben übernehmen, aber sich in der einen oder anderen Weise von den drei primären Sektoren unterscheiden:

- Non-Profit-Organisationen (NPOs) wie etwa gemeinnützige Stiftungen und Spitäler handeln primär als marktwirtschaftliche Sozial- oder Gesundheitsdienstleisterinnen, streben allerdings keine Gewinnmaximierung an (wie viele andere Unternehmen auf dem Markt);
- Non-Governmental Organizations (NGOs) wie z. B. Amnesty International, Greenpeace oder Fach- und Berufsverbände wirken als sog. Themenanwälte auf den Staat und die Politik ein, ohne selbst Teil des Staates und des politisch-administrativen Apparats zu sein;
- Informelle Netzwerke wie Bürgerbewegungen oder Nachbarschaftsinitiativen bündeln und artikulieren Interessen und Anliegen sozialer bzw. kultureller Gruppen und bauen damit Brücken zwischen (lokalen) Gemeinschaften und Gesellschaft.

Je nach theoretischer Perspektive und fokussiertem Handlungsmodus resp. gesellschaftlichem Beitrag kann dieser intermediäre (Zwischen-)Bereich entweder als Non-Profit-Sektor oder Zivilgesellschaft (wie in Abb. 7.1) deklariert – und können die in ihm tätigen Organisationen als NPOs oder NGOs bezeichnet – werden. Diese üben typischerweise mehrere von mindestens vier gesellschaftlichen Funktionen gleichzeitig aus, wenngleich meistens eine der Funktionen im Vordergrund steht:

- Die ökonomische (dienstleistende) Funktion;
- die politische (anwaltschaftliche) Funktion;
- die soziale (gemeinschaftliche) Funktion;
- die kulturelle (expressive) Funktion.

Die frühe Non-Profit-Theorie hat die ökonomische Perspektive geprägt. Sie geht von heterogener Nachfrage nach öffentlichen Gütern und Dienstleistungen aus und postuliert, dass NPOs Nischen besetzen, die aufgrund der «Unfähigkeit» von

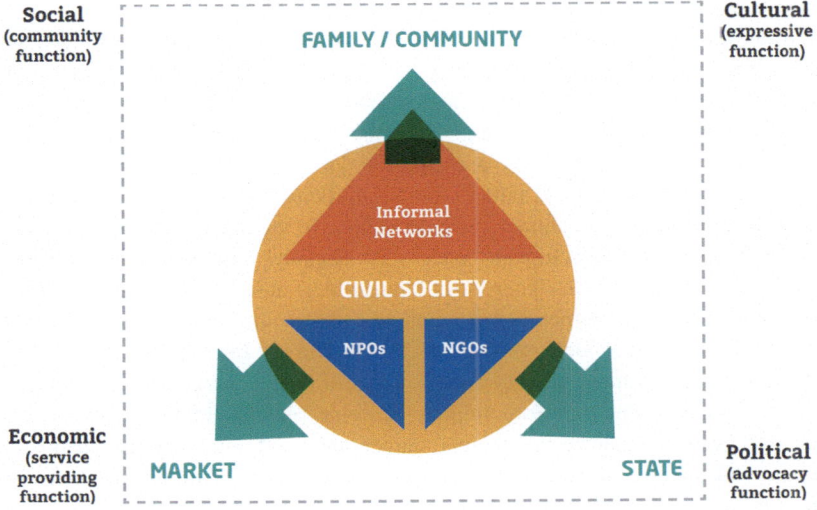

Abb. 7.1 Das Spannungsfeld der gesellschaftlichen Sektoren. (Quelle: Kehl und Then 2018)

Markt und Staat entstanden sind, ein adäquates Angebot für alle Bürgerinnen und Bürger bereitzustellen (Weisbrod 1977; Kingma 2003). Durch die Delegation von Aufgaben an NPOs können sich staatliche Akteurinnen und Akteure kollektiven Entscheiden und der Gewährung von Rechtsansprüchen widmen, während NPOs auf Grundlage öffentlicher Zahlungsgarantien Leistungen erstellen (Salamon 1995). Ohne Frage leisten sie damit einen relevanten Beitrag zum gesellschaftlichen «Wohlfahrtsmix» (Evers und Olk 1996). Vielfach sind NPOs bzw. NGOs zusätzlich Schlüsselakteure bei der Sicherstellung politischer Interessenvermittlung und treiben durch Reformanstösse Innovationen und Experimentiergeist in Politik und Verwaltung voran (Almond und Verba 1963; Putnam 1995; Roß 2018; Evers und Ewert 2021). Sie etablieren soziale Netzwerke und Geselligkeit, stiften gesellschaftlichen Zusammenhalt und Vertrauensbeziehungen (Coleman 1990; Wuthnow 1998; Putnam und Goss 2002). Und sie sind der Bereich jenseits von Familien und Gemeinschaften, welcher partikulare Orientierungen (z. B. von Minderheiten) schützt und die freie Entfaltung der religiösen und kulturellen Werte normativer Gemeinschaften gesellschaftlich einfordert (Wuthnow 1999; Anheier 2014). Das karitative Engagement kirchlicher Hilfswerke, die ihr Handeln am christlichen Menschenbild und Begriffen wie Nächstenliebe und Barmherzigkeit ausrichten, steht Pate für diese Funktion.

Sprechen wir von NPOs – wie wir es der Einfachheit halber im Folgenden tun werden – meinen wir Organisationen, die als gemeinnützig anerkannt sind. Dadurch geniessen sie Steuerprivilegien und dürfen gemäss schweizerischer Rechtsprechung keinen Selbst- und Erwerbszweck verfolgen; was dazu führt, dass sog. Eigenleistungs-NPOs wie Sport- oder Kulturvereine nicht unter die engere Definition von NPOs fallen (von Schnurbein 2013). Da dem Staat durch die Steuerbefreiung Einnahmen verloren gehen, ist es ihnen untersagt, aus der unmittelbaren Geschäftstätigkeit oder aus Kapital- und Vermögensanlagen erzielte Erträge an Anteilseigner (sog. Shareholder) auszuschütten (wie dies bei gewinnorientierten Unternehmen der Fall ist, welche ihr Handeln am möglichst hohen «Shareholder Value» – also an der Rendite für die Investoren – ausrichten). Selbst wenn längst nicht alle Dienstleistenden im Sozial- und Gesundheitswesen den formaljuristischen Anforderungen an eine gemeinnützige Organisation genügen, da z. B. manche Sozialunternehmen aufgrund von bürokratischen Vorgaben und (wahrgenommenen) Einschränkungen ihrer Handlungsfreiheit die Gemeinnützigkeit scheuen, eint auch diese Organisationen vielfach, dass sie sich einer sozialen oder gesundheitlichen Zielsetzung verpflichten und ihr Handeln keineswegs unvermeidlich der grösstmöglichen Profitmaximierung unterordnen.

Beiträge der Non-Profit-Theorie
Aufgrund einer mehr als fragmentarischen Datensituation lässt sich die Relevanz von NPOs für den Gesundheits- und Sozialbereich lediglich grob umreissen. Zunächst können wir mit älteren Zahlen davon ausgehen, dass Soziales und Gesundheit rund die Hälfte der Finanzierungsanteile und Aktivitätsfelder aller in der Schweiz tätigen NPOs ausmachen (Helmig et al. 2010; Hengevoss und Berger 2018). Ziehen wir mit der Unternehmensstrukturstatistik des Jahres 2020 die Rechtsformen der im Sozialwesen wirtschaftlich tätigen Einrichtungen zu Rate, zeigt sich, dass 52.0 % NPOs (Vereine, Stiftungen), 41.7 % private Unternehmen (Personen- und Aktiengesellschaften sowie GmbHs, einschliesslich Genossenschaften) und nur 6.3 % öffentlich-rechtliche Einrichtungen waren (BFS 2022).[1] Damit ist freilich nur der wirtschaftliche Betrieb im Sinne der Erbringung von Sach- und Dienstleistungen erfasst, die auf dem Markt gegen Entgelt gehandelt werden, weshalb wir gewarnt sein sollten, die Bedeutung des öffentlichen Sektors für das Sozialwesen zu unterschätzen – etwa wenn er direkt selbst Leistungen erbringt, aber auch bei der Finanzierung, bei der Zuweisung von Personen oder bei der Ausrichtung von Geldleistungen an Bedürftige.

Ähnlich ist Vorsicht bei der Einschätzung von NPOs im Gesundheitswesen geboten: Hier verrät uns etwa die Krankenhausstatistik, dass in den vergangenen zwei bis drei Jahrzehnten eine veritable Privatisierung der Krankenhäuser stattgefunden hat und mittlerweile sechs von zehn Spitälern gewinnorientiert arbeiten. Die Trägerschaft verschleiert hingegen, dass nach wie vor 50.2 % aller Beschäftigten in öffentlichen, 12.3 % in gemeinnützigen und «nur» 37.5 % in privaten Spitälern beschäftigt sind. Die Ursache liegt auf der Hand: AGs und GmbHs betreiben relativ viele Spezialkliniken (z. B. psychiatrische und rehabilitative Kliniken) mit gesamthaft geringerem Personalaufwand und Einsparpotenzial bei der verhältnismässig «teuren» Ärzteschaft (BFS 2021a, b). Dass private Anbietende nicht ausschliesslich bei den Lohn-, sondern bei den allgemeinen Behandlungskosten sparen, wird ihnen mitunter auch in der Diskussion über Privatisierungs- und Ökonomisierungstendenzen im Gesundheitswesen zur Last gelegt. Insbesondere die Spitäler, so heisst es dort, dürften nicht

---

[1] Berechnung unter Ausschluss von Einzelfirmen, die in der Regel als Rechtsform gewählt werden, wenn Personen kaufmännische Tätigkeiten allein ausüben (z. B. selbständige Beraterinnen oder Coaches). Der Anteil privat-unternehmerisch geführter Betriebe kann dadurch in der Realität etwas höher sein.

zu standardisierten Industrien verkommen, in denen «sich Grosskonzerne und Beratungsfirmen an kranken Menschen bereichern» (Barben 2018: 1335).

Dieses leidenschaftliche Plädoyer soll uns als Sprungbrett dienen, um im Folgenden noch näher auf die Non-Profit- und zivilgesellschaftliche Theorie einzugehen. Die Auseinandersetzung mit ihr lohnt, da sie uns die elementaren Funktions- und Steuerungsprobleme bei der Verteilung gesellschaftlicher Wohlfahrt vor Augen führt. Darüber hinaus mag sie aufzeigen, dass die Mischung unterschiedlicher (öffentlicher, gemeinnütziger, privatwirtschaftlicher) Handlungs- und Organisationsformen kein Relikt vergangener Tage sein muss, sondern einer qualitativ hochwertigen, bedürfnisorientierten und sozial gerechten Sozial- und Gesundheitsversorgung dienen kann.

Wichtige Erklärungsansätze für die Entstehung von NPOs bedienen sich der ökonomischen Theorie öffentlicher Güter (Toepler und Anheier 2005; Pennerstorfer und Badelt 2013). Die These des Markt- und Staatsversagens lokalisiert den Nährboden für nicht-gewinnorientierte Leistungserbringende in unbefriedigter, heterogener Nachfrage nach öffentlichen Gütern. Öffentliche Güter sind idealtypisch durch Nicht-Rivalität und Nicht-Ausschliessbarkeit gekennzeichnet. Im Unterschied zu privaten Gütern können sie erstens von beliebig vielen Konsumentinnen und Konsumenten gleichzeitig genutzt werden, ohne dass dies ihre Verfügbarkeit oder Qualität mindern würde. Zweitens kann im Grundsatz niemand von ihrer Nutzung ausgeschlossen werden. Ein praktisches Beispiel: Der morgendliche Kaffee aus der Hochschulmensa ist ein privates Gut. Jeder Kaffee kann nur einmal getrunken werden und sein Konsum ist typischerweise an die Verfügbarkeit von Geld resp. eine hinreichend ausgeprägte Zahlungsbereitschaft gebunden. Dagegen besteht bei öffentlichen Gütern keine oder nur eine sehr begrenzte Rivalität; sie sind allen Bürgerinnen und Bürgern zugänglich. Beliebte Beispiele sind Hochwasser- und Lawinenschutzmassnahmen oder die Landesverteidigung, von deren Effekten niemand ausgeschlossen werden kann. Gelegentlich werden auch saubere Luft, der Klimaschutz oder Frieden als öffentliche Güter genannt. Die grosse Herausforderung bei der Bereitstellung öffentlicher Güter besteht im sog. Trittbrettfahrerproblem: Sie können prinzipiell von jeder und jedem ohne eigenen Leistungsbeitrag bzw. unentgeltlich genutzt werden. Die Symbolik rührt vom Schwarzfahren auf dem Trittbrett von Strassenbahnen des vergangenen Jahrhunderts, als es vielerorts problemlos möglich war, Wege mit dem Tram ohne Billet zurückzulegen.

Staats- vs. Marktversagen
Profitorientierte Unternehmen verfolgen gemeinhin das Ziel der Gewinnmaximierung und sind deshalb nicht bereit, öffentliche Güter oder Dienstleistungen

anzubieten. Sie vermeiden das Risiko, dass Personen ihre Angebote nutzen, ohne dafür zu bezahlen. Also muss laut ökonomischer Interpretation der Staat «in die Bresche springen». Der Staat produziert jedoch üblicherweise mehrheitsfähige Güter. Seine Repräsentantinnen und Repräsentanten sind in der Demokratie auf Gefolgschaft an der Wahl- bzw. Abstimmungsurne angewiesen. Sie werden sich demzufolge tendenziell am Durchschnitt der Wahl- und Abstimmungsberechtigten – am sog. Median-Wähler – orientieren. Oder anders formuliert: Es ist für Personen, die öffentliche Ämter und Mandate (oder eine Wiederwahl) anstreben, wenig rational, Positionen am Rande der gesellschaftlichen Interessen- und Präferenzskala offensiv zu vertreten. Vielmehr tendieren Politikerinnen und Politiker laut Downs (1957) jeweils zur Mitte, weil dort das grösste Stimmenpotenzial «abgefischt» werden kann. Minderheiten bringen keine Wahl- und Abstimmungserfolge, weshalb marginalisierte Gruppen in der Demokratie einen schweren Stand haben. Das führt zu einer systematischen Unterversorgung bestimmter Bedürfnisse und der unzureichenden Adressierung sozialer Probleme. NPOs füllen das Vakuum und entwickeln differenzierte Angebote infolge der Unzulänglichkeit des Staates, die Bedürfnisse aller Bürgerinnen und Bürger zu befriedigen (Weisbrod 1977; Kingma 2003).

Werden Gesundheits- und Sozialdienstleistungen preisvermittelt auf dem Markt getauscht, entsteht das Problem der Vertrauenswürdigkeit. Da es sich mehrheitlich um Leistungen handelt, bei denen Patientinnen und Klienten die Qualität nicht oder nur mit unverhältnismässig hohem Aufwand beurteilen können, besitzen Mechanismen der Vertrauensbildung entscheidende Bedeutung. Die Herausforderung besteht vor allem in asymmetrischer Informationsverteilung: Produzierende (z. B. Ärzte, Therapeutinnen, Sozialarbeitende) verfügen über ausgewiesene Expertise und können ihren Informationsvorsprung hypothetisch zu Ungunsten der Klientel nutzen, indem sie ihr ein minderwertiges Gut zu einem überhöhten Preis offerieren. Dieses Risiko besteht in der Theorie vor allem, wenn es sich um privatwirtschaftliche Unternehmen handelt, die ihren Gewinn zu maximieren suchen. Die Nutzerinnen und Nutzer verfügen in dieser Situation über unzureichende Möglichkeiten der Qualitätskontrolle und des Vergleichs von Preisen und Leistungen, da es sich um nicht-standardisierte, personenbezogene Dienstleistungen mit hohem Fachlichkeitsanteil handelt, deren Erbringungsqualität von persönlichen, situativen, geografischen usw. Rahmenbedingungen abhängig sein kann. Hinzu kommen verminderte Kontrollanreize, wenn die Begünstigten die Produktion des Gutes nicht selbst beauftragen und finanzieren (was wir in den Ausführungen zum Leistungsdreieck in Kap. 6 bereits gesehen hatten) oder ihre kognitiven Fähigkeiten beeinträchtigt sind. Als probates Mittel des Vertrauensschutzes hat sich das Gewinnausschüttungsverbot erwiesen.

Durch die gesetzliche Regelung, dass NPOs ihre Einkünfte zur Erfüllung der satzungsmässigen Zwecke verwenden müssen und keine Rendite an Investoren auszahlen dürfen, gewinnen die Nachfragenden Vertrauen in die Integrität solcher Anbietenden (Hansmann 1980; Anheier 2014).

Es gibt also gute Gründe, weshalb das Sozial- und Gesundheitswesen historisch eine Landschaft bestehend aus öffentlichen, privatwirtschaftlichen und gemeinnützigen Leistungserbringenden herausgebildet hat. Sie reichen von sozialverträglichen Korrekturen der Marktlogik über die Verhinderung minderheitenfeindlicher «Staatswohlfahrt» bis hin zu neueren Argumenten, die einer (weiteren) Deregulierung und Privatisierung als Schlüssel zu mehr Qualität und Kosteneffizienz das Wort reden. So wirbt etwa die liberale Denkfabrik Avenir Suisse dafür, dass sich die steuernden Kantone aus der Leistungserbringung in der Spitalversorgung zurückziehen, weil sie ihre eigenen Kliniken in wettbewerbsverzerrender Weise alimentierten und Überkapazitäten schaffen würden (Cosandey 2020). In diesem Zusammenhang wurde in den vergangenen Jahren der Wechsel von der Objekt- zur Subjektfinanzierung intensiv debattiert, d. h. die Abkehr von der oftmals regionalpolitisch motivierten Subventionierung von Einrichtungen zugunsten persönlicher Budgets, die die Nutzenden direkt bei den Leistungserbringenden (Spitälern, Heimen, Tagesstätten etc.) einlösen können. Wenngleich damit Wahlfreiheit und Selbstbestimmung der Klientinnen und Klienten sowie Bedarfsgerechtigkeit und Innovationsgrad der Angebote potenziell erhöht werden, resultiert ein Systemwechsel in aufwändigen Umstellungsprozessen der Versorgungssysteme – die nicht notwendigerweise mit Kosteneinsparungen einhergehen (Liesen und Wyder 2020).

Das ist die Crux mit der sog. Pfadabhängigkeit: Reformvorschläge machen sich auf dem Papier meistens gut; ihre Praktikabilität erscheint indes begrenzt, wenn Investitionen und Ertrag schlecht abschätzbar sind und Entscheidungstragende in Politik und Verwaltung zwecks Risikominimierung für die althergebrachte Lösung votieren (Pierson 2000). Denn ob, wann und für wen sich die Subjektfinanzierung «rechnet», steht bislang in den Sternen. Die Privatwirtschaft jedenfalls verspricht sich vom Empowerment der Leistungsbeziehenden vorrangig mehr Wettbewerb, weniger interessengeleitete Eingriffe des Staates und – natürlich – einen Ausbau von Marktanteilen. Dass das nicht zwingend auf Kosten der Qualität gehen muss und unternehmerische Haltungen vielmehr die Entwicklung und Implementation neuartiger Dienstleistungen und Organisationsmodelle befördern können, gehört ebenfalls zur Wahrheit und wird an späterer Stelle in diesem Kapitel thematisiert.

Möchten Fach- und Führungspersonen an solchen Diskursen über die Zukunft der Sozial- und Gesundheitsversorgung teilhaben, gerät neben der ökonomischen notwendigerweise die politische Funktion ins Blickfeld der Betrachtung. Das gilt für NPOs, wie in der entsprechenden Forschungstradition beschrieben, aber auch für alle anderen Anbietenden von Dienstleistungen, die an sozial- und gesundheitspolitischen Innovationen mitwirken wollen, anstatt lediglich übergeordnete Aufträge und Weisungen auszuführen. Damit setzen wir die Leistungserbringenden in Bezug zu den Leistungs- und Kostentragenden resp. zum politisch-administrativen System des Staates.

Neben der individuellen Unterstützung von Menschen erheben die Sozial- und Gesundheitsberufe den Anspruch, gesellschaftliche Rahmenbedingungen und Versorgungssysteme zu gestalten (Benz und Rieger 2015; Dittmann und Kehl 2022). Das betrifft Leitungspersonen, welche auf die Umfeldbedingungen ihrer Organisationen durch verbandliche Gremienarbeit, Networking, intersektorale Projekte mit Gemeinden, Stiftungen oder Unternehmen einwirken, aber auch Pflegefachpersonen, Sozialarbeiter und Therapeutinnen. Mit ihren an der Basis erworbenen Erfahrungen und Kompetenzen können sie politischen Wandel substanziell begleiten, vorantreiben oder gar initiieren (Amann und Kindler 2021; Kehl und Kindler 2023). Denn wer «soziale Probleme nicht benennen und auf ihren auch (nicht-)politischen Gehalt hin analysieren kann, wer nicht für und wider politische Lösungen streiten kann, weder Interessenträger […] gewinnen, noch Forderungen an Adressatinnen und Adressaten zustellen kann, dem fehlen notwendige Handlungskompetenzen politischer Professionalität» (Benz und Rieger 2015: 187). Die Wichtigkeit dieser Diskurs- und Politik-prägenden Funktion wird in manchen Leitlinien betont. So heisst es im Berufskodex der Sozialen Arbeit: «Soziale Arbeit initiiert und unterstützt über ihre Netzwerke sozialpolitische Interventionen und beteiligt sich sozialräumlich an der Gestaltung der Lebensumfelder sowie an der Lösung struktureller Probleme, die sich im Zusammenhang mit der Einbindung der Individuen in soziale Systeme ergeben» (AvenirSocial 2010: 7). Auch die im internationalen Ethikkodex für Pflegende (ICN 2012) geforderte Orientierung an bestmöglicher Gesundheitsförderung, Krankheitsverhütung und der Würde des Menschen kann als Plädoyer dafür gelesen werden, entsprechende Werte politisch-öffentlich zu vertreten. Die medienwirksamen Hilferufe und Demonstrationen des Gesundheitspersonals während COVID-19 und die alarmierenden Bilder aus den Intensivstationen haben gezeigt, dass die eigenen Arbeitsbedingungen und das Wohl und Wehe der Patientinnen und Patienten dabei untrennbar miteinander verbunden sind.

Fach- und Führungspersonen als Policy Entrepreneurs
NPOs, Unternehmen, Behörden, Fachverbände, aber auch individuelle Fach- und Führungspersonen aus dem Gesundheits- und Sozialwesen sind zentrale

Akteurinnen und Akteure, wenn es darum geht, die rahmensetzenden Stellschrauben ihres professionellen Tuns – und die Leistungserbringung im Allgemeinen – über den Hebel des Politischen neu auszurichten. Sie können ihr Handeln auf die unterschiedlichen föderalen Ebenen (Gemeinden, Kantone, Bund) sowie auf unterschiedliche Phasen des Politikprozesses[2] ausrichten (Jann und Wegrich 2014; Blum und Schubert 2018).

In der ersten Phase der Problemdefinition helfen sie mit, ein öffentliches Problembewusstsein zu schaffen und die Notwendigkeit einer Lösung zu propagieren. Hier gehen wir von der Annahme aus, dass Politik nicht ausschliesslich rationalen Gesetzmässigkeiten folgt und Probleme und ihre Lösungen nicht objektiv vorhanden sind, geschweige denn auf rein sachliche Argumente und analytische Beschreibungen rekurrieren, sondern der sinnhaften Auslegung, Abgrenzung und (Re-)Dimensionierung bedürfen. Politische Themen werden in einer bestimmten Art und Weise im Diskurs «gerahmt» und das jeweilige «Framing» entscheidet darüber, welche Lösungen als sinnvoll erachtet werden (Rein und Schön 1993; Benford und Snow 2000). Wurde das Problem erkannt, fordern sie Politik und Verwaltung in der anschliessenden Phase des Agenda Settings zum Handeln oder Umdenken auf, indem sie Knowhow und Erfahrungen teilen und gemeinsam mit Verbündeten für neue Lösungsansätze streiten. In der Schweiz kann dies auch bzw. parallel in der Form einer Initiative (siehe Kap. 4) geschehen. Es gibt unterschiedliche Typen des Agenda Settings, was vor allem damit zu tun hat, wer das Problem auf die Agenda bringt (Blum und Schubert 2018). Es kann erstens sein, dass staatliche Akteurinnen und Akteure Themen mit einer hohen gesellschaftlichen Relevanz aufgreifen. Weiterhin können, zweitens, Akteurinnen und Akteure aus der Mitte der Gesellschaft Politik zum Handeln oder Umdenken zwingen. Sodann lässt sich, drittens, immer wieder beobachten, dass staatliche Akteurinnen und Akteure versuchen, Themen populär zu machen, die in der Gesellschaft nicht über grosse Unterstützung verfügen. Oft wird dabei über moralische Aufrufe an die «Vernunft» der Bürgerinnen und Bürger appelliert. Viertens lancieren gesellschaftliche Akteurinnen und Akteure Themen,

---

[2] Dieser idealtypische Politikprozess resp. Politikzyklus (Policy Cycle) ist nicht zu verwechseln mit den vier Phasen des schweizerischen Gesetzgebungsprozesses, die in Kap. 4 vorgestellt wurden. Die in den 1950er Jahren entwickelte «Phasenheuristik» versucht auf abstrakter Ebene und ohne grössere Berücksichtigung politisch-institutioneller Eigenheiten zu erklären, wie demokratische Politik im Allgemeinen funktioniert. Dabei können sich die Phasen jedoch auch überlappen, parallel vonstattengehen, und vor allem in der Schweiz aufgrund der direktdemokratischen Politikelemente «durchbrochen» werden.

die in der Öffentlichkeit wenig Aufmerksamkeit erfahren, kontrovers sind oder bei systemrelevanten Akteurinnen und Akteuren, z. B. einflussreichen Interessenverbänden, umstritten sind resp. auf Ablehnung stossen (ebd.). Schliesslich beteiligen sie sich durch Stellungnahmen in Vernehmlassungsverfahren und aktive Medienarbeit an der Phase der Politikformulierung, in der Gesetzesvorhaben behördlich ausgearbeitet und den jeweils zuständigen Parlamenten und Regierungen vorgelegt werden. Einflussreiche Agenda Setter bzw. Lobbyistinnen zeichnen sich dadurch aus, dass sie ihre Interessen und Präferenzen nicht «allein auf weiter Flur» vortragen, sondern koordiniert in Koalitionen Gleichgesinnter agieren (Sabatier 1998; Jenkins-Smith et al. 2017).

In der Regel kommt es dabei nicht zuletzt auf die beteiligten Persönlichkeiten, ihre Charaktereigenschaften, Kompetenzen und Strategien an. Um Politik erfolgreich zu gestalten, braucht es hartnäckige Akteurinnen und Akteure – sog. Policy Entrepreneurs –, die neben Sachverstand über ein hohes Mass an Verhandlungsgeschick, Vertrauenswürdigkeit, Sozialkompetenz, Ehrgeiz, Sensibilität für gesellschaftliche Problemlagen, Zeit und Energie verfügen. Dessen ungeachtet gilt es, «zur richtigen Zeit am richtigen Ort» zu sein und bei adäquater Gelegenheit mit einer situativ überzeugenden Idee aufzuwarten oder das passende Konzept «aus der Schublade zu ziehen» (resp. wiederzubeleben). Denn das ist der Kern dessen, was uns Kingdon (1995) und Mintrom (2019, 2020) zu sagen haben: Politik ist ein Personengeschäft, aber vor allem oft irrationaler und weniger planbar, als wir manchmal glauben. Vieles kommt in Bewegung, weil sich im richtigen Moment ein Möglichkeitsfenster (Window of Opportunity) öffnet; weil an den entscheidenden Stellen personelle Veränderungen stattgefunden haben, übergeordnete Problemwahrnehmungen bzw. «Realitätskonstruktionen» anders sortiert sind als in der Vergangenheit oder eine Krise hereingebrochen ist, die gemeistert werden will.

Tauschgeschäfte und Netzwerke
Beispiele für Policy Entrepreneurs im schweizerischen Sozialwesen sind Simone Boll und Michael Herzig. Boll ist als Sozialarbeiterin beim Sozialdienst Davos im Kanton Graubünden tätig und leitet diesen mittlerweile. Sie veranlasste eine Gesetzesrevision, die seit 2017 die Betreuung und Unterbringung unbegleiteter minderjähriger Geflüchteter und die Verteilung der Kosten unter den Gemeinden des Kantons neu regelt. Herzig hat als Geschäftsbereichsleiter Sucht und Drogen des Sozialdepartementes Zürich 2013 dafür gesorgt, den Zürcher Strichplatz zu eröffnen. Der Strichplatz ist

> ein Ort am Stadtrand, an dem Strassenprostitution in geregelter Form stattfindet, Sexarbeitende von Sozialarbeitenden beraten sowie von Sicherheitspersonal geschützt werden. Beide mussten in ihren Bestrebungen, drängende Probleme in ihren Gemeinden auf neuartige Weise zu lösen, über viele Jahre hinweg Überzeugungsarbeit leisten, gegen «Denkverbote» ankämpfen und Kompromisse eingehen. Durch das konsequente Präsentieren von Zahlen und Fakten sowie massgeschneiderte Argumente («zielgruppenorientierte Kommunikation») gewannen sie Kritikerinnen und Kritiker in Politik und Verwaltung für ihre Ideen und versammelten politische (Mehrheits-) Koalitionen um sich. Diese waren notwendig, um ihren unkonventionellen Ansätzen zum Erfolg zu verhelfen. Während Boll ein «Tauschgeschäft» mit dem Davoser Gemeindepräsidenten half, dessen Texte und Reden sie als Expertin mitverfasst hat, nutzte Herzig seine langjährigen Netzwerke in der Zürcher Verwaltung und paarte sie mit einer grossen Portion Pragmatismus, um zu tun, was innerhalb der Rahmenbedingungen machbar war. Beide haben dabei mit viel Leidenschaft getan, was sie als ihren anwaltschaftlichen Auftrag definierten (Kehl und Kindler 2023).

Die Politikwissenschaft in der Schweiz hat auf der Grundlage dieser Erkenntnisse jüngst etwa die ambulante Gesundheitsversorgung in den Kantonen (Sager et al. 2019), die Drogenpolitik (Brunner et al. 2019) und die Einführung von Elternmitwirkungsstrukturen in Schulen (Buser und Kübler 2020) unter die Lupe genommen. Die Konzernverantwortungsinitiative 2020 wäre ohne die hohe öffentliche Sensibilität für Nachhaltigkeitsthemen (Stichwort: Fridays for Future) in Kombination mit engagierten Initiantinnen und Initianten möglicherweise nicht knapp beim Volk durchgekommen (ähnlich wie im Falle von Corona und der Pflegeinitiative 2021, siehe Kap. 4), wenngleich sie sich letztlich den Ständen geschlagen geben musste. Und im europapolitischen Diskurs hat EU-Kommissionspräsidentin Ursula von der Leyen im Januar 2022 angekündigt, die Einführung einer einheitlichen Frauenquote in Unternehmen vorantreiben zu wollen, nachdem entsprechende Ideen zehn Jahre vorher noch vor allem von einer bürgerlichen, deutschen Regierung blockiert wurden. Sie tat dies mit dem Hinweis auf die Ratspräsidentschaft von Frankreich, das eine vergleichsweise energische Gleichstellungspolitik verfolgt, sowie der dazumal neuen Mitte-Links-Regierung in Deutschland, von der Beobachterinnen und Beobachter annahmen, dass sie sich einer Quotenregelung ebenfalls nicht konsequent verschliessen dürfte (FT vom 12.1.2022).

> **Checkliste für Policy Entrepreneurs**
> Die erfolgreiche Gestaltung politischer Agenda-Setting- und Aushandlungsprozesse setzt spezifische Eigenschaften, Kompetenzen und Strategien voraus (Mintrom 2019, 2020).
> Zentrale Eigenschaften von Policy Entrepreneurs:
> - ☑ Ehrgeiz.
> - ☑ Gesellschaftliche Sensibilität.
> - ☑ Vertrauenswürdigkeit.
> - ☑ Sozialkompetenz.
> - ☑ Hartnäckigkeit.
>
> Hilfreiche Kompetenzen:
>
> - ☑ Strategisches Denken.
> - ☑ Teamfähigkeit.
> - ☑ Evidenzbasierung (Sammeln und Präsentieren von Daten).
> - ☑ Überzeugende Argumentation (Storytelling).
> - ☑ Ansprache unterschiedlicher Zielgruppen.
> - ☑ Verhandlungsgeschick.
> - ☑ Netzwerken.
>
> Erfolgversprechende Strategien:
>
> - ☑ Probleme (um-)deuten.
> - ☑ Netzwerke pflegen und erweitern.
> - ☑ Koalitionen aufbauen und nutzen.
> - ☑ Als Vorbild handeln.
> - ☑ Erfolge in die Fläche tragen («skalieren»).

Die Schweiz mit ihrem föderalen, oft kleinteilig organisierten Milizsystem in überschaubaren Gemeinwesen, welche Politik- und Administrationsaufgaben auch heute noch häufig ehrenamtlich oder nebenberuflich erledigen lassen, liefert hervorragendes Anschauungsmaterial dafür, dass das eingangs skizzierte Sektorenmodell als vereinfachende Schablone mit fliessenden Grenzen zwischen Staat, Markt, Familie und Gemeinschaft zu verstehen ist. Gerade das Verhältnis zwischen den politisch-administrativen Instanzen einerseits und den Sozial- bzw. Gesundheitseinrichtungen andererseits mag uns dies demonstrieren. Denn die örtliche Klinik oder das Pflegeheim einer ländlichen Gemeinde oder eines Stadtquartiers erschöpfen sich nicht ausschliesslich in ihren Rollen als Anspruchsberechtigte gegenüber dem öffentlichen Regelungssystem. Genauso wenig sind sie exklusiv Dienstleisterinnen. Mit ihren Infrastrukturen und Angeboten stiften sie normalerweise Orte der Begegnung und des Austausches, an denen verschiedene Menschen zusammenkommen, beteiligen sich am sozialen und kulturellen Leben, kooperieren mit Vereinen, Ämtern und lokalen Firmen. Ihre Repräsentantinnen und Repräsentanten treten mit unterschiedlichen Identitäten auf; als professionelle Gesandte ihres Betriebes, aber auch als Privatpersonen, die womöglich parallel im Chor singen, sich im Elternrat engagieren und frenetisch Parteiarbeit leisten. All dies findet im zu Beginn des Kapitels erwähnten Zwischenbereich statt, den wir nun nicht mehr auf die ihn prägenden Organisationsformen (NPOs, NGOs) engführen und insbesondere von Staat und Markt abgrenzen, sondern als Zivilgesellschaft bezeichnen und begrifflich mit Leben füllen möchten.

Zivilgesellschaft und soziale Innovationen
Wir erinnern uns, dass wir den intermediären Bereich zwischen Staat, Markt und Familie als Sphäre der «gemischten» Güterproduktion beschrieben hatten, ohne genauer auf den ihn prägenden Koordinationsmodus einzugehen. Während der Staat hierarchisch, der Markt wettbewerblich und das Familien- und Gemeinschaftssystem solidarisch resp. auf der Grundlage von Vertrauen und emotionalen Bindungen konstituiert ist, kann Zivilgesellschaft als ein sozialer Komplex interpretiert werden, der die begrenzten Solidaritätsressourcen spezifischer Gemeinschaften (z. B. Verwandtschaft, Nachbarschaften, soziokulturelle Milieus) in kollektive Solidaritäten grösserer sozialer Gruppen resp. Gesellschaft übersetzt (Dekker und van den Broek 1998; Offe 2000; Alexander 2006). Zivilgesellschaftliches Handeln zeichnet sich durch einen fairen, respektvollen und gewaltfreien Umgang und die Bereitschaft zur friedlichen, kompromissorientierten Konfliktregelung in kommunikativer Auseinandersetzung aus; es anerkennt die Heterogenität der sozialen Lebenswelten, bezieht lokale Initiativen, Organisationen und deren Wissen ein und fördert ihre politische Berücksichtigung durch Kollaboration und Verständigung mit bzw. zwischen demokratischen Institutionen und mobilisierter öffentlicher Meinung. Dazu gehört, dass Zivilgesellschaft im öffentlichen Raum stattfindet – in losen Netzwerken und Bewegungen, aber auch formal in Organisationen unter Beteiligung einer aktiven Mitgliedsbasis und/oder freiwillig Engagierten (Cohen und Arato 1992; Lauth 2003; Keane 2010).

In der Schweiz ist die Rede von der Zivilgesellschaft nicht selbstverständlich; im Unterschied zum anglo-amerikanischen Sprach- und Forschungsraum oder den lateinamerikanischen und osteuropäischen Staaten, die in den vergangenen

50 Jahren prägende gesellschaftliche Veränderungen unter der Beteiligung zivilgesellschaftlicher Akteurinnen und Akteure erlebt haben. Während in Frankreich und Deutschland engagierte politische Bestrebungen und Verantwortlichkeiten bestehen, gibt es kein eidgenössisches Departement, das für eine koordinierte Zivilgesellschaftsförderung zuständig ist. Der Zivilgesellschaft scheint es an politischer und medialer Wahrnehmung zu fehlen, da «Herr und Frau Schweizer» in der (halb-)direkten Demokratie «ganz selbstverständlich die oberste Instanz im Staat bilden» (Niederberger 2021: 1). Gelegentlich macht es gar den Anschein, dass Politik und Wirtschaft «mit Kritik und Widerstand, Drohungen oder gar Sanktionen reagieren, sobald Akteure der Zivilgesellschaft nicht nur ehrenamtlich Sportturniere veranstalten und Sprachkurse für Migrantinnen und Migranten erteilen, sondern sich themenanwaltschaftlich engagieren und sich aktiv in gesellschaftspolitische Debatten einbringen» (ebd.: 2).

Dabei hat sich die Erschliessung zivilgesellschaftlicher Ressourcen insbesondere für die Entwicklung und Verbreitung sozialer Innovationen als besonders fruchtbar erwiesen. Wie uns die Forschung lehrt, entstehen neue Ansätze, um sozialen Problemen (besser) zu begegnen – Dienstleistungen, Geschäftsmodelle, Produkte, Organisationsstrukturen und Prozesse, die einen Beitrag zu guten Lebensbedingungen in der Gesellschaft leisten, Inklusion fördern und Menschen befähigen – selten in staatlichen oder marktwirtschaftlichen «Silos». In der Regel setzen sie intersektorale Offenheit und Kollaborationen voraus und nehmen den Weg über die Zivilgesellschaft. Sie tun dies, indem sie sich ihrer starken lokalen Verankerung bewusst werden, die Kompetenzen, Ressourcen und Netzwerke unterschiedlicher Akteurinnen und Akteure vor Ort strategisch – im besten Sinne unternehmerisch, d. h. mitunter auch gegen bürokratische Widerstände – nutzen und in hohem Masse Freiwillige in die Angebotserstellung einbeziehen. Es ist kein Wunder, dass zahlreiche Sozialinnovationen einen zivilgesellschaftlichen Ursprung haben, denn die «Frühwarnsysteme» von Betroffenenverbänden, Quartiersvereinen, Integrationsfirmen etc. sind nicht nur sensibel kalibriert, sondern der Bottom-up-Charakter und die kontinuierliche Integration von Stakeholderinnen und Stakeholdern verleiht ihnen zusätzliche Legitimität (Nicholls et al. 2015; Parpan-Blaser 2018; Anheier et al. 2019).

Treffende Beispiele für Innovationen, die das Gesundheits- und Sozialwesen in gleicher Weise betreffen, finden sich im Umgang mit gewandelten Ansprüchen an das Leben und Wohnen im Alter sowie bei Pflege- und Unterstützungsbedarf auch jüngerer Menschen. In diesem Bereich brechen sich neue Wohn- und Versorgungskonzepte flächendeckend in der gesamten Schweiz Bahn. Einig in der Analyse, dass die bisherige Versäulung aus ambulanter Versorgung zuhause und stationärem Heimaufenthalt nicht zukunftsträchtig ist und den Bedürfnissen der Betroffenen und ihrer Familien immer weniger entspricht, wurden von Spitex-Organisationen, Fach- und Betroffenenverbänden, Spitälern, Stiftungen, Genossenschaften, lokalen Initiativen und Gemeinden im ganzen Land neue Modelle entwickelt und Projekte ins Leben gerufen.

Da wäre zum einen die wachsende Struktur intermediärer Tages- und Nachtangebote, die eine vorübergehende Betreuung in Heimen und Tagesstätten mit niederschwelligen Unterstützungs- und Beratungsleistungen verbinden. Sie dienen der Entlastung pflegender Angehöriger, schliessen Versorgungslücken und tragen in einigen Fällen dazu bei, die Auslastung bestehender Einrichtungen zu optimieren (Kehl et al. 2018; Götzö et al. 2019). Andererseits haben in den vergangenen Jahren gemeinschaftliche (Alters- und Mehrgenerationen-)Wohnsiedlungen von sich Reden gemacht, welche die Stimulation und Steuerung informeller, nachbarschaftlicher Hilfe- und Unterstützungsnetzwerke durch Ansätze der Gemeinwesenarbeit und des Quartiersmanagements vorsehen und z. T. den Zugang zu professionellen Dienstleistungen vereinfachen. Sie nutzen zu diesem Zweck insbesondere die Tatsache, dass vor dem Hintergrund der demografischen und gesundheitlichen Entwicklung immer mehr «junge Alte» fit und motiviert sind, sich freiwillig für Menschen in ihrem Nahraum zu engagieren (Höpflinger 2022) und dadurch Bedürfnisse befriedigen können, die von der Pflegefinanzierung nicht abgedeckt sind.[3] Nachweislich haben solche Ansätze sozialintegrative, gesundheitsfördernde und lebensqualitätssteigernde Wirkungen auf Unterstützte wie Unterstützende (Kehl und Then 2013; Kehl 2020). Generell sind im Sinne der Gesundheitsprävention und Lebensqualität älterer und benachteiligter Menschen Partizipationsstrukturen und «gemanagtes» Freiwilligenengagement heutzutage kaum noch wegzudenken. Für Organisationen aus dem Sozial- und Gesundheitsbereich ist es deshalb keine triviale Frage, wie sie freiwillige Helferinnen und Helfer anwerben, begleiten und adäquat anerkennen können (Haunberger et al. 2022). Die Lancierung und Etablierung der Tages- und Nachtangebote ebenso wie der neuen Wohn- und Lebensräume war aber nur möglich, weil öffentliche Stellen, privatwirtschaftliche Unternehmen, Akteurinnen und Akteure der Zivilgesellschaft und des Gesundheits- und Sozialwesens in einem konstruktiven Dialog ihre Interessen und Investitionsbeiträge sorgsam abgewogen

---

[3] Einen Überblick über (vielfach bottom-up entstandene, selbstverwaltete) Generationenwohnprojekte liefern Pock et al. (2021). Mit dem «Wohn- und Pflegemodell 2030» hat der Fachverband CURAVIVA ein integriertes, sozialraumorientiertes Wohn- und Versorgungsleitbild vorgeschlagen, an dem sich Anbieterorganisationen, Heimbetreiberinnen und öffentliche Institutionen orientieren können (CURAVIVA 2021).

haben. Mit dem Ergebnis, dass dies- und jenseits des «Röstigrabens» Bausteine Eingang in die wohlfahrtsstaatliche Architektur gefunden haben, die das Gesamtsystem nicht revolutionieren, aber vielen Schweizerinnen und Schweizern dabei helfen, ihren Alltag besser zu meistern.

Das Thema Wohnen verdeutlicht auch auf einer allgemeineren Ebene, wie Sozialorganisationen mit Zivilgesellschaft, Staat und Markt zusammenspannen können – um gemeinsam für neue Wege in der Wohnwirtschaft und Wohnpolitik zu streiten. Vor allem in den urbanen Zentren führt der zunehmende Mangel an erschwinglichem Wohnraum bereits seit geraumer Zeit dazu, dass sich das Grundbedürfnis Wohnen für immer weniger Menschen adäquat befriedigen lässt. Im Jahre 2022 war in mehr als zwei Dritteln der schweizerischen Städte das Wohnraumangebot zu klein. Dadurch gerieten insbesondere Familien, Alleinerziehende und Haushalte mit begrenzten ökonomischen Mitteln in akute Bedrängnis. Die Stadt Zürich ist ein Extremfall: Die Leerwohnungsziffer rutschte 2022 unter 0.1% (Stadt Zürich 2022; Wüest Partner 2023). Neben reduzierter Bautätigkeit sowie der Verdrängung von langjähriger Mieterschaft im Zuge von «Luxussanierungen» und dem Zuzug finanzstarker, oft bildungsbürgerlicher Milieus (sog. Gentrifizierung) machen steigende Mietzinse und Nebenkosten als Inflationsfolgen beliebte Quartiere für weite Teile der Bevölkerung praktisch unbewohnbar. Vereine wie der Mieterinnen- und Mieterverband oder Urban Equipe begegnen diesem Problem und setzen sich für die Betroffenen und eine Demokratisierung der Stadtentwicklung ein. Einige Gemeinden verabschiedeten in den vergangenen Jahren Mindestquoten für gemeinnützige Bauträgerschaften, die ihre Objekte zum Selbstkostenpreis vermieten. Neue Genossenschaftsmodelle leisten ihren Beitrag und stellen nicht ausschliesslich kostengünstige Wohnraum zur Verfügung, sondern verstehen sich als Begegnungsorte und Kristallisationspunkte lokaler Zivilgesellschaft. Sozialarbeitende bieten Beratungsangebote und konkrete Assistenz bei der Wohnungssuche an. Gelegentlich wirkt es jedoch so, als könnten die genannten Akteurinnen und Akteure noch koordinierter handeln, um der Politik und Immobilienwirtschaft mit breiter Brust entgegenzutreten. Organisationen des Sozialwesens sind prädestiniert dafür, in diesem Netzwerk eine moderierende Rolle einzunehmen.

Es kann sich also durchaus lohnen, wenn Gesundheits- und Sozialeinrichtungen ihre Bezüge zu den anderen gesellschaftlichen Sektoren stets im Blick behalten und die Schnittstellen zu Staat, Markt, Familie und informellen Gemeinschaften aufmerksam bearbeiten, um auch in Zukunft qualitativ hochstehende, bedürfnisgerechte Leistungen anzubieten. Innovatives Handeln wird dabei zunehmend nachhaltiges Handeln sein, das den Blick über die Sektoren und die Kategorien der sozialen und wirtschaftlichen Nachhaltigkeit hinaus auf die Übernahme ökologischer Verantwortung richtet. In Zeiten einer sich dramatisch verschärfenden «Klimakrise» und der Gefährdung von Lebensgrundlagen durch die globale Erwärmung, noch nie dagewesene Naturkatastrophen, Artensterben etc. wird in den kommenden Jahren wohl kein Weg daran vorbeiführen, dass auch das Sozial- und Gesundheitswesen die Grenzen des Wachstums anerkennt und sich verstärkt an lokalen, gemeinwohlökonomischen Ressourcen ausrichtet (Paech 2022). Dazu werden Organisationen Konzepte des Nachhaltigkeitsmanagements entwickeln, die sich nicht auf isolierte Massnahmen beschränken, sondern einen kontinuierlichen Prozess aus strategischen und operativen Aufgaben sowie ein Nachhaltigkeitscontrolling etablieren (Stepanek 2022).

▶ **Literatur zur Vertiefung**

- Pennerstorfer und Badelt (2013) und Kehl und Kindler (2023).

▶ **Lernaufgabe**
Stellen Sie sich vor, Sie möchten als Geschäftsleiterin oder Geschäftsleiter einer gemeinnützigen Gesundheits- bzw. Sozialeinrichtung ein innovatives Dienstleistungsangebot lancieren. Sie wissen, dass Sie dafür auf die finanzielle Förderung durch öffentliche Institutionen, politische Unterstützung im Gemeindeparlament, aber auch zivilgesellschaftliche Akteurinnen und Akteure in ihrem Quartier angewiesen sind. Wie würden Sie mit Verweis auf die gesellschaftlichen Funktionen von NPOs argumentieren, dass Ihre Innovation nicht nur einen ökonomischen Mehrwert generiert, sondern einen sozialen, kulturellen und ggf. auch politisch (ökologisch) relevanten Beitrag leistet? Welche Eigenschaften, Kompetenzen und Strategien könnten Ihnen behilflich sein, um möglichst breite Unterstützung für Ihr Innovationsvorhaben zu mobilisieren?

Literatur

Alexander, Jeffrey C. 2006. *The Civil Sphere*. Oxford: Oxford University Press.
Almond, Gabriel A., und Sidney Verba. 1963. *The Civic Culture: Political Attitudes and Democracy in Five Nations*. Princeton: Princeton University Press.
Amann, Kathrin, und Tobias Kindler. 2021. *Sozialarbeitende in der Politik: Biografien, Projekte und Strategien parteipolitisch engagierter Fachpersonen der Sozialen Arbeit*. Berlin: Frank Timme.
Anheier, Helmut K. 2014. *Nonprofit Organizations: Theory, Management, Policy*, 2. Aufl. London: Routledge.
Anheier, Helmut K. Gorgi Krlev, und Georg Mildenberger. 2019. *Social Innovation: Comparative Perspectives*. New York: Routledge.

Literatur

AvenirSocial. 2010. *Berufskodex Soziale Arbeit Schweiz: Ein Argumentarium für die Praxis*. Bern: AvenirSocial.

Barben, Jürg. 2018. Quo vadis bezahlbare Medizin? *Schweizerische Ärztezeitung* 99(39):1332–1335.

Benford, Robert D., und David A. Snow. 2000. Framing Processes and Social Movements: An Overview and Assessment. *Annual Review of Sociology* 26:611–639.

Benz, Benjamin, und Günter Rieger. 2015. Politische Professionalität in der Sozialen Arbeit. In *Politikwissenschaft für die Soziale Arbeit: Eine Einführung*, Hrsg. Benjamin Benz und Günter Rieger, 185–192. Wiesbaden: Springer VS.

BFS (Bundesamt für Statistik). 2021a. Krankenhausstatistik: Standardtabellen 2020. https://www.bfs.admin.ch/bfs/de/home/aktuell/neue-veroeffentlichungen.assetdetail.19524721.html.

BFS. 2021b. Kennzahlen der Schweizer Spitäler 2019. https://www.bag.admin.ch/bag/de/home/zahlen-und-statistiken/zahlen-fakten-zu-spitaelern/kennzahlen-der-schweizer-spitaeler.html.

BFS. 2022. Statistik der Unternehmensstruktur STATENT. https://www.bfs.admin.ch/bfs/de/home/statistiken/industrie-dienstleistungen/unternehmen-beschaeftigte/wirtschaftsstruktur-unternehmen.html.

Blum, Sonja, und Klaus Schubert. 2018. *Politikfeldanalyse: Eine Einführung*. Wiesbaden: Springer VS.

Brunner, Palmo, Daniel Kübler, und Lyne Schuppisser. 2019. *Politikfeldanalyse der Schweizer Drogenpolitik: Debatten und Advocacy-Koalitionen 2008–2018 (Schlussbericht im Auftrag des Bundesamtes für Gesundheit)*. Zürich: Universität Zürich.

Buser, Patricia, und Daniel Kübler. 2020. Understanding Participatory Innovations: A Multiple Streams Account of the Creation of Parents' Councils in Swiss Schools. *The Innovation Journal* 25(1):1–21.

Cohen, Jean L., und Andrew Arato. 1992. *Civil Society and Political Theory*. Cambridge: Institute of Technology.

Coleman, James S. 1990. *Foundations of Social Theory*. Cambridge: Harvard University Press.

Cosandey, Jérôme. 2020. Billiger ist nicht immer gesund. *Die Volkswirtschaft* 7/2020:20–22.

CURAVIVA. 2021. *Synthesebericht: Erfolgsfaktoren, Herausforderungen und Empfehlungen* (Projekt «Verbreitung der integrierten und sozialraumorientierten Versorgung in der Schweiz basierend auf den Prinzipien des Wohn- und Pflegemodells 2030). Bern: CURAVIVA.

Dekker, Paul, und Andries van den Broek. 1998. Civil Society in Comparative Perspective Involvement in Voluntary Associations in North America and Western Europe. *Voluntas International Journal of Voluntary and Nonprofit Organizations* 9(1):11–38.

Dittmann, Jörg, und Konstantin Kehl. 2022. Vom Steuerungsmodell zum partizipativen Gestaltungsansatz: Sozialplanung im Wandel gesellschaftlicher Ansprüche. In *Zwischen gesellschaftlichem Auftrag und Wettbewerb: Sozialmanagement und Sozialwirtschaft in einem sich wandelnden Umfeld*, Hrsg. Christoph Gehrlach, Matthias von Bergen, und Katharina Eiler, 147–158. Wiesbaden: Springer VS.

Downs, Anthony. 1957. *An Economic Theory of Democracy*. New York: Harper.

Evers, Adalbert und Benjamin Ewert. 2021. Understanding Co-production as a Social Innovation. In *The Palgrave Handbook of Co-Production of Public Services and Outcomes*, Hrsg. Elke Loeffler, und Tony Bovaird, 133–153. Cham: Springer.

Evers, Adalbert, und Thomas Olk. 1996. *Wohlfahrtspluralismus: Vom Wohlfahrtsstaat zur Wohlfahrtsgesellschaft*. Opladen: Westdeutscher Verlag.

FT (Financial Times) vom 12.1.2022. Von der Leyen expects EU deal on rules for women in boardrooms. https://www.ft.com/content/d98e6634-ef76-4cf3-8477-628e0d9d2acb.

Götzö, Monika, Sarah Neukomm, Barbara Baumeister, Konstantin Kehl, Rahel Strohmeier, Fiona Gisler, Jasmin Gisiger, Simon Bock, und Nicole Kaiser. 2019. *Tages- und Nachtstrukturen: Einflussfaktoren der Inanspruchnahme* (Schlussbericht des Forschungsmandats G5 des Förderprogramms Entlastungsangebote für betreuende Angehörige, im Auftrag des Bundesamts für Gesundheit). Bern: Bundesamt für Gesundheit.

Hansmann, Henry. 1980. The Role of Nonprofit Enterprise. *Yale Law Journal* 89(5):835–901.

Haunberger, Sigrid, Konstantin Kehl, und Carmen Steiner, Hrsg. 2022. *Freiwilligenmanagement in zivilgesellschaftlichen Organisationen: Anwerben. Begleiten und Anerkennen von freiwilligem Engagement im Alter*. Zürich: Seismo.

Helmig, Bernd, Hans Lichtsteiner, und Markus Gmür. 2010. *Der Dritte Sektor der Schweiz: Länderstudie zum Johns Hopkins Comparative Nonprofit Sector Project*. Bern: Haupt.

Hengevoss, Alice und Oliver Berger. 2018. *Konjunkturbarometer: Eine Trendanalyse des Schweizer NPO-Sektors (CEPS Forschung & Praxis Band 18)*. Basel: CEPS.

Höpflinger, François. 2022. Alter(n) und Freiwilligentätigkeiten. In *Freiwilligenmanagement in zivilgesellschaftlichen Organisationen: Anwerben, Begleiten und Anerkennen von freiwilligem Engagement im Alter*, Hrsg. Sigrid Haunberger, Konstantin Kehl, und Carmen Steiner, 33–51. Zürich: Seismo.

ICN (International Council of Nurses). 2012. *The ICN Code of Ethics for Nurses*. Genf: ICN.

Jann, Werner, und Kai Wegrich. 2014. Phasenmodelle und Politikprozesse: Der Policy-Cycle. In *Lehrbuch der Politikfeldanalyse*, 3. Aufl. Hrsg. Schubert, Klaus und Nils C. Bandelow, 97–132. München: De Gruyter Oldenbourg.

Jenkins-Smith, Hank C. Daniel Nohrstedt, Christopher M. Weible, und Karin Ingold. 2017. The Advocacy Coalition Framework: An Overview of the Research Program. In *Theories of the Policy Process*, 4. Aufl. Hrsg. Christopher M. Weible und Paul A. Sabatier, 135–171. New York: Avalon Publishing.

Keane, John. 2010. Civil Society, Definitions and Approaches. In *International Encyclopedia of Civil Society*, Hrsg. Helmut K. Anheier und Stefan Toepler, 461–464. New York: Springer.

Kehl, Konstantin. 2020. Soziale Investitionen, Wirkungsorientierung und Social Return in der Quartiersarbeit. In *Die Wirkungsdebatte in der Quartiersarbeit*, Hrsg. Monika Burmester, Jan Friedemann, Stephanie Catharina Funk, Sabine Kühnert, und Dieter Zisenis, 155–166. Wiesbaden: Springer VS.

Kehl, Konstantin, und Tobias Kindler. 2023. Sozialarbeitende als Policy Entrepreneurs: Wie Fachpersonen der Sozialen Arbeit sozialpolitische Innovationen mitgestalten können. In *Innovative Soziale Arbeit*, Hrsg. Matthias Hüttemann und Anne Parpan-Blaser, 67–79. Stuttgart: Kohlhammer.

Kehl, Konstantin, und Rahel Strohmeier Navarro Smith. 2018. Long-term Care and Intermediary Structures for Frail Older People: Switzerland and Germany in Comparison. *International Journal of Care and Caring* 2(2):253–272.

Kehl, Konstantin, und Volker Then. 2013. Community and Civil Society Returns of Multigeneration Cohousing in Germany. *Journal of Civil Society* 9(1):41–57.

Kehl, Konstantin, und Volker Then. 2018. Soziale Investitionen, Wirkungsorientierung und Social Return. In *Sozialwirtschaft: Handbuch für Wissenschaft und Praxis*, Hrsg. Klaus Grunwald und Andreas Langer, 858–871. Baden-Baden: Nomos.

Kingdon, John W. 1995. *Agendas, Alternatives and Public Policies,* 2. Aufl. New York: HarperCollins College Publishers.

Kingma, Bruce R. 2003. Public Good Theories of the Nonprofit Sector. In *The Study of Nonprofit Enterprise: Theories and Approaches,* Hrsg. Helmut K. Anheier und Avner Ben-Ner, 53–65. New York: Springer.

Lauth, Hans-Joachim. 2003. Zivilgesellschaft als Konzept und die Suche nach ihren Akteuren. In *Die Praxis der Zivilgesellschaft: Akteure, Handeln und Strukturen im internationalen Vergleich,* Hrsg. Arnd Bauerkämper, 31–56. Frankfurt: Campus.

Liesen, Christian und Angela Wyder. 2020. Zur Einführung der Subjektfinanzierung im Kanton Zürich (Bericht zuhanden der Sicherheitsdirektion des Kantons Zürich). Zürich: ZHAW Soziale Arbeit.

Mintrom, Michael. 2019. So you want to be a policy entrepreneur? *Policy Design and Practice* 2(4):307–323.

Mintrom, Michael. 2020. *Policy Entrepreneurs and Dynamic Change.* Cambridge: Cambridge University Press.

Nicholls, Alex, Julie Simon, und Madeleine Gabriel. 2015. *New Frontiers in Social Innovation Research.* Basingstoke: Palgrave Macmillan.

Niederberger, Lukas. 2021. Zivilgesellschaft in der Schweiz: Die omnipräsente Unbekannte; Observatorium – Analysen. *Positionen und Diskurse zu Zivilgesellschaft, Engagement und Philanthropie* 48:1–6.

Offe, Claus. 2000. Civil Society and Social Order: Demarcating and Combining Market, State and Community. *European Journal of Sociology* 41(1):71–94.

Paech, Niko. 2022. Lebensqualität durch Selbstbegrenzung. In *Transforming our World: Zukunftsdiskurse zur Umsetzung der UN-Agenda 2030,* Hrsg. Christiane Meyer, 195–202. Bielefeld: transcript.

Parpan-Blaser, Anne. 2018. Organisationen des Sozialwesens als Ort von Innovationen; In *Gestaltung von Innovationen in Organisationen des Sozialwesens: Rahmenbedingungen, Konzepte und Praxisbezüge,* Hrsg. Johannes Eurich, Markus Glatz-Schmallegger, und Anne Parpan-Blaser, 31–53. Wiesbaden: Springer VS.

Pennerstorfer, Astrid und Christoph Badelt. 2013. Zwischen Marktversagen und Staatsversagen? Nonprofit-Organisationen aus ökonomischer Sicht. In *Handbuch der Nonprofit-Organisation,* Hrsg. Ruth Simsa, Michael Meyer, und Christoph Badelt, 107–120. Stuttgart: Schäffer-Poeschel.

Pierson, Paul. 2000. Increasing Returns, Path Dependence, and the Study of Politics. *The American Political Science Review* 94(2):251–267.

Pock, Leonie, Althaus Eveline, Otto Ulrich, Greusing Marie-Hélène, Kaspar Heidi, und Glaser Marie. 2021. Generationenwohnen: Eine Dokumentation von 19 Generationenwohnen-Projekten im Rahmen des Forschungsprojekts «Generationenwohnen in langfristiger Perspektive – von der Intention zur gelebten Umsetzung». Zürich: ETH Wohnforum.

Putnam, Robert D. 1995. Bowling Alone: America's Declining Social Capital *Journal of Democracy* 6(1):65–78.

Putnam, Robert D, und Kristin A. Goss. 2002. Introduction. In *Democracies in Flux: The Evolution of Social Capital in Contemporary Society,* Hrsg. Robert D. Putnam, 3–19. Oxford: Oxford University Press.

Rein, Martin, und Donald Schön. 1993. Reframing Policy Discourse. In *The Argumentative Turn in Policy Analysis and Planning,* Hrsg. Frank Fischer, und John Forester, 145–166. Durham: Duke University Press.

Roß, Paul-Stefan. 2018. Governance. In *Sozialwirtschaft: Handbuch für Wissenschaft und Praxis,* Hrsg. Grunwald, Klaus und Langer, Andreas, 726–738. Baden-Baden: Nomos.

Sabatier, Paul A. 1998. The advocacy coalition framework: Revisions and relevance for Europe. *Journal of European Public Policy* 5(1):98–130.

Sager, Fritz, Christian Rüefli, und Eva Thomann. 2019. Fixing Federal Faults: Complementary Member State Policies in Swiss Health Care Policy. *International Review of Public Policy* 1(2):147–172.

Salamon, Lester M. 1995. *Partners in Public Service: Government-Nonprofit Relations in the Modern Welfare State.* Baltimore: Johns Hopkins University Press.

Stadt Zürich. 2022. Noch weniger leere Wohnungen in der Stadt Zürich. https://www.stadt-zuerich.ch/prd/de/index/ueber_das_departement/medien/medienmitteilungen/2022/august/220830a.html.

Stepanek, Peter. 2022. *Sozialwirtschaft nachhaltig managen: Eine Einführung.* Wiesbaden: Springer VS.

Streeck, Wolfgang, und Philippe C. Schmitter. 1985. Community, Market, State – and Associations? The Prospective Contribution of Interest Governance to Social Order. *European Sociological Review* 1(2):119–138.

Then, Volker, und Konstantin Kehl. 2012. Soziale Investitionen: Ein konzeptioneller Entwurf. In *Soziale Investitionen: Interdisziplinäre Perspektiven,* Hrsg. Helmut K. Anheier, Andreas Schröer, und Volker Then, 39–86. Wiesbaden: VS Verlag.

Toepler, Stefan und Helmut K. Anheier. 2005. Theorien zur Existenz von Nonprofit-Organisationen. In *Nonprofit-Organisationen in Recht, Wirtschaft und Gesellschaft,* Hrsg. Klaus Hopt, Thomas von Hippel, und Rainer Walz, 47–63. Tübingen: Mohr Siebeck.

Von Schnurbein, Georg. 2013. Der Nonprofit-Sektor in der Schweiz. In *Handbuch der Nonprofit-Organisation,* Hrsg. Ruth Simsa, Michael Meyer, und Christoph Badelt, 37–54. Stuttgart: Schäffer-Poeschel.

Weisbrod, Burton A. 1977. *The Voluntary Nonprofit Sector: An Economic Analysis.* Lexington: Lexington Press.

Wuthnow, Robert. 1998. *Loose Connections: Joining Together in America's Fragmented Communities.* Cambridge: Harvard University Press.

Wuthnow, Robert. 1999. Mobilizing Civic Engagement: The Changing Impact of Religious Involvement. In *Civic Engagement in American Democracy* Hrsg.Theda Skocpol und Morris Fiorina, 331–363. Washington: Brookings Institution Press.

Wüest Partner. 2023. Wohnungspolitik in Städten und städtischen Gemeinden: Bedürfnisse und Herausforderungen. Bericht zur Umfrage im Auftrag des Bundesamts für Wohnungswesen und des Schweizerischen Städteverbandes. Bern: Bundesamt für Wohnungswesen (im Erscheinen).

Literatur

Open Access Dieses Kapitel wird unter der Creative Commons Namensnennung 4.0 International Lizenz (http://creativecommons.org/licenses/by/4.0/deed.de) veröffentlicht, welche die Nutzung, Vervielfältigung, Bearbeitung, Verbreitung und Wiedergabe in jeglichem Medium und Format erlaubt, sofern Sie den/die ursprünglichen Autor(en) und die Quelle ordnungsgemäß nennen, einen Link zur Creative Commons Lizenz beifügen und angeben, ob Änderungen vorgenommen wurden.

Die in diesem Kapitel enthaltenen Bilder und sonstiges Drittmaterial unterliegen ebenfalls der genannten Creative Commons Lizenz, sofern sich aus der Abbildungslegende nichts anderes ergibt. Sofern das betreffende Material nicht unter der genannten Creative Commons Lizenz steht und die betreffende Handlung nicht nach gesetzlichen Vorschriften erlaubt ist, ist für die oben aufgeführten Weiterverwendungen des Materials die Einwilligung des jeweiligen Rechteinhabers einzuholen.

Zwischen Wandel und sozialer Gerechtigkeit: Herausforderungen des Gesundheits- und Sozialwesens

8

Zusammenfassung

Soziale Gerechtigkeit ist eine Chiffre, um die sich viele sozial- und gesundheitspolitische Diskurse ranken. Das teils essayistische Abschlusskapitel stellt die Grundideen des Liberalismus und Republikanismus vor, die bis heute unsere Vorstellungen von sozialer (Un-)Gerechtigkeit prägen, und setzt sich mit den theoretischen Weiterentwicklungen von John Rawls und Michael Walzer auseinander. Auf dieser Basis vertiefen wir das Thema in Bezug auf die Schweiz sowie aktuelle Diskurse und Herausforderungen im Gesundheits- und Sozialwesen.

▶ **Lernziele des Kapitels**
- Sie können die Unterschiede zwischen Liberalismus und Republikanismus bezüglich ihres Menschenbildes, der Aufgaben des Staates und des Zusammenlebens der Bürgerinnen und Bürger beschreiben.
- Sie benennen verschiedene Theorien und Konzeptionen sozialer Gerechtigkeit.
- Sie wissen von mindestens zwei Herausforderungen im Sozial- und Gesundheitswesen, die entlang sozialer Gerechtigkeitsfragen debattiert werden, und können überzeugende Argumente dafür formulieren.

Das Gesundheits- und Sozialwesen steht vor einer Vielzahl an Herausforderungen. Einige von ihnen wurden bereits behandelt. Die Folgen des wirtschaftlichen Strukturwandels, von Automatisierung und Digitalisierung, kündigten sich in den vergangenen Jahren bereits auf mehr oder weniger leisen Sohlen in der Sozialhilfe an. Personen, die darauf nicht ausreichend vorbereitet sind oder deren Aus- und Weiterbildungsprofile den Erfordernissen des modernen Arbeitsmarktes nicht mehr entsprechen, werden immer häufiger von der ALV «ausgesteuert» und landen trotz mitunter langjähriger Berufserfahrung (im schlechtesten Fall bis zur Erreichung des Renteneintrittsalters) in der Sozialhilfe. Ein mühsamer Weg des sozialen Abstiegs droht, der zu sozialer Stigmatisierung und psychischen Problemen führen kann. Gerade bei Jüngeren mehren sich «Arbeitsintegrations-Biografien» mit Anstellungen in subventionierten Beschäftigungen des zweiten Arbeitsmarktes. Dagegen muss der Personal- und Fachkräftemangel seine Schatten nicht mehr vorauswerfen. Er ist vor allem im Gesundheitsbereich längst omnipräsent und führt zu Belastungsspitzen der Mitarbeitenden und – indirekt – reduzierter Jobzufriedenheit.

Die demografische Entwicklung begleitet uns als Schlagwort seit 30 bis 40 Jahren und scheint immer noch nicht «von gestern» zu sein; über ihre Folgen debattieren wir im politischen Akkord (Stichwort: AHV-Reformen). Der steigende Kostendruck darf ebenfalls in keiner Abhandlung über den Zustand der gesundheitlichen und sozialen Versorgung fehlen. Unterdurchschnittliche – gelegentlich heisst es: «unterirdische» – Löhne in Gesundheits- und Sozialeinrichtungen wollen wir nicht eigens thematisieren. Sie sind die Wurzel manchen Übels, wenn es um Qualitätseinbussen und mangelnde Arbeitsplatzattraktivität geht, und über sie wurde zuletzt viel geschrieben. Papier ist geduldig.

Apropos Papier, das braucht es in Zeiten der Digitalisierung offenbar nicht mehr. Medizinische Diagnosen werden über Online-Chats gestellt, Sozialberatungen über MS Teams oder Zoom (oder in ein paar Jahren womöglich per Virtual Reality Tool) abgehalten, Hochschulen unterrichten das Leitungspersonal von morgen im Flipped Classroom. Künstliche Intelligenz hält scheinbar über kurz oder lang in Spitälern, Praxen und Amtsstuben Einzug. Schon heute wird mit Algorithmen experimentiert, um etwa Fallverläufe im Kindesschutz vorherzusagen. Auf diese Trends haben sich Organisationen in den vergangenen zehn bis 15 Jahren mit grossangelegten Digitalisierungsprojekten und strategischen Initiativen zur Bewältigung des digitalen Wandels vorbereitet. Trotzdem waren wir bei Ausbruch der Pandemie einigermassen unvorbereitet und überrascht, was man alles ohne persönlichen Kontakt und «feuchten Händedruck» erledigen kann (das oft sogar mit Effizienzgewinnen, und in vielen Fällen hat durch die Umstellung auf entsprechende Formate – vielleicht auch aufgrund der Alternativlosigkeit und des hohen zeitlichen Drucks – die Qualität nicht gelitten). Was bei «digitalen Eingeborenen» oft nur ein verblüfftes Schulterzucken hervorruft, führt auch mit der prägenden Corona-Erfahrung im Rucksack an vereinzelten Stellen immer noch zu veritablen Irritationen und Ratlosigkeit. Wohlgemerkt: Einige Städte und Gemeinden verkündeten kürzlich – rund ein Vierteljahrhundert nach der flächendeckenden Verbreitung des Internets – dass sie beim hausinternen Schriftverkehr das altehrwürdige Telefax endgültig in Rente geschickt haben, ja, Bürgerinnen und Bürger Verwaltungsroutinen mittlerweile bequem von zuhause aus erledigen könnten. Immerhin.

Es wäre naheliegend, darüber zu schmunzeln, wäre der zögerliche, manchmal unbeholfene Umgang mit der Digitalisierung nicht ein Symptom für die grundlegende Unbeweglichkeit des Gesundheits- und Sozialwesens, die ihm bisweilen unterstellt wird. Für die langen Reaktionszeiten, mit denen sich Leistungstragende und Leistungserbringende soziale, technologische und ökologische Veränderungen zu eigen machten. Ihre traditionellen, hierarchischen Strukturen seien auf Stabilität ausgerichtet; ihnen fehle die Flexibilität, die Kultur, das Mindset, um aktuellen Herausforderungen mit dem nötigen Tempo zu begegnen. Steuerungs- und Entscheidungsprozesse seien träge und ressourcenintensiv, neue Angebote und Produkte könnten nicht zeitnah und unbürokratisch entwickelt werden, Wünsche und Bedürfnisse der Leistungsbeziehenden blieben aussen vor. Durch unzureichende Lösungen für das Problem der Fachkräfteknappheit komme es zu Kapazitätsengpässen und Qualitätsverlusten, hoher Arbeitsbelastung und Stellenfluktuation, mit dem Ergebnis hoher Kosten, niedriger Effizienz sowie unzureichender «Kundenorientierung». Schenkt man Managementhandbüchern der vergangenen Jahre (Laloux 2014; Strauch und Reijmer 2018) Glauben, führen selbstorganisierte, partizipative Organisations- und Führungsmodelle zum Glück. Wir sind alle miteinander zu wenig kollaborativ, innovativ, disruptiv, es mangelt an Agilität und Responsivität, um ein paar weitere, populäre Catch Words in den Ring zu werfen. Organisationen werden – angeblich – leistungsfähiger, wenn sie nicht übermässig hierarchisch strukturiert sind. Sie sollen die Verantwortung für zentrale organisationale Belange und Prozesse auf Teams von Mitarbeitenden übertragen, die sodann sinnorientiert zusammenarbeiten, je nach Fähigkeiten und Motivation grösstmögliche Verwirklichung finden, sich mit den eigenen Handlungen und Entscheiden identifizieren, flexibler und rascher auf die Bedürfnisse der Klientinnen und Klienten eingehen und Innovationen bottom-up entwickeln.

Fach- und Führungskräfte der Gesundheits- und Sozialberufe können sich zu den aufgereihten Entwicklungen und Diagnosen positionieren, im Sinne der Patientinnen und Klienten konstruktiv mit ihnen umgehen. Einrichtungen und Betriebe sind in der Lage, sie vorausschauend in ihr Handeln und die Planung von Zukunftsstrategien und Angeboten einzubeziehen, Politik und Behörden die Rahmenbedingungen zu schaffen.

Betrachten wir die politischen und ökonomischen Rahmenbedingungen des Sozial- und Gesundheitswesens, tun wir dies einerseits, um die Probleme und Lebenssituationen der Klientinnen und Patienten vor dem Hintergrund übergeordneter gesellschaftlicher Strukturen und Prozesse besser einordnen zu können, die politisch-institutionellen und ökonomischen Umfeldfaktoren des professionellen Handelns zu kennen und öffentliche Diskurse nachzuvollziehen, in denen Pflegende, Betreuungspersonal, Sozialarbeitende etc. die Legitimität ihres Tuns immer wieder neu herstellen und absichern. Wir tun es andererseits, um zum Wohle der Begünstigten an politischen und ökonomischen Interaktionen aufgeklärt teilhaben resp. als (angehende) Führungspersonen die Leistungserbringung in fortschrittlicher Weise auszurichten und die dafür benötigte Ressourcenausstattung abzusichern. Dazu gehört, mit relevanten Debatten und Entwicklungen vertraut zu sein, die das individuelle und kollektive Handeln in den kommenden Jahren prägen werden. Ebenfalls erfordert es, von den eigenen Interessen und Präferenzen (z. B. als Mitarbeiterin oder Mitarbeiter einer spezifischen Organisation) auf eine übergeordnete Ebene zu abstrahieren, welche die persönliche Haltung auf Interessen und Präferenzen anderer beziet. Die daraus resultierenden Problemdeutungen und Lösungsrezepte können unterschiedlich sein. Für eine fundierte Positionsbestimmung hat es sich bewährt, grundlegende Einsichten der politischen Philosophie zum Verhältnis von Individuum und Gesellschaft (bzw. Staat) sowie divergierende Interpretationsangebote sozialer Gerechtigkeit zu reflektieren.

Liberalismus und Republikanismus
Liberalismus und Republikanismus als klassische politische Paradigmen geben die Koordinaten an, damit wir auf dem dicht bewachsenen Terrain sozial- und gesundheitspolitischer Diskussionen sicher navigieren. Sie sind die «beiden großen ‹Familien› in der Politischen Theorie und Ideengeschichte» (Schaal und Heidenreich 2016: 51), derer sich moderne politische Erklärungsansätze und Argumentarien nach wie vor zuordnen lassen. Um es kurz zu fassen und kein Philosophieseminar zu begründen, fassen wir die allerwichtigsten Punkte für unsere Themen zusammen (Tab. 8.1).

Gemäss dem Liberalismus lässt sich die soziale Realität am besten mit dem individuellen Handeln interessengeleiteter Akteurinnen und Akteure erklären (sog. methodologischer Individualismus), die jeweils für sich den grössten Vorteil suchen (ebd.). Pointiert formuliert: Die Welt besteht aus einer zufälligen Ansammlung isolierter Nutzenmaximierender, die auf andere Menschen nicht

Tab. 8.1 Liberalismus und Republikanismus im sozial- und gesundheitspolitischen Kontext. (Eigene, gekürzte und ergänzte Darstellung (Originalquelle: Schaal und Heidenreich 2016))

	Liberalismus	Republikanismus
Menschenbild	Individualismus	Holismus
Individuelles Handeln	Nutzenmaximiert	Tugendhaft
Zentrale Rechte	Freiheits- und Eigentumsrechte	Partizipationsrechte
Wesen der Politik	Konfrontativ (Markt)	Kooperativ (Forum)
Verhältnis der Bürger	Rechtspersonen («Jeder ist seines Glückes Schmied»)	Fellow citizens, citoyen («Einer für alle, alle für einen»)
Aufgabe des Staates	Sicherung liberaler Grundrechte	Ermöglichung des guten Lebens in Gemeinschaft
Sicherung der Stabilität des Staates	Institutionen, Rechtsordnung	Tugend der Bürger und Eliten, Wertegemeinschaft
Ziel von Politik	Mehrheitsmeinung durch Interessenausgleich	Gemeinwohl
Sozial- und gesundheitspolitische Leitbilder (Auswahl)	• Eigenverantwortung • Wettbewerb (dezentral) • Wahlfreiheit (private Versicherungswirtschaft mit «Kopfprämien») • Leistungsgerechtigkeit (Beitragsäquivalenz) • Deregulierung	• Solidarität • Versorgungsplanung (zentral) • Universalismus (obligatorische Staatsversicherungen mit Einheitsprämien) • Bedarfs-/Bedürfnisgerechtigkeit (Umverteilung) • Regulierung

viel geben und mit dem Ellenbogen voraus durch die Lande ziehen (sog. Homo Oeconomicus[1]). Um Gemeinschaft oder Gesellschaft reisst man sich nicht, sondern pflegt gerade so viel sozialen Kontakt, wie er den persönlichen Zwecken dient, ohne die eigene Freiheit einzuschränken. Denn das ist die grosse Sorge der

---

[1] Der Homo Oeconomicus ist eine fiktive Person. Sie vereinigt alle Eigenschaften auf sich, die dem Menschen von der (neo-)klassischen Wirtschaftstheorie attestiert werden (Kirchgässner 2008). Der Homo Oeconomicus ist ein vollkommen rational denkender und handelnder Akteur, der sämtliche Entscheidungsalternativen in jeder erdenklichen

Liberalen: Dass andere sie zu etwas nötigen könnten, das ihre Autonomie und ihren Nutzen beschneidet. Die Ordnung des Gemeinwesens setzt beim grösstmöglichen Schutz individueller Freiheit an. Demzufolge treten sich im Staat in erster Linie Rechtspersonen gegenüber, die Freiheits- und Eigentumsrechte, Abwehr- und Anspruchsrechte geltend machen (z. B. Abwehr von Eingriffen in das persönliche Eigentum oder Anspruch auf Freiheit der Berufswahl). Die Aufgabe des Staates ist die Sicherung dieser Grundrechte auf der horizontalen (zwischen den Rechtspersonen untereinander) sowie auf der vertikalen Ebene (zwischen staatlichen Instanzen und Rechtspersonen). Damit sich die Individuen in gesundem Masse konkurrenzieren, aber nicht kannibalisieren, d. h. die Freiheiten der einen nicht die Freiheiten der anderen beschneiden, sorgt der Staat durch Politik-, Verwaltungs-, Polizei- und Justizapparat für Rechtsprechung (Rechtsetzung) und Rechtsanwendung (Rechtdurchsetzung). Ziel ist es, in einem geordneten Institutionen- und Gesetzesrahmen die Freiheit aller zu mehren (wobei, treu den Gesetzen des Marktes, für die Interpretation von Freiheit die Meinung der Mehrheit ausschlaggebend ist). In drastischer Auslegung ergibt dies einen möglichst zurückhaltenden «Nachtwächterstaat», der die individuelle Autonomie und Entfaltung der Bürgerinnen und Bürger (auf dem Markt) als höchstes Gut betrachtet und zwecks Wahrung des sozialen Friedens allenfalls eine Minimalexistenzsicherung vorsieht (von Hayek 1971).

Im Gegensatz dazu geht der Republikanismus von einem gemeinschafts- bzw. gesellschaftszentrierten Erklärungskonstrukt aus (sog. methodologischer Holismus)

Situation perfekt ordnen und ihre Konsequenzen umfassend bewerten kann. Er richtet sein Denken und Handeln ausschliesslich an der persönlichen Vorteilsmaximierung (bei möglichst geringem Aufwand) aus. Dahrendorf (2006: 19) hat ihn in einer Karikatur treffend beschrieben als «Verbraucher, der vor jedem Einkauf Nutzen und Kosten sorgsam abwägt und Hunderte von Preisen vergleicht, bevor er seine Entscheidung trifft; der Unternehmer, der alle Märkte und Börsen in seinem Kopf vereinigt und sämtliche Entschlüsse an diesem Wissen orientiert; der vollständig informierte, durch und durch ‹rationale› Mensch». Wie wohl landläufig bekannt ist, existiert diese Person in der Realität nicht, nicht einmal annäherungsweise. Der Mensch verfügt niemals über alle Informationen, die er bräuchte, um Handlungskonsequenzen vollständig zu erkennen und zwischen gegebenen Alternativen streng rational zu entscheiden. Dies ist aufgrund zeitlicher und kognitiver Restriktionen komplett unmöglich. Und selbst «turbokapitalistische» Unternehmerinnen und Unternehmer, für die am Ende des Tages insbesondere «Stutz» zählt, werden nur erfolgreich sein, wenn sie den Interessen, Bedürfnissen und Befindlichkeiten der Personen in ihrem sozialen Kontext – ihren Kundinnen, Arbeitnehmerinnen, Zulieferern usw. – hinreichend Berücksichtigung schenken (Nelson und Winter 1982; Granovetter 1985).

(Schaal und Heidenreich 2016). Dieses lässt die Bürgerinnen und Bürger tugendhaft – aus eigenem, intrinsisch motiviertem Antrieb – an der Steigerung des Gemeinwohls teilhaben. Weil dem republikanischen Paradigma die Furcht vor Freiheits- und Eigentumsbeschränkungen wie im Liberalismus fremd ist und es den Menschen als ein durch und durch soziales, in wechselseitige Beziehungen und Netzwerke eingebundenes, moralisches, vernunftbetontes Wesen konzeptualisiert, übertrifft die normative Qualität eines entsprechend wertegeleiteten Kollektivs in den theoretischen Beschreibungen die Summe seiner Teile bei weitem. Der Mensch kann hier gar nicht anders, er «will» sich an den öffentlichen Angelegenheiten beteiligen und dem Gemeinwohl dienen, welches immer schon da ist, naturgegeben, die Individuen ihrer Bestimmung zuführt und sie das gute Leben lehrt. Im «radikalen» republikanischen Denken ist die Nichtpartizipation, die demokratische Enthaltsamkeit, der Rückzug ins Private also eigentlich nicht vorgesehen. Ihre Empathie und Sittlichkeit verbieten es den Bürgerinnen und Bürgern, sich dem Grossen und Ganzen zu entziehen. Bei so viel Moralin muss die Frage erlaubt sein, weshalb es einen Staat braucht. Nun, auch er sichert Rechte, jedoch andere als im Liberalismus. Es geht ihm nicht so sehr um negative Freiheit, um Freiheit «von etwas», sondern er verleiht vor allem Partizipationsrechte und befähigt zur Teilhabe. Bürgerinnen und Bürger sollen aktiv ihre Stimme einbringen können, wenn über die Ordnung relevanter Regelungsaspekte zu befinden ist. Und wenn alle die Gemeinschaft und den gesellschaftlichen Ausgleich als fundamentalen Wert anerkennen, sollte dies bei Wahlen und Abstimmungen auf solidarische Lösungen hinauslaufen.

Konzeptionen sozialer Gerechtigkeit
Soziale Gerechtigkeit kann vor diesem Hintergrund viel bedeuten. Konsequente Liberale im Sinne der klassischen Schule würden den Begriff der sozialen Gerechtigkeit möglicherweise kategorisch und mit Verweis darauf, dass in der Marktwirtschaft grundsätzlich niemand Einkommen verteilt, ablehnen und für minimale Spielregeln mit dem Ziel eines fairen, die individuellen Leistungen honorierenden Gütertauschs eintreten (von Hayek 1971). Für den sozialliberalen Vordenker Rawls (1979) wiederum muss neben der Vergabe gleicher Grundrechte und Freiheiten Chancengleichheit gewährleistet sein, sodass sich soziale und ökonomische Ungleichheiten aufgrund der Herkunft oder natürlicher Gaben und Fähigkeiten «zum grösstmöglichen Vorteil für die am wenigsten begünstigten Gesellschaftsmitglieder auswirken» (ebd.: 69 f.). Materielle Ungleichheiten sind demzufolge «gerecht», wenn erstens jede und jeder prinzipiell die Möglichkeit besitzt, sich in eine gute Lebenssituation zu katapultieren, und zweitens eine ökonomische Elite nicht exklusiv Wohlstand anhäuft, ohne dass hiervon auch die

sozial Schwächsten profitieren – was wir als Plädoyer für einen Wohlfahrtsstaat lesen können, der allerdings Differenzen zulässt.

Walzer (1983) wiederum geht vom republikanischen Ideal der Gemeinschaft aus, die über Regeln der Verteilung von Gütern – u. a. Sicherheit und Wohlfahrt, Erziehung und Bildung, Geld und Waren – in unterschiedlichen sozialen Sphären zu entscheiden habe, in denen ihrerseits eigene Verteilungslogiken herrschen. Gerecht ist die Verteilung der Güter für ihn dann, wenn sie möglichst ausschliesslich nach Kriterien der jeweiligen «Distributionssphäre» erfolgt, also z. B. sich die Verteilung von Gesundheitsleistungen an der individuellen Bedürftigkeit und von politischen Ämtern an der Eignung des potenziellen Personals bemisst (und kein dominantes Gut – in kapitalistischen Gesellschaften üblicherweise Geld – permanent die Grenze seiner Sphäre überschreitet). Zwar redet Walzer nicht dem Egalitarismus, d. h. der vollkommenen Gleichheit zwischen den Menschen, das Wort, jedoch ist im Hinblick auf das uns interessierende Gesundheits- und Sozialwesen der Weg zur Bedarfs- bzw. Bedürfnisgerechtigkeit nicht weit. Diese ist verwirklicht, wenn allen Bürgerinnen und Bürgern voraussetzungslos die Deckung eines bestimmten (Mindest-)Bedarfs (z. B. an Sozialleistungen) zusteht, wobei wir zwischen Bedarf als standardisierter Grösse (etwa der «Warenkorb» für die Berechnung des Grundbedarfs in der Sozialhilfe) und personen- und situationsbezogenen Bedürfnissen unterscheiden müssen. Bedarfsgerechtigkeit kann als Gegenteil der dem Liberalismus nahestehenden Konzeption von Leistungsgerechtigkeit interpretiert werden, welche gilt, wenn Ressourcen und Güter entsprechend der erbrachten Leistung – in der Regel gedeutet als individuell erzielter Lohn auf dem Arbeitsmarkt – verteilt werden (Ebert 2015).

Setzen wir die Grundprämissen der politisch-philosophischen Paradigmen voraus, finden wir in der Sozial- und Gesundheitspolitik typische Leitbilder, die das Spannungsfeld zwischen Individualismus und Holismus, liberaler und republikanischer Gerechtigkeitsvorstellung spiegeln (Tab. 8.1). Zu weiten Teilen folgt das wohlfahrtsstaatliche Tableau der Schweiz Grundsätzen, die mit dem republikanischen Ansatz in Einklang zu bringen sind. Den Sozialversicherungen wohnt ein starkes Element der (obligatorischen) Solidarität inne, das von einer zentralen Planung und Steuerung getragen wird und als Observatorium über bedarfsgerechte (teilweise auch bedürfnisgerechte) Leistungen fungiert. Da somit, wie auch in der Sozialhilfe, Leistungen weitgehend unabhängig von der Höhe individueller Vorleistungen (Sozialversicherungsabgaben bzw. Steuern im Falle der Sozialhilfe) gewährt werden, bewirkt das System logischerweise Umverteilungen. Das gilt auch für die AHV, die von den aktuellen Erwerbstätigengenerationen (sog. Umlageverfahren bzw. Generationenvertrag) und z. T. aus Steuern finanziert wird und deren Rentenhöhe sich prinzipiell an den eingezahlten Beiträgen orientiert, jedoch nach oben hin «gedeckelt» ist.

Gegen den republikanischen Universalismus spricht insbesondere die Krankenversicherung. Sie schreibt die Freiheit der Kassenwahl und des Versicherungsmodells (mit Implikationen für die persönliche «Kopfprämie») vergleichsweise gross, womit sie auf die liberalen Leitbilder Eigenverantwortung und Wettbewerb (der Anbietenden) einzahlt. Davon abgesehen ist es mit individualisierten Beiträgen oder kapitalgedeckter Finanzierung, d. h. anlagebasierter Vermögensbildung auf dem Kapitalmarkt, mit Ausnahme beruflicher Vorsorgesysteme («Säule 2») und der freiwilligen «dritten Säule» nicht weit her. Liberale in «Reinkultur» würden wohl für eine Ausweitung der privaten Versicherungslogik auf andere Bereiche der sozialen Risikoabsicherung plädieren, weil damit nach ihrer Meinung mehr Kosteneffizienz herrsche und niemand für etwas bezahlen müsse, was sie oder er nicht verschuldet hat. Schliesslich würde dies – so die Advokatinnen des referierten Ansatzes – zu mehr Leistungsgerechtigkeit und Beitragsäquivalenz führen («you get what you give»). Unter Berücksichtigung der Forderungen nach mehr Deregulierung und Wettbewerb, etwa im Spitalbereich, können wir diese Vorstösse auf die scharfkantige Darwin-Formel «survival of the fittest» bringen, welche sich in politischer Kampfrhetorik gegen «Staatsmonopolismus», «bürokratische Regelungswut» und «Einheitsbrei» richtet. Die Neigung der Gegenseite, alle Schwierigkeiten in der Sozialpolitik als «neoliberal» oder «marktradikal» zu etikettieren, erscheint nicht weniger problematisch, da sie «zu einer ritualhaft in Anspruch genommenen Chiffre für ‹sozialstaatsfeindliche› Umtriebe aller Art» führt und «am Rande des Verschwörungstheoretischen [operiert]» (Lessenich 2013: 13). Dadurch sind die Schuldigen immer schon ausgemacht und es wird der Blick darauf verstellt, wo der sprichwörtliche Schuh tatsächlich drückt.

Entlang der Verortung des Institutionengefüges innerhalb der Liberalismus-Republikanismus-Schablone (mitsamt der ihr inhärenten Leitbilder und Gerechtigkeitsregeln) diskutieren wir im Folgenden aktuelle Diskurse und Zukunftsherausforderungen bezüglich ihrer Bedeutung für Wandel und Gerechtigkeit im Gesundheits- und Sozialwesen.

Gerechtigkeit und Ungleichheiten in Sozialhilfe und Pflege
Bereits in Kap. 6 hatten wir uns mit Entwicklungen in der Sozialhilfe auseinandergesetzt und festgestellt, dass Fragen der Existenzsicherung eng mit Bildung, Arbeitsmarktanforderungen und Gesundheitsverläufen verknüpft sind. Ohne Frage werden dies auch Themen in den kommenden Jahren sein. Es wird darum gehen, optimierte Modelle der Beratung und Vermittlung zu entwickeln,

um z. B. durch Falllastenreduktion und den Einbezug von Sozialarbeitenden die Ablösungsquote und Lebensqualität der Betroffenen auf ein höheres Niveau zu bringen. In diesem Zusammenhang wird relevant sein, wie in den Medien mit der Sozialhilfe umgegangen wird bzw. welche Vorstellungen von Gerechtigkeit im Diskurs vorherrschen. Schliesslich sind Journalistinnen und Journalisten entscheidend an der Meinungs- und Willensbildung der Bürgerinnen und Bürger beteiligt, welche in der (halb-)direkten Demokratie ihrerseits über relevante politische Projekte abstimmen. So kam eine Analyse des medialen Diskurses zur Sozialhilfe in der Schweiz zwischen 2010 und 2019 zu dem Ergebnis, dass die Medien durch eine starke Fokussierung prominenter Einzelfälle sowie eine weitreichende Ausblendung konkreter Lebensrealitäten der Leistungsbeziehenden das «unterste Netz der Sozialen Sicherheit» simplifiziert thematisieren. Sie stellen den Sozialhilfebezug mitunter als einen Zustand dar, in dem man aufgrund persönlichen Verschuldens «landet» oder in welchen man gar «abrutscht». Selektiv, aber lautstark porträtieren sie Personen, die das System «hintergehen», und stellen die Richtlinien der SKOS in Frage (Rosenberger et al. 2019). Es braucht kein Doktorat in Logik, um aus diesen Befunden eine Diskrepanz zwischen den Ansprüchen an ein bedarfsgerechtes (wenngleich bedürftigkeitsgeprüftes) Minimalsicherungssystem einerseits und der von einigen Medien propagierten Leistungsgerechtigkeit andererseits herauszulesen.

In den Ausführungen zur Sozialhilfe war nachzulesen, dass ein beträchtlicher Teil der Bezugsberechtigten seinen Anspruch auf Leistungen de facto nicht geltend macht. Hierbei haben wir es mit einem Grundproblem zu tun, das für andere Sozial- und Gesundheitsleistungen ebenso gilt. Es betrifft auch die in Kap. 7 skizzierten, intermediären Angebote für unterstützungsbedürftige Personen, die eine vorübergehende Betreuung in Heimen und Tagesstätten ermöglichen und dadurch pflegende und betreuende Angehörige entlasten. Am Beispiel dieser neuen Versorgungsmodelle können wir soziale Gerechtigkeit für den «Megatrend» Demografische Entwicklung durchdeklinieren. Die Nachricht, dass die Gesellschaft altert und immer mehr Seniorinnen und Senioren (aber durchaus auch Jüngere) auf Pflege und Unterstützung bei der Alltagsbewältigung angewiesen sind, besitzt wenig Neuigkeitswert. Aber wussten Sie, dass die Anzahl der in Alters- und Pflegeheimen oder von Spitex-Diensten gepflegten und betreuten Personen – im Jahr 2020 schweizweit mehr als eine halbe Million – und die dadurch entstehenden Kosten sich in den kommenden 20 Jahren ungefähr verdoppeln werden? (Eling und Elvedi 2019; BFS 2022a, b). Oder war Ihnen bekannt, dass etwa 200'000 Seniorinnen und Senioren im Alter von 65 Jahren und älter (rund 14 %) mit einem monatlichen Einkommen bis zu 2'279 Franken und somit unterhalb der absoluten Armutsgrenze leben? Auffallend sind dabei ins-

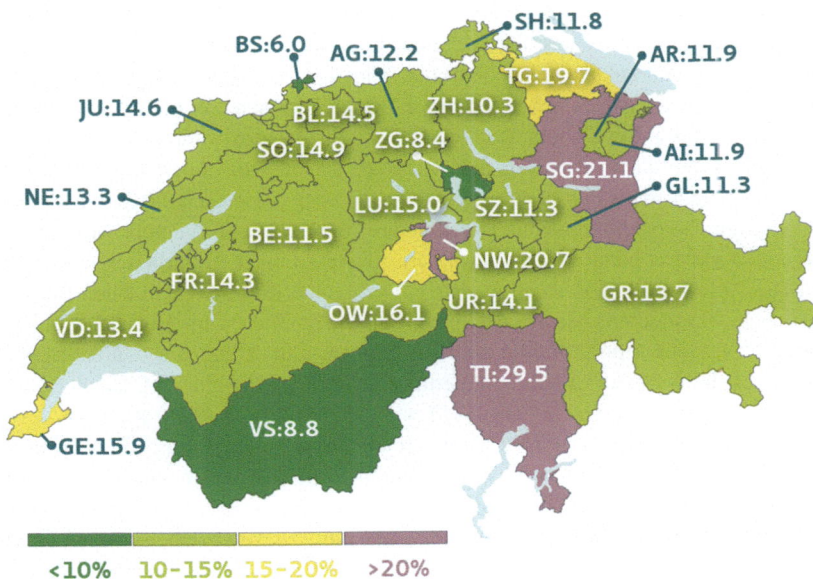

Abb. 8.1 Absolute Armutsquote der Seniorinnen und Senioren in den Kantonen. (Quelle: Gabriel und Kubat 2022)

besondere die regionalen Unterschiede mit Armutsquoten zwischen 6 % in Basel-Stadt und fast 30 % im Tessin (Gabriel und Kubat 2022) (siehe Abb. 8.1).

Während die Nicht-Inanspruchnahme von Sozialhilfe häufig das Ergebnis bewussten Abwägens bestehender Optionen ist, sind im Bereich der ergänzenden Tages- und Nachtbetreuung oft keine Angebote vorhanden. Die nicht flächendeckende Versorgungslandschaft trifft auf Bedenken der Angehörigen, einen nahestehenden Menschen in einer Situation der Hilfsbedürftigkeit abzugeben, und auf mangelnde Sensibilität für die eigenen Grenzen. Hinzu kommen anspruchsvolle Zugangs- und Antragsvoraussetzungen, fehlende Informationen, Probleme des Case- und Schnittstellenmanagements zwischen beteiligten Professionen sowie eine unzureichende Integration in die Pflegefinanzierung. Obwohl intermediäre Tages- und Nachtstrukturen gut gemeint und in vielen Fällen hilfreich sind, scheint die Gestaltung des Zugangs zu ihnen soziale Ungleichheit weder zu verringern noch für mehr soziale Gerechtigkeit zu sorgen (Götzö et al. 2019). Denn wer armutsgefährdet ist und wem sonst keine Möglichkeiten der Finanzierung offenstehen, wird im Zweifel keine Unterstützung bekommen oder diese innerhalb des Familienverbands von denjenigen Personen – typischerweise (Schwieger-)Töchter und Ehefrauen – erhalten, die aufgrund ohnehin eingeschränkter Arbeitsmarktpartizipation und Berufsbiografien (etwa infolge von Care-Arbeit) die geringsten Lohneinbussen zu befürchten haben (Schneider 2006). Impulse für Wandel sind ehrenwert, aber wenn es nicht gelingt, die adressierten Zielgruppen in den Stand zu setzen, von ihnen zu profitieren, können sie angesichts der zuvor eingeführten, an der gemeinschaftlichen Maxime orientierten Gerechtigkeitskonzeptionen nur schwerlich als gerecht bezeichnet werden. Sind sie nicht gerecht, droht ihnen ein Mangel öffentlicher Legitimität. Dies gilt vor allem deshalb, weil Ungleichheiten im schweizerischen Pflegeregime in besonderem Masse ausgeprägt sind. Sie sind es im Hinblick auf die stärkere Verantwortungsübernahme von Frauen, auf kantonale Unterschiede, jedoch auch in Bezug auf die Einbettung professioneller und informeller Versorgung in die Regelungssysteme (Kehl et al. 2018; Eling und Elvedi 2019).

An der informellen Pflege und Unterstützung innerhalb von Familien und Gemeinschaften lässt sich indes demonstrieren, weshalb das Prinzip der Leistungsgerechtigkeit in der Realität an seine Grenzen stösst. Als Erstes stellt sich nämlich die Frage, was unter einer Leistung zu verstehen ist. Wird unter Leistungsgerechtigkeit typischerweise «Marktgerechtigkeit» verstanden und die Annahme postuliert, dass der preisvermittelte Tausch eine faire und leistungsgerechte Verteilung materieller Ressourcen (Löhne) garantiert, fällt die informelle Pflege und Unterstützung aus diesem Konzept heraus. Informalität schliesst per definitionem ein wirtschaftliches Beschäftigungsverhältnis mit vertraglich geregeltem Einkommen aus. In diesem Kontext provoziert die Idee der Leistungsgerechtigkeit eine Diskussion darüber, wie Leistung sinnvoll gemessen werden kann, wenn nicht auf der Grundlage von Löhnen – anhand der investierten Arbeitsstunden, des körperlichen Einsatzes, der gesellschaftlichen Wirkung? Und wie sind Leistungen zu bewerten, die kollektiv resp. kollaborativ entstanden sind? Ist es möglich, diese trennscharf einzelnen Individuen zuzurechnen? Solcherlei Fragen sind in der Diskussion über den gesellschaftlichen Mehrwert informeller Pflege- und Unterstützungsbeiträge nicht nur hochaktuell und aufgrund der demografischen Entwicklung zukünftig relevant, sondern werden seit vielen Jahren in der Forschung thematisiert.

Um möglichst exakt zu beziffern, was Ehepartnerinnen und -partner, (Schwieger-)Töchter, Nachbarinnen und Nachbarn etc. im Dunkelfeld der amtlichen Statistik und öffentlichen Aufmerksamkeit zur Aufrechterhaltung des selbständigen Lebens im Alter und bei physischen oder psychischen Beeinträchtigungen jüngerer Menschen neben Spitex und Heimen volkswirtschaftlich beisteuern, streiten Ökonomie, Soziologie und verwandte Disziplinen über adäquate Methoden und Instrumente. Knackpunkt ist keineswegs primär der Aufwand, welcher im Rahmen der Haushaltsproduktion betrieben wird – dieser ist recht gut dokumentiert –, sondern, wie eine «durchschnittliche» Stunde Pflege und Unterstützung adäquat monetarisiert, d. h. in einen Geldwert (einen «Schattenpreis») umgerechnet werden kann. Das Ziel solcher Übungen ist es, die Gesamtheit der privaten Zeitinvestitionen jenen des professionellen Versorgungssystems gegenüberzustellen (dessen Wertschöpfung in Franken, Euro oder der jeweils passenden Währung ausgewiesen ist). Die Opportunitätskostenmethode geht (im Einklang mit dem Liberalismus und nutzenmaximierenden Individuen) davon aus, dass soziale Wesen stets einer regulären Erwerbstätigkeit nachgehen und ihren Gewinn maximieren würden, wenn sie ihre verfügbare Zeit nicht auf die Hilfe von Bedürftigen in ihrem Umfeld verwendeten. Sie legt deshalb das stündliche Erwerbseinkommen dieser Personen auf dem Arbeitsmarkt (bzw. ihren entgangenen Verdienst) für Berechnungen zugrunde, wodurch die Pflege und Unterstützung durch eine Professorin oder einen Unternehmensvorstand mehr «wert» ist als die gleiche Tätigkeit einer Reinigungskraft. Die im Fachdiskurs angebotene Alternative ist der Marktkostenansatz. Er zieht die Stundenlöhne ausgebildeter Pflege- oder Betreuungspersonen für die informellen Unterstützungspersonen als Kalkulationsgrundlage zu Rate. Dadurch werden beide Handlungsformen als substitutiv, d. h. prinzipiell austauschbar, betrachtet. Sowohl die Qualität sozialer Beziehungen und des Vertrauens im informellen Bereich als auch die Ausbildung und Arbeitsethik im professionellen Sektor werden somit vernachlässigt. Verhaltensökonomische Modelle wiederum gehen von diversen Annahmen aus und ermitteln Preise auf der Basis statistischer Zusammenhänge (Van den Berg et al. 2004; Kehl 2016). Bis anhin hat sich keine Methode als übermächtig erwiesen, sodass Aussagen über den (volkswirtschaftlichen) Beitrag engagierter Bürgerinnen und Bürger in der Care-Arbeit mit Vorsicht zu geniessen sind. Gleiches gilt für die Haushalts-, Erziehungs- oder Freiwilligenarbeit, für die ebenfalls keine Preise auf Märkten bezahlt werden.

Mehr Gerechtigkeit durch Freiwilligenmanagement?
Stichwort Freiwilligenarbeit: Nicht zuletzt der anhaltende Personalmangel lenkt den Blick auf die Anforderungen an ein gelingendes Freiwilligenmanagement. In der Diskussion über die Sicherstellung bedürfnisgerechter, qualitativ hochstehender Angebote im Sozial- und Gesundheitswesen wird die Rolle der Zivilgesellschaft und von Freiwilligen fast schon gebetsmühlenartig wiederholt (Freitag und Manatschal 2014). Dahinter steht die mittlerweile etablierte Vorstellung einer ausdifferenzierten Wohlfahrtsgesellschaft, in der sich Staat, Markt,

Familien- und Gemeinschaftssystem bei der Lösung von sozialen Problemen wechselseitig ergänzen (Rose 1986; Evers und Olk 1996). Es ist weitgehend unumstritten, dass die Schweiz ohne Freiwilligentätigkeiten «schwer vorstellbar» ist, ohne sie «eine tragende Säule unseres Gemeinwesens wegbrechen» würde (Lamprecht et al. 2020: 15). Es stimmt jedoch ebenfalls, dass sich Fachpersonen und Freiwillige hinsichtlich Kompetenzen, Erfahrungen, Verantwortungszuschreibungen etc. unterscheiden und sich Aushandlungen über Zuständigkeiten in Organisationen mitunter schwierig gestalten (Nadai et al. 2005).

Um beide Parteien innerhalb von Organisationen nicht gegeneinander auszuspielen, hat es sich bewährt, die Gewinnung, Begleitung und Anerkennung von Helfenden systematisch zu strukturieren. Neuere Studien zeigen, dass viele schweizerische Organisationen ein professionelles Freiwilligenmanagement betreiben. Vereine, Stiftungen, Genossenschaften usw. betrachten es als wichtige Ressource, um die Interessen und Bedürfnisse der Engagierten mit jenen der Organisation und den jeweils Begünstigten in Einklang zu bringen. Gerade soziale und karitative Organisationen verfügen signifikant häufig über ein gut ausgeprägtes Freiwilligenmanagement und finden es weniger mühsam als Organisationen aus anderen Handlungsfeldern, Freiwillige mit einem geeigneten Profil zu rekrutieren. Zukünftig rechnen sie aber damit, dass die Möglichkeiten Freiwilliger sowie ihre Beteiligungs- und Autonomieansprüche grösser werden und die Konkurrenz zwischen Organisationen steigt. In diesem Zusammenhang wird es darauf ankommen, die Diskussion über Formen der Anerkennung und Qualifizierungsangebote, über Vernetzung der für das lokale Gemeinwesen relevanten Akteurinnen und Akteure und Evaluationen der Freiwilligenarbeit voranzutreiben (Steiner et al. 2022; Kehl et al. 2022).

Vor dem Hintergrund von Gerechtigkeitsdiskursen und dem Ziel, soziale Ungleichheiten abzubauen, kann ein diversitätssensibles Freiwilligenmanagement wichtige Impulse stiften. Denn die Türen zur Freiwilligenarbeit stehen keineswegs allen gleichermassen offen. Je nach Form entsteht eher der Eindruck, dass sich in der Zivilgesellschaft Ungleichheiten tendenziell reproduzieren (Rameder 2015). So sind Männer häufiger formell freiwillig aktiv als Frauen, insbesondere in ehrenamtlichen Funktionen (wohingegen das soziale, informelle, «helfende» Engagement als weibliche Domäne erscheint). Personen ohne schweizerischen Pass sind unterrepräsentiert. Ein hoher Bildungsstand und dichte soziale Netzwerke tragen statistisch ebenfalls dazu bei, dass sich Menschen einer zivilgesellschaftlichen Organisation anschliessen (Lamprecht et al. 2020; Potluka et al. 2022). Freiwilligenmanagerinnen und -manager können benachteiligte Gruppen gezielt ansprechen, z. B. indem sie «Hol- und Bring-Angebote» kombinieren und auch in Zeiten fortschreitender Digitalisierung Personen berücksichtigen, deren technische Affinität bzw. Möglichkeiten gering ausgeprägt sind (Johner-Kobi und Baumeister 2022).

Wirkungsorientierung – Aktivierung – «Ökonomisierung»
Um Wandel und soziale Gerechtigkeit geht es auch, wenn wir über Wirkung – und damit über ein weiteres Trendthema der vergangenen Jahre und in absehbarer Zukunft – sprechen. Ob die Effekte von Integrationsprogrammen in der Sozialhilfe (Neuenschwander et al. 2018) oder interprofessioneller Zusammenarbeit in Kliniken (Liesch et al. 2020) auf der Agenda stehen: Wirkungsevaluationen haben im Sozial- und Gesundheitswesen Konjunktur. Seitens Leistungstragenden und Leistungserbringenden verbindet sich mit ihnen die Hoffnung, Steuer- und Sozialversicherungsmittel nicht nur im Rahmen des gesetzmässigen Auftrages bzw. in wohlmeinender Absicht von Spenderinnen und Spendern nach dem Grundsatz von Treu und Glauben zu verausgaben, sondern Nachweis darüber abzulegen, dass die investierten Ressourcen beobachtbare Veränderungen in den Lebensumständen resp. der Lebensqualität betroffener Personen verursachen.

Wichtige organisationale Entscheide, etwa über die (Weiter-)Finanzierung eines Projekts, sollen demzufolge vorrangig von Wirkung und nicht von bürokratischen Vorgaben – oder dem partikularen Gutdünken einer vermögenden Privatperson im Falle von Stiftungen[2] – abhängig gemacht werden. Dafür gilt es, Programme, Massnahmen und Interventionen in sog. Wirkungsmodelle und Wirkungsketten (d. h. Ursache-Wirkungs-Zusammenhänge) zu «zerlegen», um diese anschliessend empirisch zu überprüfen. Üblicherweise handelt es sich dabei um die Abfolge von Input (Ressourceneinsatz), Aktivitäten bzw. Interventionen, Output (direkt messbare Leistungen und Güter), Outcome (mittel- bis langfristige Effekte bei den Anspruchsgruppen) und Impact. Letzterer bezeichnet denjenigen Teil des Outcomes, welcher den Aktivitäten bzw. Interventionen kausal zugerechnet werden kann. Sein Nachweis erfordert ein methodisches Design, welches den Ressourcenaufwand für die Evaluation explodieren lassen

---

[2] Hierbei handelt es sich um eine typische «Unzulänglichkeit» mancher NPOs, die insbesondere Stiftungen zum Vorwurf gemacht wird: Dass sie bestimmte Personenkreise bzw. soziale Probleme favorisieren und nur diejenigen, welche Ressourcen bereitstellen, über die Ziele und Mittelverwendung entscheiden – weshalb die Nutzniessenden stets vom guten Willen der Gebenden abhängig seien (Salamon 1995). Angesichts dessen ist es nicht verwunderlich, dass Stiftungen die Wirkungsdiskussion eifrig vorantreiben.

kann (Then et al. 2017).[3] Wenn Wirkungsanalysen nach dem Vorbild von Kosten-Nutzen-Analysen oder dem sog. Social Return on Investment (SROI) die gesellschaftlichen Erträge investierter Ressourcen auszuweisen beabsichtigen, stellt abermals die angemessene Monetarisierung (ähnlich der Bepreisung informeller Pflege und Unterstützung, s. o.) eine Herausforderung dar. Denn der SROI setzt den Input ins Verhältnis zum monetarisierten Impact, d. h. den als finanziellen Ertragswerten dargestellten, zurechenbaren Wirkungskomponenten – um Aussagen darüber zu generieren, wie hoch der Mehrwert pro eingesetzter Geldeinheit (bspw. pro Franken) ausfällt. Oft wird dafür auf Kosten zurückgegriffen, die durch die Aktivitäten bzw. Interventionen (hypothetisch) vermieden wurden oder welche (hypothetisch) entstehen würden, wenn sie nicht existierten (Then et al. 2017; Kehl und Then 2018).

Mit der ihm eingeschriebenen Ambivalenz zwischen sozialer Komplexität und dem Ansinnen nach Objektivierung steht der SROI im beständigen Verdacht, die «Ökonomisierung» der gesundheitlichen und sozialen Versorgung voranzutreiben. Es heisst, er würde die Schicksale kranker, sozial unterstützungsbedürftiger Menschen dem Effizienzkriterium «zahlengläubiger» Politikerinnen und Politiker unterordnen (Burmester und Wohlfahrt 2018, 2020). Er steht damit beispielhaft für die grosse Sorge, dass wohlfahrtsstaatliche Leitprinzipien wie Solidarität und Universalismus dem liberalen Denken in Kategorien von Eigenverantwortung und Wettbewerb preisgegeben werden. Tatsächlich lässt sich das Interesse an Wirkung und Konzepten der Erfolgs- und Leistungsmessung in eine Entwicklung einsortieren, die seit den 1990er Jahren Einzug in der öffentlichen Verwaltung und im NPO-Sektor gehalten hat und von unternehmerischen Haltungen, Identitäten und Handlungsweisen geprägt ist. Aufgrund gestiegener Transparenzanforderungen seitens der Auftraggeberinnen und dem von Führungspersonen formulierten Anspruch, Steuerungsentscheidungen und Prozesse der Strategie- und Organisationsentwicklung mit Daten zu unterfüttern, agieren Leistungsanbietende verstärkt wirkungsorientiert. Sie verstehen sich immer häufiger als «Social Entrepreneurs», die ins Soziale investieren. Und wer etwas investiert, interessiert sich naturgemäss für den mit der Investition erzielten (gesellschaftlichen) Ertrag. Neue Politikstile und Steuerungsinstrumente sind für den Wirkungstrend jedoch von mindestens gleicher Bedeutung (Then et al. 2017).

---

[3] Eine methodisch weniger strenge Auslegung definiert die beobachtbaren Wirkungen auf die Zielgruppen als Outcome und die gesellschaftlichen Wirkungen als Impact (Kurz und Kubek 2021).

Während in der zweiten Hälfte des 20. Jahrhunderts wohlfahrtsstaatliches Handeln in erster Linie auf die Umverteilung von Wohlstand entlang sozialer Rechtsansprüche ausgerichtet war, haben Politik und öffentliche Verwaltung ihren Regulationskatalog mittlerweile um eine soziale Investitionslogik erweitert. Das damit korrespondierende Leitbild scheint sich nicht mehr auf die Gleichartigkeit von Lebensvollzügen und die Gewährleistung des «Konsums» von Sozialleistungen in der Gegenwart zu reduzieren, sondern verstärkt an der zukunftsgerichteten Investition in Fähigkeiten und Voraussetzungen der Selbsthilfe von Bürgerinnen und Bürgern orientiert zu sein. Dieser neue Modus postuliert, die vorhandenen Potenziale von Individuen und nicht die Bewältigung ihrer Defizite in den Vordergrund zu rücken. Esping-Andersen (2002) und Hemerijck (2013) verwenden den Begriff der Sozialinvestition, um eine Politik zu beschreiben, die darauf abzielt, gesellschaftliche Probleme präventiv zu verhindern, anstatt im Nachhinein Lösungen zu suchen. Baumeisterinnen und Förderer der Sozialinvestitionspolitik machen sich für eine Ergänzung klassischer Umverteilungs- und Sozialversicherungsprogramme durch die Förderung von Selbsthilfe und Selbstorganisation in Familien, informellen Gemeinschaften und der Zivilgesellschaft stark. Solche Politikprogramme wurden in vielen Ländern eingeführt, um Menschen in die Lage zu versetzen, informierte Lebensentscheidungen zu treffen und sie zu befähigen, Verantwortung für sich selbst und andere zu übernehmen (und möglichst nicht in Abhängigkeit von öffentlichen Sozialleistungen zu geraten). Typisch sind Politikansätze, welche materielle und immaterielle Grundlagen von Wohlstand in Bereichen wie Bildung und Familie bereitstellen und etwa das Ziel verfolgen, Barrieren für Kinder mit Migrationshintergrund im Schulsystem zu beseitigen oder flexible Arbeitszeitmodelle zwecks verbesserter Vereinbarkeit von Familie und Beruf anzubieten.

Auf dem Arbeitsmarkt ist die Losung «Fördern und Fordern» im Zuge der Aktivierungspolitik bekannt geworden. Mit Verweis auf sie und das Prinzip von Leistung und Gegenleistung wird das sozialinvestive Ziel, sanfte Übergänge in Berufsbiografien sowie den individuellen «Humankapital-Bestand» während des gesamten Lebensverlaufs sicherzustellen (Hemerijck 2018), wohl am lebhaftesten diskutiert und infrage gestellt (Lessenich 2013). Das gilt auch für die Schweiz, in der sich die wohlfahrtskapitalistische Transformation seit den 1990er Jahren insbesondere in Form von Massnahmen-verschärfenden ALV-, IV- und Sozialhilferevisionen präsentiert hat, wenngleich auch Reformen in anderen Politikfeldern – z. B. der Lehrplan 21 oder die Einführung des (im internationalen Vergleich zugegebenermassen klein geratenen) Vaterschaftsurlaubs – eine sozialinvestive Handschrift tragen. Die gängige Praxis verpflichtender Teilnahmen an standardisierten Schulungen und Qualifizierungsmassnahmen, die in komplexen

Einzelfallsituationen nicht immer sinnvoll erscheinen mögen, des zwanghaften Verschickens einer definierten Anzahl Bewerbungen innerhalb gesetzter Fristen, wenngleich aussichtslos und nur zum Zwecke des Einhaltens bürokratischer Auflagen, und der Etablierung einer Kontroll- und Sanktionierungskultur ist eine z. T. wunderliche Verwaltungsinterpretation aktivierungspolitischer Anliegen. Aus dieser Perspektive betrachtet, geht es offenkundig weniger um absichtsvolle Investitionen in selbstbestimmte Individuen als vielmehr um eine «Reformulierung gesellschaftlicher Leistungs- und Produktivitätserwartungen» – demgemäss eine Bürgerin bzw. ein Bürger «sozial» ist, «solange er/sie Eigenverantwortlichkeit, Selbstsorge und pro-aktives Verhalten […] im Dienste ‹der Gesellschaft› [zeigt]» (ebd.: 17).

Angesichts des beschriebenen Wandels lässt sich über soziale Gerechtigkeit trefflich streiten:

- Ist es nicht eine recht eigentümliche Verquickung von liberalem und republikanischem Gedankengut, wenn der Staat Sozialleistungen individuellen Produktivitätskriterien, dem Mehrwert einzelner Bürgerinnen und Bürger für das Gemeinwesen unterstellt?
- Ist es vertretbar, soziale Rechte an die Erfüllung von Pflichten zu knüpfen?[4]
- Ist es Spott oder vielleicht eher Zynismus, wenn eine Gesellschaft nicht mehr vom «letzten Auffangnetz», sondern gelegentlich von der «sozialen Hängematte» spricht?
- Kann eine öffentlich finanzierte Dienstleistung, wie z. B. ein Gesundheitspräventionsprogramm oder eine Arbeitsintegrationsmassnahme, nur als legitime Investition betrachtet werden, wenn sie nachweislich hohe Wirkung erzielt, einen gesellschaftlichen Ertrag generiert?
- Und was bezeichnet hier Wirkung, wie ist sie messbar?

Diese und weitere Fragen werden das Gesundheits- und Sozialwesen in den kommenden Jahren begleiten. Disziplinen wie die Soziale Arbeit, die den skizzierten

---

[4] Der Vollständigkeit halber – und um den Wohlfahrtsstaat alter Prägung nicht zu verklären – sei darauf hingewiesen, dass bereits Marshall (1950) in seiner vielbeachteten Staatsbürgerrechts-Abhandlung Rechte und Pflichten kombiniert gedacht hat. Pointiert formuliert, waren Sozial- und Gesundheitspolitik nie vom Geiste eines «Selbstbedienungsladens» geprägt, in dem künstliche Hüftgelenke auf Verdacht verteilt und Sozialhilfebezugsberechtigungen zur kostenlosen Mitnahme in die Auslage gelegt wurden. Politik hat immer Erwartungen an Verhaltensweisen und Vorleistungen (z. B. in der Sozialversicherung) formuliert, Zwang ausgeübt und bedürftige soziale Gruppen exkludiert (Lessenich 2012; Evers und Guillemard 2013).

Entwicklungen traditionell ambivalent gegenüberstehen, obwohl sie die Notwendigkeit von Diskussionen über Qualität und Wirkung aus Gründen professioneller Selbstvergewisserung und fachlicher Weiterentwicklung seit langem anerkennen, werden Antworten finden müssen, um ihrer eigenen «Selbstentmündigung» entgegenzuwirken und nicht Betriebswirtinnen und Juristen in Wissenschaft und Verwaltung das Feld zu überlassen, wenn der Wirkungsbegriff in ihrer Handlungsdomäne geschärft wird (Thole und Cloos 2000; Otto und Ziegler 2006; Baumgartner und Sommerfeld 2012). Dabei kommt es in besonderer Weise auf das (sog. Sozial-)Management, auf die Leitungs- und Kaderpersonen an, deren Aufgabe es ist, zwischen den legitimen Interessen und Ansprüchen aller Beteiligten, zwischen professionellen Standards und systemintegrativen Erfordernissen zu vermitteln (Amstutz und Zängl 2014; Wöhrle 2017). Bezeichnenderweise sind ökonomische Engführungen von Wirkung unter den Fach- und Führungspersonen im schweizerischen Sozialwesen, wenn sie ihr eigenes Handeln reflektieren, kaum verbreitet (Kehl et al. 2023).

Gesundheit und Soziales zukunftsorientiert gestalten
Für die Gesundheitsberufe wird viel davon abhängen, mit welcher Dynamik und welchen Ergebnissen sich die Privatisierungs- und Konzentrationsbewegungen der vergangenen Jahre im schweizerischen Gesundheitswesen fortschreiben, ob der Personal- und Fachkräftemangel eingedämmt und die regelmässige Überbelastung von Teams abgebaut werden kann (Kap. 5). Und wie sich die Organisationen in diesem Umfeld neu positionieren. Bereits in der jüngeren Vergangenheit wurden in Kliniken und stationären Pflegeeinrichtungen Ressourcen gebündelt, um durch interprofessionelle Zusammenarbeit und flexible Kooperations- und Führungsmodelle die Bedürfnisse der Zielgruppen bei erhöhter Effizienz konsequent in den Mittelpunkt zu stellen (Sottas 2016). Spitäler und Heime nehmen zunehmend die Anforderung wahr, stabile Hierarchien aufzubrechen und durch mehr Selbstorganisation und interdisziplinäre Teams agiler zu werden. Mit der Ausrichtung an organisationalen Lernfähigkeiten und entsprechenden Prozessen, einem neuen Führungsverständnis sowie einer Anerkennungs- und Fehlerkultur passen sie Gesundheitsdienstleistungen an gewandelte Rahmen- und Nachfragebedingungen an (Boustani et al. 2018; Gesundheitsförderung Schweiz 2020). Entscheidend hierfür scheint ein Verständnis von Ko-Produktion zu sein, welches die Autonomie und Wahlfreiheit der Patientinnen und Patienten erhöht und ihre Ressourcen mobilisiert. Partnerschaftliche Beziehungen, Partizipationsgefässe und optimierte Kommunikation zwischen Fachpersonen und Nutzenden von Dienstleistungen verbessern demzufolge die Ergebnisqualität und stimulieren Qualitätsverbesserungen (Palumbo 2016; Vennik et al. 2016). Der Erfolg solcher Bemühungen wird sich letzten Endes daran bemessen, inwiefern es mit ihnen

gelingt, qualitativ hochstehende, bedarfs- bzw. bedürfnisorientierte Gesundheitsgüter herzustellen, die allen Bürgerinnen und Bürgern unabhängig von der sozialen Herkunft und ihren finanziellen Möglichkeiten offenstehen. Bei allem Respekt für engagierte Geschäftsleitungen, Stiftungsräte oder Teamleiterinnen: Grundlegende Weichenstellungen des Sozial- und Gesundheitswesens sind von den politischen und ökonomischen Gegebenheiten abhängig, vielfach werden sie auf dem Wahl- und Abstimmungszettel vorgenommen. Dies ist der Grund, weshalb wir uns in diesem Lehrbuch ausführlich mit den demokratischen und wirtschaftlichen Strukturmerkmalen und Funktionsweisen sowie Möglichkeiten der Mitgestaltung von Politik seitens Fach- und Führungspersonen befasst haben. Denn ganz so viel «heili Wäut», wie sie Schumpeter (1942) vor gut 80 Jahren beschrieb – siehe das Zitat zu Beginn der Einleitung – herrscht in der Schweiz offenkundig nicht.

Es ist an den Professionellen des Gesundheits- und Sozialwesens, den Dialog über Themen, welche die Handlungsfähigkeit von Personal und Organisationen beeinflussen, in der demokratischen Öffentlichkeit aktiv mitzuprägen. Für die (Wieder-)Herstellung und Förderung von Gesundheit und sozialer Teilhabe sollten Pflegende, Betreuungspersonen, Sozialarbeitende etc. die gesellschaftlichen Rahmenbedingungen ihrer Professionen nicht bloss als begrenzende, sondern als ermöglichende Faktoren wahrnehmen, um für ihre eigenen und insbesondere für die Interessen der Klientinnen und Klienten einzustehen und Versorgungslandschaften zukunftsorientiert zu entwickeln. Dass sie dabei gemäss Partizipationsstudien (Beyeler et al. 2015; Credit Suisse 2020) auf eine politisch interessierte, mitwirkungsfreudige Generation junger Schweizerinnen und Schweizer zählen können, ist für einen konstruktiven Diskurs nicht die schlechteste Botschaft.

▶ **Literatur zur Vertiefung**

- Schaal und Heidenreich (2016) und Ebert (2015).

▶ **Lernaufgabe**
Angenommen, Sie sind Führungsperson in einer Gesundheits- oder Sozialeinrichtung: Aufgrund des wirtschaftlichen Erfolgs der Organisation in den vergangenen Jahren werden Ihnen vom Stiftungsrat zusätzliche finanzielle Mittel gesprochen. Aus dem gesonderten Budget dürfen Sie sich selbst und zwei besonders «verdienten» Mitarbeitenden Ihrer Wahl das Gehalt erhöhen. An welchen Kriterien bemessen Sie Ihre eigene und die Lohnanpassung der beiden Mitarbeitenden? Wie sieht eine gerechte Verteilung aus? Was würden Rawls und Walzer dazu sagen?

Literatur

Amstutz, Jeremias, und Peter Zängl. 2014. Was heißt hier eigentlich Management? Entscheidungsarenen und Entscheidungsprozesse in sozialen Dienstleistungsorganisationen. In *Soziale Versorgung zukunftsfähig gestalten*, Hrsg. Agnès Fritze, Jeremias Amstutz, und Bernadette Wüthrich, 169–175, Wiesbaden: Springer VS.

Baumgartner, Edgar, und Peter Sommerfeld. 2012. Evaluation und evidenzbasierte Praxis. In *Grundriss Soziale Arbeit: Ein einführendes Handbuch*, Hrsg. Werner Thole, 1163–1175, Wiesbaden: VS Verlag.

Beyeler, Michelle, Sarah Bütikofer, und Isabelle Stadelmann-Steffen. 2015. *Ich und meine Schweiz: Befragung von 17-jährigen Jugendlichen in der Schweiz*. Wissenschaftliches Begleitmandat im Auftrag der EKKJ (Schlussbericht), Bern: Eidgenössische Kommission für Kinder- und Jugendfragen.

BFS (Bundesamt für Statistik). 2022a. Alters- und Pflegeheime. https://www.bfs.admin.ch/bfs/de/home/statistiken/gesundheit/gesundheitswesen/alters-pflegeheime.html.

BFS. 2022b. Hilfe und Pflege zu Hause. https://www.bfs.admin.ch/bfs/de/home/statistiken/gesundheit/gesundheitswesen/hilfe-pflege-hause.html.

Boustani, Malaz, Catherine A. Alder, und Craig A. Solid. 2018. Agile Implementation: A Blueprint for Implementing Evidence-Based Healthcare Solutions. *Journal of the American Geriatrics Society* 66(7):1372–1376.

Burmester, Monika, und Norbert Wohlfahrt. 2018. *Wozu die Wirkung Sozialer Arbeit messen?* Berlin: Lambertus.

Burmester, Monika, und Norbert Wohlfahrt. 2020. Social Investment Policy – A New Political Economy of Social Service Production. *Social Work & Society* 18(1):1–9.

Credit Suisse. 2020. *Jugendbarometer 2020: Die politisierte Jugend bekennt Farbe*. Zürich: Credit Suisse AB.

Dahrendorf, Ralf. 2006. *Homo Sociologicus: Ein Versuch zur Geschichte, Bedeutung und Kritik der Kategorie der sozialen Rolle*. Wiesbaden: VS Verlag.

Ebert, Thomas. 2015. *Soziale Gerechtigkeit: Ideen – Geschichte – Kontroversen*. Bonn: Bundeszentrale für politische Bildung.

Eling, Martin, und Mauro Elvedi. 2019. *Die Zukunft der Langzeitpflege in der Schweiz*. St. Gallen: Institut für Versicherungswirtschaft.

Esping-Andersen, Gøsta. 2002. *Why We, Need a New Welfare State*. Oxford: Oxford University Press.

Evers, Adalbert, und Anne-Marie Guillemard. 2013. *Social Policy and Citizenship: The Changing Landscape*. New York: Oxford University Press.

Evers, Adalbert, und Thomas Olk. 1996. *Wohlfahrtspluralismus: Vom Wohlfahrtsstaat zur Wohlfahrtsgesellschaft*. Opladen: Westdeutscher Verlag.

Freitag, Markus, und Anita Manatschal. 2014. Unbezahlt, aber unbezahlbar: Freiwilliges Engagement als soziales Kapital der Schweiz. In *Das soziale Kapital der Schweiz*, Hrsg. Markus Freitag, 115–146, Zürich: NZZ Libro.

Gabriel, Rainer, und Sonja Kubat. 2022. *Pro Senectute Altersmonitor: Altersarmut in der Schweiz 2022* (Teilbericht 1). Zürich: Pro Senectute Schweiz.

Gesundheitsförderung Schweiz. 2020. *Agiles Arbeiten gestalten: Grundlagen und gesundheitsförderliche Zusammenhänge* (Faktenblatt 39). Bern: Gesundheitsförderung Schweiz.

Götzö, Monika, Sarah Neukomm, Barbara Baumeister, Konstantin Kehl, Rahel Strohmeier, Fiona Gisler, Jasmin Gisiger, Simon Bock, und Nicole Kaiser. 2019. *Tages- und Nachtstrukturen: Einflussfaktoren der Inanspruchnahme* (Schlussbericht des Forschungsmandats G5 des Förderprogramms Entlastungsangebote für betreuende Angehörige, im Auftrag des Bundesamts für Gesundheit). Bern: Bundesamt für Gesundheit.

Granovetter, Mark. 1985. Economic Action and Social Structure: The Problem of Embeddedness. *The American Journal of Sociology* 91(3):481–510.

Hemerijck, Anton. 2013. *Changing Welfare States*. Oxford: Oxford University Press.

Hemerijck, Anton. 2018. Social Investment as a Policy Paradigm. *Journal of European Public Policy* 25(6):810–827.

Johner-Kobi, Sylvie, und Barbara Baumeister. 2022. Beteiligung älterer Menschen im Wohnquartier: Heterogenität adressieren. In *Freiwilligenmanagement in zivilgesellschaftlichen Organisationen: Anwerben, Begleiten und Anerkennen von freiwilligem Engagement im Alter,* Hrsg. Sigrid Haunberger, Konstantin Kehl, Carmen Steiner, 219–237, Zürich: Seismo.

Kehl, Konstantin. 2016. *Sozialinvestive Pflegepolitik in Deutschland: Familiäre und zivilgesellschaftliche Potenziale im Abseits wohlfahrtsstaatlichen Handelns*. Wiesbaden: Springer VS.

Kehl, Konstantin, Sergio Gemperle, Meret Reiser, und Christian Liesen. 2023. *Deutung von Wirkung in Organisationen des Sozialwesens: Ergebniszusammenfassung*. Zürich: ZHAW Soziale Arbeit.

Kehl, Konstantin, Sigrid Haunberger, und Carmen Steiner. 2022. Freiwilligenmanagement in zivilgesellschaftlichen Organisationen: Ein Blick über den Tellerrand und fünf Thesen zum Schluss. In *Freiwilligenmanagement in zivilgesellschaftlichen Organisationen: Anwerben, Begleiten und Anerkennen von freiwilligem Engagement im Alter,* Hrsg, Sigrid Haunberger, Konstantin Kehl, und Carmen Steiner, 261–281, Zürich: Seismo.

Kehl, Konstantin, und Rahel Strohmeier Navarro Smith. 2018. Long-term Care and Intermediary Structures for Frail Older People: Switzerland and Germany in Comparison. *International Journal of Care and Caring* 2(2):253–272.

Kehl, Konstantin, und Volker Then. 2018. Soziale Investitionen, Wirkungsorientierung und Social Return. In *Sozialwirtschaft: Handbuch für Wissenschaft und Praxis,* Hrsg. Klaus Grunwald und Andreas Langer, 858–871, Baden-Baden: Nomos.

Kirchgässner, Gebhard. 2008. *Homo Oeconomicus*, 3. Aufl. Tübingen: Mohr Siebeck.

Kurz, Bettina, und Doreen Kubek. 2021. *Kursbuch Wirkung: Das Praxishandbuch für alle, die Gutes noch besser tun wollen*, 6. Aufl. Berlin: Phineo.

Laloux, Frédéric. 2014. *Reinventing Organizations: A Guide to Creating Organizations Inspired by the Next Stage of Human Consciousness*. Brüssel: Nelson Parker.

Lamprecht, Markus, Adrian Fischer, und Hanspeter Stamm. 2020. *Freiwilligen-Monitor Schweiz 2020*. Zürich: Seismo.

Lessenich, Stephan. 2012. *Theorien des Sozialstaats zur Einführung*. Hamburg: Junius.

Lessenich, Stephan. 2013. *Die Neuerfindung des Sozialen: Der Sozialstaat im flexiblen Kapitalismus*, 3. Aufl. Bielefeld: transcript.

Liesch, Roman, Peter Berchtold, Kilian Künzi, Dominic Höglinger, Christof Schmitz, und Mario Morger. 2020. *Kosten-Nutzen-Analyse interprofessioneller Zusammen-*

arbeit: Empirische Analyse am Beispiel stationärer Klinken der Inneren Medizin und der Psychiatrie. Im Auftrag des Bundesamts für Gesundheit, Sektion Weiterentwicklung Gesundheitsberufe. Bern: Büro BASS.

Marshall, Thomas H. 1950. *Citizenship and Social Class and Other Essays*. New York: Cambridge University Press.

Nadai, Eva, Peter Sommerfeld, Felix Bühlmann, und Barbara Krattiger. 2005. *Fürsorgliche Verstrickung: Soziale Arbeit zwischen Profession und Freiwilligenarbeit*. Wiesbaden: VS Verlag.

Nelson, Richard R., und Sidney G. Winter. 1982. *An Evolutionary Theory of Economic Change*. Cambridge: Cambridge University Press.

Neuenschwander, Peter, Tobias Fritschi, Thomas Oesch, und Reto Jörg. 2018. *Wirksamkeit von Integrationsprogrammen in der Sozialhilfe: Ergebnisse der Teilnehmendenbefragung*. Bern: BFH.

Otto, Hans-Uwe, und Holger Ziegler. 2006. Managerielle Wirkungsorientierung und der demokratische Nutzwert professioneller Sozialer Arbeit. In *Das Soziale gestalten: Über Mögliches und Unmögliches der Sozialpädagogik*, Hrsg. Tarek Badawia, Helga Luckas, und Heinz Müller, 95–112, Wiesbaden: VS Verlag.

Palumbo, Rocco. 2016. Contextualizing co-production of health care: A systematic literature review. *International Journal of Public Sector Management* 29(1):72–90.

Potluka, Oto, Sigrid Haunberger, und Georg von Schnurbein. 2022. Freiwilliges Engagement als Privileg? Soziale Ungleichheiten in der Freiwilligenarbeit. In *Freiwilligenmanagement in zivilgesellschaftlichen Organisationen: Anwerben, Begleiten und Anerkennen von freiwilligem Engagement im Alter*, Hrsg. Sigrid Haunberger, Konstantin Kehl, und Carmen Steiner, 73–98, Zürich: Seismo.

Rameder, Paul. 2015. *Die Reproduktion sozialer Ungleichheiten in der Freiwilligenarbeit. Theoretische Perspektiven und empirische Analysen zur sozialen Schließung und Hierarchisierung in der Freiwilligenarbeit*. Frankfurt: Peter Lang.

Rawls, John. 1979. *Eine Theorie der Gerechtigkeit*. Frankfurt: Suhrkamp.

Rose, Richard. 1986. Common Goals but Different Roles: The State's Contribution to the Welfare Mix. In *The Welfare State East and West*, Hrsg. Richard Rose und Rei Shiratori, 13–39, Oxford: Oxford University Press.

Rosenberger, Nicole, Philipp Dreesen, Julia Krasselt, Nadine Klopfenstein, Noah Bubenhofer, Konstantin Kehl, und Rainer Gabriel. 2019. *Linguistische Diskursanalyse zu «Sozialhilfe»*. Zürich: ZHAW.

Salamon, Lester M. 1995. *Partners in Public Service: Government-Nonprofit Relations in the Modern Welfare State*. Baltimore: Johns Hopkins University Press.

Schumpeter, Joseph A. 1942. *Capitalism, Socialism and Democracy*. London: Harper.

Schaal, Gary S., und Felix Heidenreich. 2016. *Einführung in die Politischen Theorien der Moderne*, 3. Aufl. Opladen: Barbara Budrich.

Schneider, Ulrike. 2006. Informelle Pflege aus ökonomischer Sicht. *Zeitschrift für Sozialreform* 52(4):493–520.

Sottas, Beat. 2016. «Interprofessionelle Teams sind effizienter und senken die Kosten»: Zur Evidenzlage bei einem kontroversen Innovationsthema. In *Innovationen in der Gesundheitswirtschaft*, Hrsg. Stefan Müller-Mielitz, Beat Sottas, und Alexander Schachtrupp, 44–56, Melsungen: Bibliomed.

Steiner, Carmen, Sigrid Haunberger, und Konstantin Kehl. 2022. Freiwilligenmanagement in der Deutschschweiz: Erkenntnisse einer Organisationsbefragung. In *Freiwilligenmanagement in zivilgesellschaftlichen Organisationen: Anwerben, Begleiten und Anerkennen von freiwilligem Engagement im Alter,* Hrsg. Sigrid Haunberger, Konstantin Kehl, und Carmen Steiner, 127–156, Zürich: Seismo.

Strauch, Barbara und Annewiek Reijmer. 2018. *Soziokratie: Kreisstrukturen als Organisationsprinzip zur Stärkung der Mitverantwortung des Einzelnen.* München: Vahlen.

Then, Volker, Christian Schober, Olivia Rauscher, und Konstantin Kehl. 2017. *Social Return on Investment Analysis: Measuring the Impact of Social Investment.* New York: Palgrave Macmillan.

Thole, Werner, und Peter Cloos. 2000. Soziale Arbeit als professionelle Dienstleistung: Zur «Transformation des beruflichen Handelns» zwischen Ökonomie und eigenständiger Fachkultur. In *Soziale Arbeit zwischen Politik und Dienstleistung,* Hrsg. Siegfried Müller, Heinz Sünker, Thomas Olk, und Karin Böllert, 535–556, Neuwied: Luchterhand.

Van den Berg, Bernard, Werner B.F. Brouwer, und Marc A. Koopmanschap. 2004. Economic Valuation of Informal Care: An Overview of Methods and Applications. *European Journal for Health Economics* 5(1):36–45.

Vennik, Femke D., Hester M. van de Bovenkamp, Kim Putters, und Kor J. Grit. 2016. Co-production in healthcare: Rhetoric and practice. *International Review of Administrative Sciences* 82(1):150–168.

Von Hayek, Friedrich August. 1971. *Die Verfassung der Freiheit.* Tübingen: Mohr Siebeck.

Walzer, Michael. 1983. *Spheres of Justice: A Defence of Pluralism and Equality.* New York: Basic Books.

Wöhrle, Armin. 2017. Die Diskussion über das Sozialmanagement. In *Sozialmanagement: Eine Zwischenbilanz,* Hrsg. Armin Wöhrle, Agnès Fritze, Thomas Prinz, und Gotthart Schwarz, 17–40, Wiesbaden: Springer VS.

Open Access Dieses Kapitel wird unter der Creative Commons Namensnennung 4.0 International Lizenz (http://creativecommons.org/licenses/by/4.0/deed.de) veröffentlicht, welche die Nutzung, Vervielfältigung, Bearbeitung, Verbreitung und Wiedergabe in jeglichem Medium und Format erlaubt, sofern Sie den/die ursprünglichen Autor(en) und die Quelle ordnungsgemäß nennen, einen Link zur Creative Commons Lizenz beifügen und angeben, ob Änderungen vorgenommen wurden.

Die in diesem Kapitel enthaltenen Bilder und sonstiges Drittmaterial unterliegen ebenfalls der genannten Creative Commons Lizenz, sofern sich aus der Abbildungslegende nichts anderes ergibt. Sofern das betreffende Material nicht unter der genannten Creative Commons Lizenz steht und die betreffende Handlung nicht nach gesetzlichen Vorschriften erlaubt ist, ist für die oben aufgeführten Weiterverwendungen des Materials die Einwilligung des jeweiligen Rechteinhabers einzuholen.

Erratum zu: Das politische System und Gesetzgebungsprozesse in der (halb-) direkten, föderalen Demokratie

---

Erratum zu:
Kapitel 4 in: K. Kehl, *Politische und ökonomische Rahmenbedingungen des Sozial- und Gesundheitswesens in der Schweiz,* **Basiswissen Sozialwirtschaft und Sozialmanagement,**
https://doi.org/10.1007/978-3-658-35770-2_4

Das Kapitel 4 wurde vor Ausführung aller Korrekturen veröffentlicht. Es wurde deshalb nachträglich aktualisiert.

Es wurden folgende wichtige Korrekturen durchgeführt:

- ein Kanton, eine Stimme wurde ersetzt durch **alle Kantone dieselbe Stimmenanzahl.**
- An einer Stelle wurde **Stände** durch **Ständeräte** ersetzt.

Außerdem war das Institut des Autors in der ursprünglich veröffentlichten Online-Version falsch dargestellt und wurde nachträglich berichtigt. Der richtige Name des Instituts lautet **ZHAW Zürcher Hochschule für Angewandte Wissenschaften.**

Die aktualisierte Version des Kapitels finden Sie unter
https://doi.org/10.1007/978-3-658-35770-2_4

© Der/die Autor(en) 2023
K. Kehl, *Politische und ökonomische Rahmenbedingungen des Sozial- und Gesundheitswesens in der Schweiz,* Basiswissen Sozialwirtschaft und Sozialmanagement, https://doi.org/10.1007/978-3-658-35770-2_9

Open Access Dieses Kapitel wird unter der Creative Commons Namensnennung 4.0 International Lizenz (http://creativecommons.org/licenses/by/4.0/deed.de) veröffentlicht, welche die Nutzung, Vervielfältigung, Bearbeitung, Verbreitung und Wiedergabe in jeglichem Medium und Format erlaubt, sofern Sie den/die ursprünglichen Autor(en) und die Quelle ordnungsgemäß nennen, einen Link zur Creative Commons Lizenz beifügen und angeben, ob Änderungen vorgenommen wurden.

Die in diesem Kapitel enthaltenen Bilder und sonstiges Drittmaterial unterliegen ebenfalls der genannten Creative Commons Lizenz, sofern sich aus der Abbildungslegende nichts anderes ergibt. Sofern das betreffende Material nicht unter der genannten Creative Commons Lizenz steht und die betreffende Handlung nicht nach gesetzlichen Vorschriften erlaubt ist, ist für die oben aufgeführten Weiterverwendungen des Materials die Einwilligung des jeweiligen Rechteinhabers einzuholen.

Literatur

Adamoli, Michele, Jérôme Aymon, Gerhard Gillmann, Luzius von Gunten, Laura Hahn, Manuela Paganini, Michael Schiess, Sandra Schwander, Jens Waldeck, und Juraté Zalgaité. 2021. *Sozialbericht Kanton Zürich 2020: Ergebnisse der Schweizerischen Sozialhilfestatistik*. Neuchâtel: Bundesamt für Statistik.

Alexander, Jeffrey C. 2006. *The Civil Sphere*. Oxford: Oxford University Press.

Almond, Gabriel A., und Sidney Verba. 1963. *The Civic Culture: Political Attitudes and Democracy in Five Nations*. Princeton: Princeton University Press.

Amann, Kathrin, und Tobias Kindler. 2021. *Sozialarbeitende in der Politik: Biografien, Projekte und Strategien parteipolitisch engagierter Fachpersonen der Sozialen Arbeit*. Berlin: Frank Timme.

Amstutz, Jeremias, und Peter Zängl. 2014. Was heißt hier eigentlich Management? Entscheidungsarenen und Entscheidungsprozesse in sozialen Dienstleistungsorganisationen. In *Soziale Versorgung zukunftsfähig gestalten*, Hrsg. Agnès Fritze, Jeremias Amstutz, und Bernadette Wüthrich, 169–175, Wiesbaden: Springer VS.

Anheier, Helmut K. 2014. *Nonprofit Organizations: Theory, Management, Policy*, 2. Aufl. London: Routledge.

Anheier, Helmut K. Gorgi Krlev, und Georg Mildenberger. 2019. *Social Innovation: Comparative Perspectives*. New York: Routledge.

Archambault, Edith. 2015. France: A Late-Comer to Government–Nonprofit Partnership. *Voluntas: International Journal of Voluntary and Nonprofit Organizations* 26(6): 2283–2310.

Archambault, Edith. 2017. The Evolution of Public Service Provision by the Third Sector in France. *The Political Quarterly* 88(3):465–472.

Arnold, Markus und Arthur Posch. 2021. *Spitalpflegereport Schweiz 2020: Auswirkungen der ersten Covid-19-Welle auf Pflegefachpersonen in Schweizer Spitälern*. Bern: Universität Bern.

Arnold, Markus, Arthur Posch, und Lynn Selhofer. 2021. *Spitalpflegereport Schweiz 2021: Auswirkungen der zweiten und dritten Covid-19-Welle auf Pflegefachpersonen in Schweizer Spitälern*. Bern: Universität Bern.

Arts, Wil, und John Gelissen. 2002. Three Worlds of Welfare Capitalism or More? A State-of-the-Art Report. *Journal of European Social Policy* 12(2):137–158.

AvenirSocial. 2010. *Berufskodex Soziale Arbeit Schweiz: Ein Argumentarium für die Praxis*. Bern: AvenirSocial.

AvenirSocial. 2018. *Ausbildung und Beschäftigung in der Sozialen Arbeit in der Schweiz: Zusammenstellung von aktuellen Grundlageninformationen*. Bern: AvenirSocial.

BAG (Bundesamt für Gesundheit). 2019. *Die gesundheitspolitische Strategie des Bundesrates 2020–2030*. Bern: Bundesamt für Gesundheit.

Barben, Jürg. 2018. Quo vadis bezahlbare Medizin? *Schweizerische Ärztezeitung* 99(39):1332–1335.

Baumgartner, Edgar, und Peter Sommerfeld. 2012. Evaluation und evidenzbasierte Praxis. In *Grundriss Soziale Arbeit: Ein einführendes Handbuch*, Hrsg. Werner Thole, 1163–1175, Wiesbaden: VS Verlag.

Benford, Robert D., und David A. Snow. 2000. Framing Processes and Social Movements: An Overview and Assessment. *Annual Review of Sociology* 26:611–639.

Benz, Benjamin, und Günter Rieger. 2015. Politische Professionalität in der Sozialen Arbeit. In *Politikwissenschaft für die Soziale Arbeit: Eine Einführung*, Hrsg. Benjamin Benz und Günter Rieger, 185–192. Wiesbaden: Springer VS.

Bernauer, Thomas, Detlef Jahn, und Patrick M. Kuhn. 2015. *Einführung in die Politikwissenschaft*, 3. Aufl. Baden-Baden: Nomos.

Bernhard, Laurent, und Hanspeter Kriesi. 2019. Populism in Election Times: A Comparative Analysis of 11 Countries in Western Europe. *West European Politics* 42(6):1188–1208.

Beyeler, Michelle, Sarah Bütikofer, und Isabelle Stadelmann-Steffen. 2015. Ich und meine Schweiz: Befragung von 17-jährigen Jugendlichen in der Schweiz. Wissenschaftliches Begleitmandat im Auftrag der EKKJ (Schlussbericht), Bern: Eidgenössische Kommission für Kinder- und Jugendfragen.

Beyeler, Michelle, Claudia Schuwey, und Tina Richard. 2021a. *Sozialhilfe in Schweizer Städten: Die Kennzahlen 2020 im Vergleich*. Winterthur: Städteinitiative Sozialpolitik.

Beyeler, Michelle, Oliver Hümbelin, Ilona Korell, Tina Richard, und Claudia Schuwey. 2021b. *Auswirkungen der Corona-Pandemie auf Armut und sozioökonomische Ungleichheit: Bestandsaufnahme und Synthese der Forschungstätigkeit im Auftrag der Nationalen Plattform gegen Armut (Schlussbericht)*. Bern: Bundesamt für Sozialversicherungen.

BFS (Bundesamt für Statistik). 2019. Nationalratswahlen: Wahlberechtigte, Wählende, Wahlbeteiligung nach Kanton. https://www.bfs.admin.ch/bfs/de/home/statistiken/politik/wahlen/nationalratswahlen/wahlbeteiligung.assetdetail.11048406.html.

BFS. 2020. System der sozialen Sicherung. https://www.bfs.admin.ch/bfs/de/home/statistiken/soziale-sicherheit/analysen-verlaeufe-system/statistischer-sozialbericht-schweiz/system-sozialen-sicherung.assetdetail.9086511.html.

BFS. 2021a. Krankenhausstatistik: Standardtabellen 2020. https://www.bfs.admin.ch/bfs/de/home/aktuell/neue-veroeffentlichungen.assetdetail.19524721.html.

BFS. 2021b. Kennzahlen der Schweizer Spitäler 2019. https://www.bag.admin.ch/bag/de/home/zahlen-und-statistiken/zahlen-fakten-zu-spitaelern/kennzahlen-der-schweizer-spitaeler.html.

Literatur

BFS. 2022a. Statistik der Unternehmensstruktur STATENT. https://www.bfs.admin.ch/bfs/de/home/statistiken/industrie-dienstleistungen/unternehmen-beschaeftigte/wirtschaftsstruktur-unternehmen.html.
BFS. 2022b. Produktionskonto. https://www.bfs.admin.ch/bfs/de/home/statistiken/volkswirtschaft/volkswirtschaftliche-gesamtrechnung/produktionskonto.html.
BFS. 2022c. Beschäftigungsstatistik BESTA. https://www.bfs.admin.ch/bfs/de/home/statistiken/industrie-dienstleistungen/unternehmen-beschaeftigte/beschaeftigungsstatistik.html.
BFS. 2022d. Fachhochschulen. https://www.bfs.admin.ch/bfs/de/home/statistiken/bildungwissenschaft/personen-ausbildung/tertiaerstufe-hochschulen/fachhochschulen.html.
BFS. 2022e. Beruf, berufliche Stellung. https://www.bfs.admin.ch/bfs/de/home/statistiken/arbeit-erwerb/erwerbstaetigkeit-arbeitszeit/merkmale-arbeitskraefte/beruf-beruflichestellung.html.
BFS. 2022f. Gesundheitswesen. https://www.bfs.admin.ch/bfs/de/home/statistiken/gesundheit/gesundheitswesen.html.
BFS. 2022g. Spitäler. https://www.bfs.admin.ch/bfs/de/home/statistiken/gesundheit/gesundheitswesen/spitaeler.html.
BFS. 2022h. Alters- und Pflegeheime. https://www.bfs.admin.ch/bfs/de/home/statistiken/gesundheit/gesundheitswesen/alters-pflegeheime.html.
BFS. 2022i. Hilfe und Pflege zu Hause. https://www.bfs.admin.ch/bfs/de/home/statistiken/gesundheit/gesundheitswesen/hilfe-pflege-hause.html.
BFS. 2022j. Arztpraxen. https://www.bfs.admin.ch/bfs/de/home/statistiken/gesundheit/gesundheitswesen/arztpraxen.html.
BFS. 2022k. Spezialisierte Institutionen. https://www.bfs.admin.ch/bfs/de/home/statistiken/gesundheit/gesundheitswesen/spezialisierte-institutionen.html.
BFS. 2022l. Inventar der Sozialhilfe im weiteren Sinn. https://www.sozialhilfeiws.bfs.admin.ch/ibs/daten/InventarErgebnisseView.xhtml.
BFS. 2022m. Sozialhilfe. https://www.bfs.admin.ch/bfs/de/home/statistiken/soziale-sicherheit/sozialhilfe.html.
Blum, Sonja, und Klaus Schubert. 2018. *Politikfeldanalyse: Eine Einführung*. Wiesbaden: Springer VS.
Böhm, Katharina, Achim Schmid, Ralf Götze, Claudia Landwehr, und Heinz Rothgang. 2013. Five Types of OECD Healthcare Systems: Empirical Results of a Deductive Classification. *Health Policy* 113:258–269.
Bonvin, Jean-Michel, Pascal Maeder, Carlo Knöpfel, Valérie Hugentobler, und Ueli Tecklenburg. 2020. *Wörterbuch der Schweizer Sozialpolitik*. Zürich: Seismo.
Borner, Silvio, Aymo Brunetti, und Thomas Straubhaar. 1990. *Schweiz AG: Vom Sonderfall zum Sanierungsfall?* Zürich: Verlag Neue Zürcher Zeitung.
Boustani, Malaz, Catherine A. Alder, und Craig A. Solid. 2018. Agile Implementation: A Blueprint for Implementing Evidence-Based Healthcare Solutions. *Journal of the American Geriatrics Society* 66(7):1372–1376.
Brodocz, André. 2009. *Die Macht der Judikative*. Wiesbaden: VS Verlag.
Brunner, Palmo, Daniel Kübler, und Lyne Schuppisser. 2019. *Politikfeldanalyse der Schweizer Drogenpolitik: Debatten und Advocacy-Koalitionen 2008–2018 (Schlussbericht im Auftrag des Bundesamtes für Gesundheit)*. Zürich: Universität Zürich.

Bühlmann, Marc, und Hanspeter Kriesi. 2013. Models for Democracy. In *Democracy in the Age of Globalization and Mediatization,* Hrsg. , Hanspeter Kriesi, Sandra Lavenex, Frank Esser, Jörg Matthes, Marc Bühlmann, und Daniel Bochsler, 44–68, London: Palgrave Macmillan.

Bundesrat. 2017. Kostenentwicklung in der Sozialhilfe: Bericht des Bundesrates. In *Erfüllung der Postulate 14.3892 Sozialdemokratische Fraktion und 14.3915 Bruderer Wyss vom 25. September 2014.* Bern: Der Bundesrat.

Bundesrat. 2022. *Erfassung des Gender Overall Earnings Gap und anderer Indikatoren zu geschlechterspezifischen Einkommensunterschieden: Bericht des Bundesrates in Erfüllung des Postulates 19.4132 Marti Samira vom 25. September 2019.* Bern: Der Bundesrat.

Burmester, Monika, und Norbert Wohlfahrt. 2018. *Wozu die Wirkung Sozialer Arbeit messen?* Berlin: Lambertus.

Burmester, Monika, und Norbert Wohlfahrt. 2020. Social Investment Policy – A New Political Economy of Social Service Production. *Social Work & Society* 18(1):1–9.

Buser, Patricia, und Daniel Kübler. 2020. Understanding Participatory Innovations: A Multiple Streams Account of the Creation of Parents' Councils in Swiss Schools. *The Innovation Journal* 25(1):1–21.

Caroni, Flavia, und Adrian Vatter. 2016. Vom Ventil zum Wahlkampfinstrument? Eine empirische Analyse zum Funktionswandel der Volksinitiative. *LeGes Gesetzgebung & Evaluation* 27(2):189–210.

Cohen, Jean L., und Andrew Arato. 1992. *Civil Society and Political Theory.* Cambridge: Institute of Technology.

Coleman, James S. 1990. *Foundations of Social Theory.* Cambridge: Harvard University Press.

Cosandey, Jérôme. 2020. Der Kantönligeist, nicht der Föderalismus braucht Reformen. In *Herausforderung Gesundheitspolitik Schweiz: Handbuch und Leitfaden für die 20er Jahre,* Hrsg. Jürg Baumberger, Eleonore Baumberger, Martin Bienlein, Charles Giroud, und Thomas Zeltner, Bd. 138, 215–220. Bern: Schweizerische Gesellschaft für Gesundheitspolitik.

Cosandey, Jérôme. 2020. Billiger ist nicht immer gesund. *Die Volkswirtschaft* 7/2020:20–22.

Credit Suisse. 2020. *Jugendbarometer 2020: Die politisierte Jugend bekennt Farbe.* Zürich: Credit Suisse AB.

Cudré-Mauroux, Patrick. 2017. Weiterentwicklung der IV: Übersicht. *Soziale Sicherheit CHSS* 2(2017):8–14.

CURAVIVA. 2021. *Synthesebericht: Erfolgsfaktoren, Herausforderungen und Empfehlungen* (Projekt «Verbreitung der integrierten und sozialraumorientierten Versorgung in der Schweiz basierend auf den Prinzipien des Wohn- und Pflegemodells 2030). Bern: CURAVIVA.

Czada, Roland. 2003. Der Begriff der Verhandlungsdemokratie und die vergleichende Policy-Forschung. In *Die Reformierbarkeit der Demokratie: Innovationen und Blockaden. Festschrift für Fritz W. Scharpf,* (Hrsg). Renate Mayntz und Wolfgang Streeck, 173–204. Frankfurt: Campus.

Literatur

Czada, Roland. 2006. Demokratietypen, institutionelle Dynamik und Interessenvermittlung: Das Konzept der Verhandlungsdemokratie. In *Vergleichende Regierungslehre: Eine Einführung*, Hrsg. Hans-Joachim Lauth, 247–269. Wiesbaden: VS Verlag.

Dahl, Robert A. 1998. *On Democracy*. New Haven: Yale University Press.

Dahrendorf, Ralf. 2006. *Homo Sociologicus: Ein Versuch zur Geschichte, Bedeutung und Kritik der Kategorie der sozialen Rolle*. Wiesbaden: VS Verlag.

Dardanelli, Paolo, und Sean Mueller. 2019. Dynamic De/Centralization in Switzerland, 1848–2010. *Publius: The Journal of Federalism* 49(1):138–165.

David, Paul A. 1985. Clio and the Economics of QWERTY. *The American Economic Review* 75(2):332–337.

Dekker, Paul, und Andries van den Broek. 1998. Civil Society in Comparative Perspective Involvement in Voluntary Associations in North America and Western Europe. *Voluntas International Journal of Voluntary and Nonprofit Organizations* 9(1):11–38.

DIE ZEIT (Schweiz-Ausgabe) vom 2.2.2023: Hier fehlt der Inhalt: 18.

Dittmann, Jörg, und Konstantin Kehl. 2022. Vom Steuerungsmodell zum partizipativen Gestaltungsansatz: Sozialplanung im Wandel gesellschaftlicher Ansprüche. In *Zwischen gesellschaftlichem Auftrag und Wettbewerb: Sozialmanagement und Sozialwirtschaft in einem sich wandelnden Umfeld*, Hrsg. Christoph Gehrlach, Matthias von Bergen, und Katharina Eiler, 147–158. Wiesbaden: Springer VS.

Downs, Anthony. 1957. *An Economic Theory of Democracy*. New York: Harper.

Eberle, Thomas S. 2007. Der Sonderfall Schweiz aus soziologischer Perspektive. In *Sonderfall Schweiz*, Hrsg. Kurt Imhof und Thomas S. Eberle, 7–22. Zürich: Seismo.

Ebert, Thomas. 2015. *Soziale Gerechtigkeit: Ideen – Geschichte – Kontroversen*. Bonn: Bundeszentrale für politische Bildung.

EFV (Eidgenössische Finanzverwaltung). 2022. Daten: Detaillierte Daten Finanzstatistik. https://www.efv.admin.ch/efv/de/home/themen/finanzstatistik/daten.html.

Eidgenossenschaft. 2022. *Sozialversicherungen der Schweiz: Taschenstatistik 2022*. Bern: Bundesamt für Sozialversicherungen.

Eling, Martin, und Mauro Elvedi. 2019. *Die Zukunft der Langzeitpflege in der Schweiz*. St. Gallen: Institut für Versicherungswirtschaft.

Eser Davolio, Mirjam, Rahel Strohmeier Navarro Smith, Milena Gehrig, und Isabelle Steiner. 2019. Auswirkungen der Falllastreduktion in der Sozialhilfe auf die Ablösequote und Fallkosten: Entschleunigung zahlt sich aus. *Schweizerische Zeitschrift für Soziale Arbeit* 25(19):31–51.

Eser Davolio, Mirjam, Claudia Kunz Martin, Gisela Meier, und Kushtrim Adili. 2021. *Online-Gesprächssettings in der Sozialberatung in Zeiten des Social Distancing: Eine Bilanz*. Zürich: ZHAW Soziale Arbeit.

Esping-Andersen, Gøsta. 1985. *Politics Against Markets: The Social Democratic Road to Power*. Princeton: Princeton University Press.

Esping-Andersen, Gøsta. 1990. *The Three Worlds of Welfare Capitalism*. Princeton: Princeton University Press.

Esping-Andersen, Gøsta. 2002. *Why We Need a New Welfare State*. Oxford: Oxford University Press.

ESSOSS (Europäisches System der Integrierten Sozialschutzstatistik). 2022. Ausgaben des Sozialschutzes. https://ec.europa.eu/eurostat/de/web/social-protection/data/database.

ESTV (Eidgenössische Steuerverwaltung). 2021. Grafische Darstellung der Steuerbelastung 2018 in den Kantonen. https://www.estv.admin.ch/estv/de/home/die-estv/steuerstatistiken-estv/steuerbelastung-schweiz/karten-kantone-2018.html.

Evers, Adalbert und Benjamin Ewert. 2021. Understanding Co-production as a Social Innovation. In *The Palgrave Handbook of Co-Production of Public Services and Outcomes,* Hrsg. Elke Loeffler, und Tony Bovaird, 133–153. Cham: Springer.

Evers, Adalbert, und Anne-Marie Guillemard. 2013. *Social Policy and Citizenship: The Changing Landscape.* New York: Oxford University Press.

Evers, Adalbert, und Thomas Olk. 1996. *Wohlfahrtspluralismus: Vom Wohlfahrtsstaat zur Wohlfahrtsgesellschaft.* Opladen: Westdeutscher Verlag.

Feld, Lars P., und Gebhard Kirchgässner. 2002. Direkte Demokratie in der Schweiz: Ergebnisse neuerer empirischer Untersuchungen. In *Direkte Demokratie: Forschung und Perspektiven,* Hrsg. Theo Schiller und Volker Mittendorf, 88–101. Wiesbaden: VS Verlag.

Fernandez, Raquel, und Dani Rodrik. 1991. Resistance to Reform: Status Quo Bias in the Presence of Individual-Specific Uncertainty. *The American Economic Review* 81(5):1146–1155.

Finis Siegler, Beate. 2018. Meritorik in der Sozialwirtschaft: Warum die Sozialwirtschaft ein anderes Ökonomiemodell braucht. In *Gegenwart und Zukunft des Sozialmanagements und der Sozialwirtschaft: Aktuelle Herausforderungen, strategische Ansätze und fachliche Perspektiven,* 2. Aufl., Hrsg. Grillitsch, Waltraud, Paul Brandl, und Stephanie Schuller, 35–57. Wiesbaden: Springer VS.

Freiburghaus, Rahel, Sean Mueller, und Adrian Vatter. 2021. Switzerland: Overnight Centralization in One of the World's Most Federal Countries. In *Federalism and the Response to COVID-19: A Comparative Analysis,* Hrsg. Rupak Chattopadhyay, Felix Knüpling, Diana Chebenova, Liam Whittington, und Phillip Gonzalez, 217–228. London: Routledge.

Freitag, Markus. 2014. Politische Kultur. In *Handbuch der Schweizer Politik,* 5. Aufl. Hrsg. Peter Knoepfel, Yannis Papadopoulus, Pascal Sciarini, Adrian Vatter, Silja Häusermann, 71–94. Zürich: Verlag Neue Zürcher Zeitung.

Freitag, Markus, und Anita Manatschal. 2014. Unbezahlt, aber unbezahlbar: Freiwilliges Engagement als soziales Kapital der Schweiz. In *Das soziale Kapital der Schweiz,* Hrsg. Markus Freitag, 115–146, Zürich: NZZ Libro.

Frevel, Bernhard, und Nils Voelzke. 2017. *Demokratie: Entwicklung – Gestaltung – Herausforderungen,* 3. Aufl. Wiesbaden: Springer VS.

Frey, Bruno S. und Alois Stutzer. 2002. *Happiness & Economics: How the Economy and institutions affect human well-being.* Princeton: Princeton University Press.

FT (Financial Times) vom 12.1.2022. Von der Leyen expects EU deal on rules for women in boardrooms. https://www.ft.com/content/d98e6634-ef76-4cf3-8477-628e0d9d2acb.

Gabriel, Rainer, und Sonja Kubat. 2022. *Pro Senectute Altersmonitor: Altersarmut in der Schweiz 2022* (Teilbericht 1). Zürich: Pro Senectute Schweiz.

Gesundheitsförderung Schweiz. 2020. *Agiles Arbeiten gestalten: Grundlagen und gesundheitsförderliche Zusammenhänge* (Faktenblatt 39). Bern: Gesundheitsförderung Schweiz.

Götzö, Monika, Sarah Neukomm, Barbara Baumeister, Konstantin Kehl, Rahel Strohmeier, Fiona Gisler, Jasmin Gisiger, Simon Bock, und Nicole Kaiser. 2019.

Tages- und Nachtstrukturen: Einflussfaktoren der Inanspruchnahme (Schlussbericht des Forschungsmandats G5 des Förderprogramms Entlastungsangebote für betreuende Angehörige, im Auftrag des Bundesamts für Gesundheit). Bern: Bundesamt für Gesundheit.

Granovetter, Mark. 1985. Economic Action and Social Structure: The Problem of Embeddedness. *The American Journal of Sociology* 91(3):481–510.

Hansmann, Henry. 1980. The Role of Nonprofit Enterprise. *Yale Law Journal* 89(5):835–901.

Haunberger, Sigrid, Konstantin Kehl, und Carmen Steiner. Hrsg. *Freiwilligenmanagement in zivilgesellschaftlichen Organisationen: Anwerben, Begleiten und Anerkennen von freiwilligem Engagement im Alter*. Zürich: Seismo.

Helmig, Bernd, Hans Lichtsteiner, und Markus Gmür. 2010. *Der Dritte Sektor der Schweiz: Länderstudie zum Johns Hopkins Comparative Nonprofit Sector Project*. Bern: Haupt.

Hemerijck, Anton. 2013. *Changing Welfare States*. Oxford: Oxford University Press.

Hemerijck, Anton. 2018. Social investment as a policy paradigm. *Journal of European Public Policy* 25(6):810–827.

Hengevoss, Alice und Oliver Berger. 2018. *Konjunkturbarometer: Eine Trendanalyse des Schweizer NPO-Sektors (CEPS Forschung & Praxis Band 18)*. Basel: CEPS.

Hicks, Alexander M., und Duane H. Swank. 1992. Politics, Institutions, and Welfare Spending in Industrialized Democracies, 1960–1982. *The American Political Science Review* 86(3):658–674.

Höglinger, Dominic, Melania Rudin, und Jürg Guggisberg. 2021. *Analyse zu den Auswirkungen der Reduktion der Fallbelastung in der Sozialberatung der Stadt Winterthur* (Schlussbericht). Bern: Büro BASS.

Höpflinger, François. 2022. Alter(n) und Freiwilligentätigkeiten. In *Freiwilligenmanagement in zivilgesellschaftlichen Organisationen: Anwerben, Begleiten und Anerkennen von freiwilligem Engagement im Alter*, Hrsg. Sigrid Haunberger, Konstantin Kehl, und Carmen Steiner, 33–51. Zürich: Seismo.

Hümbelin, Oliver. 2019. Non-Take-Up of Social Assistance: Regional Differences and the Role of Social Norms. *Schweizerische Zeitschrift für Soziologie* 45(1):7–33.

Hutter, Swen, Hanspeter Kriesi, und Jasmine Lorenzini. 2019. Social Movements in Interaction with Political Parties. In *The Wiley Blackwell Companion to Social Movements*, 2. Aufl., Hrsg. David A. Snow, Sarah A. Soule, Hanspeter Kriesi, und Holly J. McCammon, 322–337, Hoboken: Wiley Blackwell.

ICN (International Council of Nurses). 2012. *The ICN Code of Ethics for Nurses*. Genf: ICN.

Jann, Werner, und Kai Wegrich. 2014. Phasenmodelle und Politikprozesse: Der Policy-Cycle. In *Lehrbuch der Politikfeldanalyse*, 3. Aufl. Hrsg. Schubert, Klaus und Nils C. Bandelow, 97–132. München: De Gruyter Oldenbourg.

Janning, Frank, Philip Leifeld, Thomas Malang, und Volker Schneider. 2009 Diskursnetzwerkanalyse: Überlegungen zur Theoriebildung und Methodik. In *Politiknetzwerke: Modelle, Anwendungen und Visualisierungen*, Hrsg. Frank Janning, Philip Leifeld, Thomas Malang, und Volker Schneider, 59–92, Wiesbaden: VS Verlag.

Jenkins-Smith, Hank C. Daniel Nohrstedt, Christopher M. Weible, und Karin Ingold. 2017. The Advocacy Coalition Framework: An Overview of the Research Program. In

Theories of the Policy Process, 4. Aufl. Hrsg. Christopher M. Weible und Paul A. Sabatier, 135–171. New York: Avalon Publishing.

Johner-Kobi, Sylvie, und Barbara Baumeister. 2022. Beteiligung älterer Menschen im Wohnquartier: Heterogenität adressieren. In *Freiwilligenmanagement in zivilgesellschaftlichen Organisationen: Anwerben, Begleiten und Anerkennen von freiwilligem Engagement im Alter*, Hrsg. Sigrid Haunberger, Konstantin Kehl, Carmen Steiner, 219–237, Zürich: Seismo.

Katzenstein, Peter J. 1985. *Small States in World Markets: Industrial Policy in Europe*. Ithaca: Cornell University Press.

Keane, John. 2010. Civil Society, Definitions and Approaches. In *International Encyclopedia of Civil Society*, Hrsg. Helmut K. Anheier und Stefan Toepler, 461–464. New York: Springer.

Kehl, Konstantin. 2016. *Sozialinvestive Pflegepolitik in Deutschland: Familiäre und zivilgesellschaftliche Potenziale im Abseits wohlfahrtsstaatlichen Handelns*. Wiesbaden: Springer VS.

Kehl, Konstantin. 2020. Soziale Investitionen, Wirkungsorientierung und Social Return in der Quartiersarbeit. In *Die Wirkungsdebatte in der Quartiersarbeit*, Hrsg. Monika Burmester, Jan Friedemann, Stephanie Catharina Funk, Sabine Kühnert, und Dieter Zisenis, 155–166. Wiesbaden: Springer VS.

Kehl, Konstantin, und Tobias Kindler. 2023. Sozialarbeitende als Policy Entrepreneurs: Wie Fachpersonen der Sozialen Arbeit sozialpolitische Innovationen mitgestalten können. In *Innovative Soziale Arbeit*, Hrsg. Matthias Hüttemann und Anne Parpan-Blaser, 67–79. Stuttgart: Kohlhammer.

Kehl, Konstantin, und Rahel Strohmeier Navarro Smith. 2018. Long-term Care and Intermediary Structures for Frail Older People: Switzerland and Germany in Comparison. *International Journal of Care and Caring* 2(2):253–272.

Kehl, Konstantin, und Volker Then. 2013. Community and Civil Society Returns of Multigeneration Cohousing in Germany. *Journal of Civil Society* 9(1):41–57.

Kehl, Konstantin, und Volker Then. 2018. Soziale Investitionen, Wirkungsorientierung und Social Return. In *Sozialwirtschaft: Handbuch für Wissenschaft und Praxis*, Hrsg. Klaus Grunwald und Andreas Langer, 858–871, Baden-Baden: Nomos.

Kehl, Konstantin, Sergio Gemperle, Meret Reiser, und Christian Liesen. 2023. *Deutung von Wirkung in Organisationen des Sozialwesens: Ergebniszusammenfassung*. Zürich: ZHAW Soziale Arbeit.

Kehl, Konstantin, Sigrid Haunberger, und Carmen Steiner. 2022. Freiwilligenmanagement in zivilgesellschaftlichen Organisationen: Ein Blick über den Tellerrand und fünf Thesen zum Schluss. In *Freiwilligenmanagement in zivilgesellschaftlichen Organisationen: Anwerben, Begleiten und Anerkennen von freiwilligem Engagement im Alter*, Hrsg, Sigrid Haunberger, Konstantin Kehl, und Carmen Steiner, 261–281, Zürich: Seismo.

Kessler, Dorian, Marc Höglinger, Sarah Heiniger, Jodok Läser, und Oliver Hümbelin. 2021. *Gesundheit von Sozialhilfebeziehenden: Analysen zu Gesundheitszustand, -verhalten, -leistungsinanspruchnahme und Erwerbsreintegration* (Schlussbericht zuhanden Bundesamt für Gesundheit). Bern: BFH.

Kingdon, John W. 1995. *Agendas, Alternatives and Public Policies*, 2. Aufl. New York: HarperCollins College Publishers.

Literatur

Kingma, Bruce R. 2003. Public Good Theories of the Nonprofit Sector. In *The Study of Nonprofit Enterprise: Theories and Approaches*, Hrsg. Helmut K. Anheier, und Avner Ben-Ner, 53–65. New York: Springer.

Kirchgässner, Gebhard. 2008. *Homo Oeconomicus*, 3. Aufl. Tübingen: Mohr Siebeck.

Knöpfel, Carlo. 2015. Sozialstaatliche Rahmenbedingungen in der Schweiz. In *Soziale Versorgung zukunftsfähig gestalten*, Hrsg. Bernadette Wüthrich, Jeremias Amstutz, und Agnès Fritze, 23–35, Wiesbaden: Springer VS.

Knöpfel, Carlo, Patricia Frei und Sandra Janett. 2016. *Hilfswerke und öffentliche Sozialhilfe – von der Komplementarität zur Subsidiarität? Eine Studie im Auftrag der Hilfswerke Caritas Schweiz, Heilsarmee Schweiz und Schweizerisches Rotes Kreuz* (Schlussbericht). Basel: ISOS.

Kohl, Jürgen. 1989. Gesellschaftspolitische Leitbilder der Alterssicherung – am Beispiel der Bundesrepublik Deutschland, Österreichs und der Schweiz. In *Kultur und Gesellschaft: Gemeinsamer Kongress der Deutschen, der Österreichischen und der Schweizerischen Gesellschaft für Soziologie Zürich 1988*, Hrsg. Hans-Joachim Hoffmann-Nowotny, 385–388, Zürich: Seismo.

Kurz, Bettina, und Doreen Kubek. 2021. *Kursbuch Wirkung: Das Praxishandbuch für alle, die Gutes noch besser tun wollen*, 6..Aufl. Berlin: Phineo.

Laloux, Frédéric. 2014. *Reinventing Organizations: A Guide to Creating Organizations Inspired by the Next Stage of Human Consciousness*. Brüssel: Nelson Parker.

Lamprecht, Markus, Adrian Fischer, und Hanspeter Stamm. 2020. *Freiwilligen-Monitor Schweiz 2020*. Zürich: Seismo.

Lauth, Hans-Joachim. 2003. Zivilgesellschaft als Konzept und die Suche nach ihren Akteuren. In *Die Praxis der Zivilgesellschaft: Akteure, Handeln und Strukturen im internationalen Vergleich*, Hrsg. Arnd Bauerkämper, 31–56, Frankfurt: Campus.

Leibfried, Stephan. 2000. Towards a European Welfare State? In *The Welfare State: A Reader*, Hrsg, Christopher Pierson und Francis G. Castles, 190–206. Malden: Wiley.

Lessenich, Stephan. 2012. *Theorien des Sozialstaats zur Einführung*. Hamburg: Junius.

Lessenich, Stephan. 2013. *Die Neuerfindung des Sozialen: Der Sozialstaat im flexiblen Kapitalismus*, 3. Aufl. Bielefeld: transcript.

Lessenich, Stephan und Ilona Ostner. 1998. *Welten des Wohlfahrtskapitalismus: Der Sozialstaat in vergleichender Perspektive*. Frankfurt: Campus.

Liesch, Roman, Peter Berchtold, Kilian Künzi, Dominic Höglinger, Christof Schmitz, und Mario Morger. 2020. *Kosten-Nutzen-Analyse interprofessioneller Zusammenarbeit: Empirische Analyse am Beispiel stationärer Klinken der Inneren Medizin und der Psychiatrie. Im Auftrag des Bundesamts für Gesundheit, Sektion Weiterentwicklung Gesundheitsberufe*. Bern: Büro BASS.

Liesen, Christian und Angela Wyder. 2020. Zur Einführung der Subjektfinanzierung im Kanton Zürich (Bericht zuhanden der Sicherheitsdirektion des Kantons Zürich). Zürich: ZHAW Soziale Arbeit.

Lijphart, Arend. 2012. *Patterns of Democracy: Government Forms and Performance in Thirty-Six Countries*, 2. Aufl. New Haven: Yale University Press.

Linder, Wolf. 2007. Die deutsche Föderalismusreform – von außen betrachtet: Ein Vergleich von Systemproblemen des deutschen und des schweizerischen Föderalismus. *Politische Vierteljahresschrift* 48(1):3–16.

Linder, Wolf. 2009. Das politische System der Schweiz. In *Die politischen Systeme Westeuropas*, 4. Aufl., Hrsg. Wolfgang Ismayr, 567–605. Wiesbaden: VS Verlag.

Linder, Wolf, und Sean Mueller. 2021. *Swiss Democracy: Possible Solutions to Conflict in Multicultural Societies*. Cham: Palgrave Macmillan.

Lucas, Barbara, Jean-Michel. Bonvin, und Oliver Hümbelin. 2021. The Non-Take-Up of Health and Social Benefits: What Implications for Social Citizenship? *Schweizerische Zeitschrift für Soziologie* 47(2):161–180.

Lüthi, Ruth. 2009. Die Schweizerische Bundesversammlung: Mit kleinen Reformschritten zu einer starken Institution? In *Müssen Parlamentsreformen scheitern?* Hrsg. Julia von Blumenthal und Stephan Bröchler, 171–199. Wiesbaden: VS Verlag.

Marshall, Thomas H. 1950. *Citizenship and Social Class and Other Essays*. New York: Cambridge University Press.

Mayntz, Renate. 2004. Governance im modernen Staat. In *Governance: Regieren in komplexen Regelsystemen. Eine Einführung*, Hrsg. Arthur Benz, 65–76. Wiesbaden: VS Verlag.

Merçay, Clémence, Annette Grünig, und Peter Dolder. 2021. *Gesundheitspersonal in der Schweiz – Nationaler Versorgungsbericht 2021: Bestand, Bedarf, Angebot und Massnahmen zur Personalsicherung* (Obsan Bericht 3/2021). Neuchâtel: Schweizerisches Gesundheitsobservatorium.

Merkel und Ritzi. 2017. *Die Legitimität direkter Demokratie: Wie demokratisch sind Volksabstimmungen?* Wiesbaden: Springer VS.

Mintrom, Michael. 2019. So You Want to Be a Policy Entrepreneur? *Policy Design and Practice* 2(4):307–323.

Mintrom, Michael. 2020. *Policy Entrepreneurs and Dynamic Change*. Cambridge: Cambridge University Press.

Moeckli, Silvano. 2012. *Den schweizerischen Sozialstaat verstehen: Sozialgeschichte – Sozialphilosophie – Sozialpolitik*. Zürich: Rüegger.

Molina, Oscar, und Martin Rhodes. 2002. Corporatism: The Past, Present, and Future of a Concept. *Annual Review of Political Science* 5:305–331.

Nadai, Eva, Peter Sommerfeld, Felix Bühlmann, und Barbara Krattiger. 2005. *Fürsorgliche Verstrickung: Soziale Arbeit zwischen Profession und Freiwilligenarbeit*. Wiesbaden: VS Verlag.

Nelson, Richard R., und Sidney G. Winter. 1982. *An Evolutionary Theory of Economic Change*. Cambridge: Cambridge University Press.

Neuenschwander, Peter, Tobias Fritschi, Thomas Oesch, und Reto Jörg. 2018. *Wirksamkeit von Integrationsprogrammen in der Sozialhilfe: Ergebnisse der Teilnehmendenbefragung*. Bern: BFH.

Nicholls, Alex, Julie Simon, und Madeleine Gabriel. 2015. *New Frontiers in Social Innovation Research*. Basingstoke: Palgrave Macmillan.

Niederberger, Lukas. 2021. Zivilgesellschaft in der Schweiz: Die omnipräsente Unbekannte; Observatorium – Analysen. *Positionen und Diskurse zu Zivilgesellschaft, Engagement und Philanthropie* 48:1–6.

Noll, Sebastian. 2022. Mehr Selbständigkeit, aber auch mehr Risiko: Die Position der Menschen mit Behinderung im Bundesteilhabegesetz am Beispielfeld Wohnen. In *Zwischen gesellschaftlichem Auftrag und Wettbewerb: Sozialmanagement und Sozialwirtschaft in einem sich wandelnden Umfeld*, Hrsg. Christoph Gehrlach, Matthias von Bergen und Katharina Eiler, 305–317, Wiesbaden: Springer VS.

Literatur

NZZ (Neue Zürcher Zeitung) vom 5.8.2017. Kooperation, nicht Wettbewerb mit dem Bund: 16.
OECD (Organisation for Economic Co-operation and Development). 2020. *How's Life? 2020: Measuring Well-being.* Paris: OECD Publishing.
OECD. 2022a. Social Spending. https://data.oecd.org/socialexp/social-spending.htm.
OECD. 2022b. Hospital Beds. https://data.oecd.org/healtheqt/hospital-beds.htm.
OECD. 2022c. Health Workforce Migration. https://stats.oecd.org/Index.aspx?DataSetCode=HEALTH_WFMI.
Oetterli, Manuela, Birgit Laubereau, Carla Wallimann, Donat Knecht, und Marianne Müller. 2017. *Interprofessionelle Zusammenarbeit an der Schnittstelle zwischen Gesundheits- und Sozialbereich: Was kann man von Good-Practice-Beispielen in der Luzerner Gesundheitsversorgung lernen?* Luzern: Interface.
Offe, Claus. 2000. Civil society and social order: Demarcating and combining market, state and community. *European Journal of Sociology* 41(1):71–94.
Otto, Hans-Uwe, und Holger Ziegler. 2006. Managerielle Wirkungsorientierung und der demokratische Nutzwert professioneller Sozialer Arbeit. In *Das Soziale gestalten: Über Mögliches und Unmögliches der Sozialpädagogik,* Hrsg. Tarek Badawia, Helga Luckas, und Heinz Müller, 95–112, Wiesbaden: VS Verlag.
Paech, Niko. 2022. Lebensqualität durch Selbstbegrenzung. In *Transformirg our World: Zukunftsdiskurse zur Umsetzung der UN-Agenda 2030,* Hrsg. Christiane Meyer, 195–202. Bielefeld: transcript.
Palumbo, Rocco. 2016. Contextualizing Co-production of Health Care: A Systematic Literature Review. *International Journal of Public Sector Management* 29(1):72–90.
Parpan-Blaser, Anne. 2018. Organisationen des Sozialwesens als Ort von Innovationen; In *Gestaltung von Innovationen in Organisationen des Sozialwesens: Rahmenbedingungen, Konzepte und Praxisbezüge,* Hrsg. Johannes Eurich, Markus Glatz-Schmallegger, und Anne Parpan-Blaser, 31–53. Wiesbaden: Springer VS.
Pennerstorfer, Astrid, und Christoph Badel. 2013. Zwischen Marktversagen und Staatsversagen? Nonprofit-Organisationen aus ökonomischer Sicht. In *Handbuch der Nonprofit-Organisation,* Hrsg. Ruth Simsa, Michael Meyer, und Christoph Badelt, 107–120, Stuttgart: Schäffer-Poeschel.
Perrenoud, Stéphanie. 2020. Sozialversicherungen. In *Wörterbuch der Schweizer Sozialpolitik,* Hrsg. Jean-Michel Bonvin, Pascal Maeder, Carlo Knöpfel, Valérie Hugentobler, und Ueli Tecklenburg, 493–495, Zürich: Seismo.
Pierson, Paul. 2000. Increasing Returns, Path Dependence, and the Study of Politics. *The American Political Science Review* 94(2):251–267.
Pock, Leonie, Althaus Eveline, Otto Ulrich, Greusing Marie-Hélène, Kaspar Heidi, und Glaser Marie. 2021. Generationenwohnen: Eine Dokumentation von 19 Generationenwohnen-Projekten im Rahmen des Forschungsprojekts «Generationenwohnen in langfristiger Perspektive – von der Intention zur gelebten Umsetzung». Zürich: ETH Wohnforum.
Potluka, Oto, Sigrid Haunberger, und Georg von Schnurbein. 2022. Freiwilliges Engagement als Privileg? Soziale Ungleichheiten in der Freiwilligenarbeit. In *Freiwilligenmanagement in zivilgesellschaftlichen Organisationen: Anwerben, Begleiten und Anerkennen von freiwilligem Engagement im Alter,* Hrsg. Sigrid Haunberger, Konstantin Kehl, und Carmen Steiner, 73–98, Zürich: Seismo.

Priller, Eckhard. 2005. Nonprofit-Organisationen als Partner und verlängerter Arm des Staates? In *Nonprofit-Organisationen in Recht, Wirtschaft und Gesellschaft*, Hrsg. Klaus Hopt, Thomas von Hippel, und Rainer Walz, 325–343, Tübingen: Mohr Siebeck.

Putnam, Robert D. 1995. Bowling Alone: America's Declining Social Capital. *Journal of Democracy* 6(1):65–78.

Putnam, Robert D, und Kristin A. Goss. 2002. Introduction. In *Democracies in Flux: The Evolution of Social Capital in Contemporary Society*, Hrsg. Robert D. Putnam, 3–19. Oxford: Oxford University Press.

Rameder, Paul. 2015. *Die Reproduktion sozialer Ungleichheiten in der Freiwilligenarbeit. Theoretische Perspektiven und empirische Analysen zur sozialen Schließung und Hierarchisierung in der Freiwilligenarbeit*. Frankfurt: Peter Lang.

Rawls, John. 1979. Eine Theorie der Gerechtigkeit. Frankfurt: Suhrkamp.

Rein, Martin, und Donald Schön. 1993. Reframing Policy Discourse. In *The Argumentative Turn in Policy Analysis and Planning*, Hrsg. Frank Fischer, und John Forester, 145–166. Durham: Duke University Press.

Riedi, Anna Maria, Michael Zwilling, Marcel Meier Kressig, Petra Benz Bartoletta, und Doris Aebi Zindel. 2015. *Handbuch Sozialwesen Schweiz*, 2. Aufl. Bern: Haupt.

Rose, Richard. 1986. Common Goals but Different Roles: The State's Contribution to the Welfare Mix. In *The Welfare State East and West*, Hrsg. Richard Rose und Rei Shiratori, 13–39, Oxford: Oxford University Press.

Rosenberger, Nicole, Philipp Dreesen, Julia Krasselt, Nadine Klopfenstein, Noah Bubenhofer, Konstantin Kehl, und Rainer Gabriel. 2019. *Linguistische Diskursanalyse zu «Sozialhilfe»*. Zürich: ZHAW.

Roß, Paul-Stefan. 2018. Governance. In *Sozialwirtschaft: Handbuch für Wissenschaft und Praxis*, Hrsg. Grunwald, Klaus und Langer, Andreas, 726–738. Baden-Baden: Nomos.

Rüefli, Christian, Michèle Gerber, und Anna Suppa. 2020. *Erfolgsbedingungen bei der Etablierung interprofessioneller Zusammenarbeit an der Schnittstelle zwischen Gesundheitswesen und Sozialhilfe* (Schlussbericht). Bern: Büro Vatter.

Sabatier, Paul A. 1998. The Advocacy Coalition Framework: Revisions and Relevance for Europe. *Journal of European Public Policy* 5(1):98–130.

Sager, Fritz, Christian Rüefli, und Eva Thomann. 2019. Fixing Federal Faults: Complementary Member State Policies in Swiss Health Care Policy. *International Review of Public Policy* 1(2):147–172.

Salamon, Lester M. 1995. *Partners in Public Service: Government-Nonprofit Relations in the Modern Welfare State*. Baltimore: Johns Hopkins University Press.

SBB (Schweizerische Bundesbahnen AG). 2020. *SBB Geschäftsbericht 2019*. Bern: SBB AG.

Schaal, Gary S., und Felix Heidenreich. 2016. *Einführung in die Politischen Theorien der Moderne*, 3. Aufl. Opladen: Barbara Budrich.

Schmidt, Manfred G. 1995. *Wörterbuch zur Politik*. Stuttgart: A. Kröner.

Schmidt, Manfred G. 2019. *Demokratietheorien: Eine Einführung*, 6 Aufl. Wiesbaden: Springer VS.

Schmidt, Manfred G., Tobias Ostheim, Nico A. Siegel, und Reimut Zohlnhöfer. 2007. Vorwort. In *Der Wohlfahrtsstaat: Eine Einführung in den historischen und internationalen Vergleich*, Hrsg. dies, 15–17, Wiesbaden: VS Verlag.

Literatur

Schmitter, Philippe C. 1974. Still the Century of Corporatism? *The Review of Politics* 36(1):85–131.

Schneider, Ulrike. 2006. Informelle Pflege aus ökonomischer Sicht. *Zeitschrift für Sozialreform* 52(4):493–520.

Schumpeter, Joseph A. 1942. *Capitalism, Socialism and Democracy*. London: Harper.

Schwarz, Daniel und Adrian Vatter. 2011. *Die Auswirkung einer Reform der Wahlfunktion des Parlaments auf dessen Gesetzgebungs- und Kontrollfunktion: Studie im Auftrag der Parlamentsdienste der Schweizerischen Bundesversammlung*. Bern: Universität Bern.

Schwendimann, René, Marcel Widmer, Sabina De Geest, und Dietmar Ausserhofer. 2014. *Das Pflegefachpersonal in Schweizer Spitälern im europäischen Vergleich (Obsan Bulletin 3/2014)*. Neuchâtel: Schweizerisches Gesundheitsobservatorium.

Siaroff, Alan. 1999. Corporatism in 24 industrial democracies: Meaning and measurement. *European Journal of Political Research* 36(2):175–205.

SKOS (Schweizerische Konferenz für Sozialhilfe). 2020. *Das soziale Existenzminimum in der Sozialhilfe*. Bern: SKOS.

Sommerfeld, Peter, Nadja Hess, und Sarah Bühler. 2021. *Soziale Arbeit in der Covid-19 Pandemie: Eine empirische Studie zur Arbeitssituation, Belastung und Gesundheit von Fachpersonen der Sozialen Arbeit in der Schweiz (Ergebnisbericht)*. Olten: Hochschule für Soziale Arbeit FHNW.

Sottas, Beat. 2016. «Interprofessionelle Teams sind effizienter und senken die Kosten»: Zur Evidenzlage bei einem kontroversen Innovationsthema. In *Innovationen in der Gesundheitswirtschaft*, Hrsg. Stefan Müller-Mielitz, Beat Sottas, und Alexander Schachtrupp, 44–56, Melsungen: Bibliomed.

SRF (Schweizer Radio und Fernsehen) vom 18.2.2021. Terrassenknatsch unter den Kantonen geht in eine neue Runde. https://www.srf.ch/news/schweiz/coronamassnahmen-im-skigebiet-terrassenknatsch-unter-den-kantonen-geht-in-eine-neue-runde.

SRF vom 14.2.2022. Warum scheitern Behördenvorlagen immer häufiger? https://www.srf.ch/news/abstimmungen-13-februar-2022/abstimmungen-in-der-schweiz-warum-scheitern-behoerdenvorlagen-immer-haeufiger.

SRF vom 14.2.2023. Debatte um Elternzeit neu lanciert – das müssen Sie wissen. https://www.srf.ch/news/schweiz/vorschlag-von-38-wochen-debatte-um-elternzeit-neu-lanciert-das-muessen-sie-wissen.

Stadelmann-Steffen, Isabelle, und Adrian Vatter. 2012. Does Satisfaction with Democracy Really Increase Happiness? Direct Democracy and Individual Satisfaction in Switzerland. *Political Behavior* 34(3):535–559.

Statistisches Amt des Kantons Zürich. 2021. *Personalbefragung in Institutionen für Menschen mit Behinderung 2021* (Benchmarkingbericht). Zürich: Statistisches Amt des Kantons Zürich.

Steiner, Carmen, und Konstantin Kehl. 2021. *Wirkungen analoger und digitaler Jobcoachings: Eine erste Bestandesaufnahme* (Ergebnisbericht). Zürich: ZHAW Soziale Arbeit.

Steiner, Carmen, Sigrid Haunberger, und Konstantin Kehl. 2022. Freiwilligenmanagement in der Deutschschweiz: Erkenntnisse einer Organisationsbefragung. In *Freiwilligenmanagement in zivilgesellschaftlichen Organisationen: Anwerben, Begleiten und Anerkennen von freiwilligem Engagement im Alter*, Hrsg. Sigrid Haunberger, Konstantin Kehl, und Carmen Steiner, 127–156, Zürich: Seismo.

Stepanek, Peter. 2022. *Sozialwirtschaft nachhaltig managen: Eine Einführung.* Wiesbaden: Springer VS.

Strauch, Barbara und Annewiek Reijmer. 2018. *Soziokratie: Kreisstrukturen als Organisationsprinzip zur Stärkung der Mitverantwortung des Einzelnen.* München: Vahlen.

Streeck, Wolfgang, und Philippe C. Schmitter. 1985. Community, Market, State – and Associations? The Prospective Contribution of Interest Governance to Social Order. *European Sociological Review* 1(2):119–138.

Stremlow, Jürgen, Werner Riedweg, und Herbert Bürgisser. 2019. *Gestaltung sozialer Versorgung: Ein Planungs- und Steuerungsmodell.* Wiesbaden: Springer VS.

Swissinfo.ch. 2021. Ja zur Pflegeinitiative: Die Schweiz fällt einen historischen Entscheid. https://www.swissinfo.ch/ger/die-resultate-der-pflegeinitiative/47141320 (Kartendaten: Bundesamt für Landestopografie).

TA (Tages-Anzeiger) vom 23.10.2019. Das Sozialhilfe-Risiko steigt schon mit 45: 5.

TA vom 14.1.2022. Bei der Spitex spitzt sich der Personalmangel wegen Corona zu. https://www.tagesanzeiger.ch/bei-der-spitex-spitzt-sich-der-personalmangel-wegen-corona-zu-396891551103

Tecklenburg, Ueli. 2020. Sozialhilfe. In *Wörterbuch der Schweizer Sozialpolitik,* Hrsg. Jean-Michel Bonvin, Pascal Maeder, Carlo Knöpfel, Valérie Hugentobler, und Ueli Tecklenburg, 456–458, Zürich: Seismo.

Then, Volker, und Konstantin Kehl. 2012. Soziale Investitionen: Ein konzeptioneller Entwurf. In *Soziale Investitionen: Interdisziplinäre Perspektiven,* Hrsg. Helmut K. Anheier, Andreas Schröer, und Volker Then, 39–86. Wiesbaden: VS Verlag.

Then, Volker, Christian Schober, Olivia Rauscher, und Konstantin Kehl. 2017. *Social Return on Investment Analysis: Measuring the Impact of Social Investment.* New York: Palgrave Macmillan.

Thole, Werner, und Peter Cloos. 2000. Soziale Arbeit als professionelle Dienstleistung: Zur «Transformation des beruflichen Handelns» zwischen Ökonomie und eigenständiger Fachkultur. In *Soziale Arbeit zwischen Politik und Dienstleistung,* Hrsg. Siegfried Müller, Heinz Sünker, Thomas Olk, und Karin Böllert, 535–556, Neuwied: Luchterhand.

Titmuss, Richard. 1958. *Essays on the Welfare State.* London: Bristol University Press.

Toepler, Stefan und Helmut K. Anheier. 2005. Theorien zur Existenz von Nonprofit-Organisationen. In *Nonprofit-Organisationen in Recht, Wirtschaft und Gesellschaft,* Hrsg. Klaus Hopt, Thomas von Hippel, und Rainer Walz, 47–63. Tübingen: Mohr Siebeck.

Transparency International. 2021. *Corruption Perceptions Index 2020.* Berlin: Transparency International.

Tresch, Anke, Lukas Lauener, Laurent Bernhard, Georg Lutz, und Laura Scaperrotta. 2020. *Eidgenössische Wahlen 2019: Wahlteilnahme und Wahlentscheid (FORS).* Lausanne: FORS.

Tsebelis, George. 1995. Decision making in political systems: Veto players in presidentialism, parliamentarism, multicameralism and multipartism. *British Journal of Political Science* 25(3):289–325.

Tsebelis, George. 2002. *Veto Players: How Political Institutions Work.* New York: Princeton University Press.

Van den Berg, Bernard, Werner B.F. Brouwer, und Marc A. Koopmanschap. 2004. Economic Valuation of Informal Care: An Overview of Methods and Applications. *European Journal for Health Economics* 5(1):36–45.

Vatter, Adrian. 2008. Vom Extremtyp zum Normalfall? Die schweizerische Konsensusdemokratie im Wandel: Eine Re-Analyse von Lijpharts Studie für die Schweiz von 1997 bis 2007. *Swiss Political Science Review* 14(1):1–47.

Vatter, Adrian. 2011. Synthese: Religiöse Minderheiten im direktdemokratischen System der Schweiz. In *Vom Schächt- zum Minarettverbot: Religiöse Minderheiten in der direkten Demokratie,* Hrsg. Adrian Vatter, 264–290. Zürich: NZZ Libro.

Vatter, Adrian. 2020. *Das politische System der Schweiz,* 4. Aufl. Baden-Baden: Nomos.

Vatter, Adrian, und Deniz Danaci. 2010. Mehrheitstyrannei durch Volksentscheide? Zum Spannungsverhältnis zwischen direkter Demokratie und Minderheitenschutz. *Politische Vierteljahresschrift* 51(2):205–222.

Vennik, Femke D., Hester M. van de Bovenkamp, Kim Putters, und Kor J. Crit. 2016. Co-production in healthcare: Rhetoric and practice. *International Review of Administrative Sciences* 82(1):150–168.

Von Hayek, Friedrich August. 1971. *Die Verfassung der Freiheit.* Tübingen: Mohr Siebeck.

Von Schnurbein, Georg. 2013. Der Nonprofit-Sektor in der Schweiz. In *Handbuch der Nonprofit-Organisation,* Hrsg. Ruth Simsa, Michael Meyer, und Christoph Badelt, 37–54. Stuttgart: Schäffer-Poeschel.

Walzer, Michael. 1983. *Spheres of Justice: A Defence of Pluralism and Equality.* New York: Basic Books.

Weber, Anita, und Konstantin Kehl. 2022. Die Sozis von morgen. *sozial – Magazin der ZHAW Soziale Arbeit* 17:8–10.

Weisbrod, Burton A. 1977. *The Voluntary Nonprofit Sector: An Economic Analysis.* Lexington: Lexington Press.

Wendt, Claus. 2013. *Krankenversicherung oder Gesundheitsversorgung? Gesundheitssysteme im Vergleich,* 3. Aufl. Wiesbaden: Springer VS.

Wendt, Claus. 2015. Healthcare Policy and Finance. In *The Palgrave International Handbook of Healthcare Policy and Governance,* Hrsg. Ellen Kuhlmann, Robert H. Blank, Ivy Lynn Bourgeault, und Claus Wendt, 54–68, Basingstoke: Palgrave Macmillan.

WID (World Inequality Database). 2022. Switzerland. https://wid.world/country/switzerland.

Wöhrle, Armin. 2017. Die Diskussion über das Sozialmanagement. In *Sozialmanagement: Eine Zwischenbilanz,* Hrsg. Armin Wöhrle, Agnès Fritze, Thomas Prinz. und Gotthart Schwarz, 17–40, Wiesbaden: Springer VS.

Wuthnow, Robert. 1998. *Loose Connections: Joining Together in America's Fragmented Communities.* Cambridge: Harvard University Press.

Wuthnow, Robert. 1999. Mobilizing Civic Engagement: The Changing Impact of Religious Involvement. In *Civic Engagement in American Democracy* Hrsg.Theda Skocpol und Morris Fiorina, 331–363. Washington: Brookings Institution Press.

Zúñiga, Franziska, Lauriane Favez, Sonja Baumann, Annette Kindlimann, Aislinn Oeri, Brigitte Benkert, Catherine Blatter, Anja Renner, Simone Baumgartner-Violand, Christine Serdaly, Dietmar Ausserhofer, Cédric Mabire, und Michael Simon. 2021. *SHURP 2018 Schlussbericht: Personal und Pflegequalität in Pflegeinstitutionen in der Deutschschweiz und Romandie.* Basel: Universität Basel.

Stadt Zürich. 2022. Noch weniger leere Wohnungen in der Stadt Zürich. https://www.stadt-zuerich.ch/prd/de/index/ueber_das_departement/medien/medienmitteilungen/2022/august/220830a.html.

Wüest Partner. 2023. Wohnungspolitik in Städten und städtischen Gemeinden: Bedürfnisse und Herausforderungen. Bericht zur Umfrage im Auftrag des Bundesamts für Wohnungswesen und des Schweizerischen Städteverbandes. Bern: Bundesamt für Wohnungswesen (im Erscheinen).

The manufacturer's authorised representative in the EU is Springer Nature Customer Service Centre GmbH, Europaplatz 3, 69115 Heidelberg, Germany. If you have any concerns regarding our products, please contact ProductSafety@springernature.com

Printed and bound by CPI Group (UK) Ltd, Croydon, CR0 4YY
23/03/2026
02076466-0013